PETER ADAMSKI

W0076747

Gruppen- und Partnerarbeit im Geschichtsunterricht

Historisches Lernen kooperativ

WOCHEN SCHAU GESCHICHTE

Bibliografische Information der Deutschen Nationalbibliothek

Die Deutsche Nationalbibliothek verzeichnet diese Publikation in der Deutschen Nationalbibliografie; detaillierte bibliografische Daten sind im Internet über http://d-nb.de abrufbar.

Die Reihe „Methoden Historischen Lernens"
wird herausgegeben von

Michele Barricelli
Peter Gautschi
Ulrich Mayer
Hans-Jürgen Pandel
Gerhard Schneider
Bernd Schönemann

© by WOCHENSCHAU Verlag
Schwalbach/Ts. 2010

www.wochenschau-verlag.de

Umschlaggestaltung: Ohl Design
Gedruckt auf chlorfrei gebleichtem Papier
Gesamtherstellung: Wochenschau Verlag
ISBN 978–3-89974530-6

Inhaltsverzeichnis

Vorbemerkung

Gruppen- und Partnerarbeit sind besser als der Ruf, den sie bei Praktikern haben, und schlechter als der, den sie bei Theoretikern haben.

Unterrichtsmethoden haben Konjunktur. Erst „klipperte" es, nunmehr sollen Formen kooperativen Arbeitens das leisten, was Kernanliegen didaktischer Bemühungen und pragmatischen Handelns – und letztendlich auch bildungspolitischer Zielsetzungen ist: Lernende für die Wissensgesellschaft zu qualifizieren. Schlüsselqualifikationen sind vonnöten, um sich rasch wandelnden und stetig ausdifferenzierenden Anforderungen erfolgreich stellen zu können. Betrachtet man die Publikationen nahezu aller relevanten Verlage, sind kompakte Sammlungen dutzender Unterrichtsmethoden und Arbeitstechniken offenkundig eine der Antworten auf diese Herausforderung: quadratisch – praktisch – gut.

Seltener wird die Frage aufgeworfen, welchem Zweck solche Methoden dienen sollen, also welche (fach-)didaktische Funktion ihnen zukommt, was eigentlich erst Sinn oder Unsinn ihrer Anwendung klären könnte. Diese Frage nicht zu stellen bedeutet, einem Verständnis von Pädagogik und einer Unterrichtspraxis Vorschub zu leisten, in der Bewegung, Spaß und Abwechslung die zentrale Rolle spielen – und damit zugleich solche Methoden als nicht zentral für Lernen zu diskreditieren. Ein Anliegen dieses Bandes ist es, demgegenüber eine fachdidaktische Perspektivierung anzubahnen und anhand von Beispielen zu exemplifizieren.

Das zweite Anliegen resultiert aus der Beobachtung, dass die seit mehr als 30 Jahren nahezu einhellig von den Theoretikern vorgetragene Begeisterung für die didaktischen Potenziale von Partner- und Gruppenarbeit – neuerdings für das Kooperative Lernen – wenig bis gar nichts an ihrer bescheidenen unterrichtspraktischen Verankerung geändert hat. Anders formuliert: Es scheint sich – nicht nur für den Geschichtsunterricht – von Generation zu Generation von Lehrenden ein Unterrichtsprinzip zu „vererben", das das Prinzip der direkten Instruktion bevorzugt. Dies kann – so die Hoffnung – auch damit zusammenhängen, dass eine Grundeinsicht über kooperatives Lernen nicht verankert ist: Es muss systematisch von *allen* Beteiligten *gelernt* werden, weil es quer liegt zu bestehenden Routinen des Lehrer- und Schülerhandelns. Insofern versucht der Band einige Hinweise darauf zu geben, welche Gelingensbedingungen für eine zufrieden stellende Partner- und Gruppenarbeit notwendig sind, damit das Motto der Vorbemerkung irgendwann einmal unterrichtspragmatisch untermauert werden kann.

Kassel, im November 2009
Peter Adamski

1. Von der Partner- und Gruppenarbeit zum kooperativen Lernen

Seit etwa 10 Jahren wird das vornehmlich an Schulen in den USA, Kanada und Israel entwickelte Modell „Cooperative Learning" im deutschsprachigen Raum breiter rezipiert. Es ist mittlerweile durch allgemein- und fachdidaktische Publikationen nicht nur Bestandteil des wissenschaftlichen Diskurses geworden, sondern hat darüber hinaus durch Artikel in praxisorientierten Fachzeitschriften und als Bestandteil von Lehrerfortbildungen in den Schulen Fuß gefasst und neue Impulse für den Unterricht gegeben. Nicht immer ist dabei klar, inwiefern sich kooperatives Lernen mit den traditionellen Sozialformen Partner- und Gruppenarbeit z. T. deckt, in ihnen aufgeht oder sich von ihnen unterscheidet. Deshalb sollen zunächst Begriffsklärungen vorgenommen werden, die in einem ersten Zugriff als Orientierung für die folgenden Kapitel dienen können, um dort weiter ausdifferenziert zu werden.

Erste Vorläufer von Gruppenarbeit lassen sich in den mittelalterlichen Klosterschulen ausmachen, in denen erfahrene Schüler als Helfer des Lehrers eingesetzt wurden, um Jüngere und Schwächere zu unterstützen. In der pädagogischen Diskussion wurde der Begriff Ende des 19. Jahrhunderts bekannt. Eine erste theoretische Fundierung und unterrichts- wie schulorganisatorische Umsetzung erfuhr Gruppenarbeit in der deutschen Reformpädagogik (Kerschensteiner, Gaudig, Otto, Petersen). Die moderne theoretische Durchdringung erfolgte nach dem Zweiten Weltkrieg, indem Erkenntnisse der Sozialpsychologie, Studien zur Gruppendynamik, Rollen- und Sozialisationstheorie auf schulisches Lernen übertragen wurden. Ein auch heute noch Weg weisendes Grundlagenwerk wurde 1954 von Ernst Meyer vorgelegt, das in einer Neubearbeitung 1996 wieder veröffentlicht wurde.[1]

1.1. Begriffliche Klärungen

Manche Autoren unterscheiden begrifflich zwischen Gruppenarbeit und Gruppenunterricht – ohne dabei freilich wirklich zu Klärungen beizutragen. Zwei Beispiele: „Gruppenunterricht ist eine Kooperationsform des Unterrichts, bei der durch die zeitlich begrenzte Teilung des Klassenverbandes in mehrere Abteilungen arbeitsfähige Kleingruppen

---

1 Meyer, Ernst: Gruppenunterricht. Grundlegung und Beispiele, 9. Aufl., Neubearbeitung: Gerhard Meyer, Hohengehren 1996.

entstehen, die gemeinsam an der von der Lehrerin/dem Lehrer gestellten oder zwischen LehrerIn und SchülerInnen vereinbarten Themenstellung arbeiten und deren Arbeitsergebnisse – zumindest dem Anspruch nach – in späteren Unterrichtsphasen für den gesamten Klassenverband nutzbar gemacht werden."[2] Mit Gruppenarbeit ist demnach eine in den Klassenunterricht eingebettete Phase gemeint, in der Kleingruppen gemeinsam arbeiten, um anschließend ihre Ergebnisse dem Klassenplenum vorzustellen. So plausibel hier m. E. Phasierungen von Unterricht voneinander abgegrenzt werden, so wenig erkenntnisfördernd scheint es, das Ganze als Gruppenunterricht zu bezeichnen, dessen Spezifikum dann darin bestünde, ein lehrerzentrierter Klassenunterricht mit einer Gruppenarbeitsphase zu sein. Wenig erhellend ist auch eine zweite Unterscheidung: „Gruppenarbeit und Gruppenunterricht sind keine synonymen Begriffe. Während Gruppenunterricht eine Sozialform im lehrerzentrierten erarbeitenden Geschichtsunterricht ist (und dort auch häufig praktiziert werden sollte), ist die Gruppenarbeit eine mögliche Realisierung projektförmigen Geschichtsunterrichts. Das Hauptziel der Gruppenarbeit ist das Lernen und Anwenden der historischen Methode."[3] Und das des Gruppenunterrichts? Offenkundig soll hier einerseits zwischen eher lehrergeleitetem und schülerinitiiertem kooperativen Arbeiten unterschieden, andererseits sollen differierende Zielperspektiven historischen Lernens angedeutet werden – beides aus meiner Sicht eher verwirrend als die Sache klärend. Im Folgenden werde ich daher ausschließlich den Terminus „Gruppenarbeit" verwenden als methodische Form zeitlich enger begrenzter oder umfangreicherer Arbeit in Kleingruppen (drei bis fünf Teilnehmer), die im Wesentlichen sowohl von der Themenauswahl als auch von der Aufgabenstellung von der Lehrkraft angeleitet wird und in eine Auswertung/Präsentation im Klassenverband mündet. Dass die Gruppenarbeit in den verschiedenen Unterrichtskonzepten (problemorientierter, handlungsorientierter und projektorientierter Geschichtsunterricht) oder in einzelnen Unterrichtsphasen unterschiedliche didaktische Funktionen haben kann und hat, und Schülerinnen und Schüler hinsichtlich der Selbstständigkeit des Lernens oder der Anspruchsniveaus der Arbeit mehr oder weniger stark gefordert sind, hat mit der Sozialform an sich wenig zu tun, weshalb ein zweiter Begriff nicht notwendig ist.

2 Greving, Johannes/Meyer, Hilbert/Paradies, Liane: Gruppenunterricht, Oldenburg 2001, S. 6.
3 Mathis, Christian: Gruppenarbeit, in: Günther-Arndt, Hilke (Hrsg.): Geschichtsmethodik. Handbuch für die Sekundarstufe I und II, Berlin 2007, S. 108–110, hier S. 108.

Weniger problematisch erscheint die Klärung des Begriffs „Partnerarbeit": „Sie wird in der Regel dadurch bestimmt, dass zwei Schüler eine begrenzte Zeit sachbezogen und planvoll miteinander agieren. Es geht um ‚Kooperation von zwei Lernenden im Unterricht‘, um Schülerarbeit zu zweien, um Zweierarbeit oder Paararbeit. Die sich zumeist – nicht notwendig oder selbstverständlich – aus den beiden Tischnachbarn konstituierende Partnergruppe bildet vorübergehend eine Arbeitsgemeinschaft, um eine unterrichtliche Teilaufgabe selbstständig und selbsttätig zu lösen."[4] Sie ist im Regelfall in den Klassenunterricht als eher kürzere Phase integriert; eher selten findet Partnerarbeit über einen längeren stundenübergreifenden Zeitraum statt. Die Lösungen der Aufgaben, die die Partnergruppen bearbeiten, werden anschließend im Plenum vorgestellt, erläutert, ggf. diskutiert oder korrigiert. Im Gegensatz zur Gruppenarbeit wird es kaum möglich oder gewollt sein, dass alle Paare ihre Ergebnisse einbringen, weil dafür im Normalfall die Zeit nicht reicht.

Partner- und Gruppenarbeit werden als Sozialformen angesehen, die helfen können, rezeptive Lernhaltungen, wie sie der fragend-entwickelnde Frontalunterricht hervorruft, abzubauen. „Anders als im Frontalunterricht spielt sich ‚Unterricht‘ nicht ‚vorne‘ ab, sondern ist unmittelbarer Bestandteil der eigenen Tätigkeit. Anders als in der Gruppenarbeit besteht die Anforderung meist nicht in der Erstellung eines gemeinsamen Produktes (das dann in der Öffentlichkeit der Schulklasse und in Konkurrenz zu den anderen Gruppen zu präsentieren ist), sondern in der Lösung von Aufgaben."[5]

Worin aber bestehen die Besonderheiten kooperativen Lernens? Partner- und Gruppenarbeit auf herkömmliche Weise sind *Sozialformen des Unterrichts*; kooperatives Lernen versteht sich als *Unterrichtsprinzip* oder *Form der Strukturierung von Unterricht*, in dem Partner- und Gruppenarbeit, aber auch die Einzelarbeit, einen zentralen Stellenwert einnehmen, ohne darin aufzugehen. Anders formuliert: Kooperatives Lernen ist immer Arbeit von Partnern und/oder Gruppen, konventionelle Partner- und Gruppenarbeit müssen aber nicht notwendig kooperatives Lernen bedeuten. Darüber hinaus hat dieses neue Konzept für alle Phasen des Unterrichts eine Vielzahl neuer Mikromethoden generiert, die insgesamt oder auch nur in begrenzter Auswahl das methodische

4 Voit, Hartmut: Partnerarbeit, in: Mayer, Ulrich/Pandel, Hans-Jürgen/Schneider, Gerhard (Hrsg.): Handbuch Methoden im Geschichtsunterricht, 2., überarb. Aufl., Schwalbach/Ts. 2007, S. 481–496, hier S. 481 f.
5 Breidenstein, Georg: Teilnahme am Unterricht. Ethnographische Studien zum Schülerjob, Wiesbaden 2006, S. 172.

Repertoire für Partner- und Gruppenarbeit enorm bereichern können, ohne dass die Lehrkraft unbedingt das Unterrichtsprinzip selbst für den „Königsweg" des Lernens halten muss.

Ob Geschichtsunterricht wie Unterricht in anderen Fächern mit diesen Sozialformen besser gelingt, kann von vornherein nicht garantiert werden – auch wenn manche pädagogische Programmatik sich so lesen lässt –, weil soziale Prozesse zwischen Lehrenden und Lernenden nicht planbar sind. Man kann sie lediglich so zu arrangieren versuchen, dass erwünschte Ziele eher wahrscheinlich werden. Insofern sind die folgenden didaktischen und die sich daran anschließenden didaktisch-methodischen Überlegungen als Lehr-/Lernarrangements zu verstehen, die sinnvolles historisches Lernen *ermöglichen* können. Anders als im Frontalunterricht werden die Defizite bei der Gestaltung kooperativen Arbeitens im Regelfall sofort öffentlich – und erklären u. U. manche frustrierenden Erfahrungen: Ungünstige Materialien, schlechte Aufgabenstellungen und fehlendes Zeitmanagement äußern sich sofort in fehlender Motivation, Unlust und Unruhe bei den Lernenden. Das Gleiche gilt für gruppeninterne Konflikte über Arbeits- und Aufgabenverteilung oder Verantwortlichkeiten Einzelner. Demgegenüber suggeriert die geordnet und ruhig ablaufende Geschichtsstunde im Rahmen des Frontalunterrichts, die darin mündet, dass die Schüler am Ende der Stunde das von der Lehrkraft konzipierte Tafelbild in ihre Hefte übertragen, eine gelungene Veranstaltung und lässt wenig Zweifel an der Sinnhaftigkeit des Tuns sowohl der Lehrenden wie der Lernenden aufkommen – auch wenn viele Schüler während einer Unterrichtsstunde nicht einen einzigen Beitrag geleistet haben.

1.2 Das didaktische Potenzial von Partner- und Gruppenarbeit

Da die didaktischen Potenziale beider Sozialformen recht ähnlich sind, soll nur dort auf Besonderheiten eingegangen werden, wo es sinnfällige Unterschiede gibt.[6]

---

6 Vgl. als allgemeindidaktische Zusammenfassungen: Meyer, Hilbert: Unterrichtsmethoden II: Praxisband, Frankfurt/M. 1990, sowie Greving, Meyer, Paradies 2001 (wie Anm. 2); fachdidaktisch: Adamski, Peter: Gruppenarbeit, in: Mayer, Pandel, Schneider 2007 (wie Anm. 4), S. 497–514, Adamski, Peter: Gruppenarbeit und kooperatives Lernen. Gemeinsam historisch lernen, in: Geschichte lernen, H. 123, 2008, S. 2–14; Voit, Hartmut (wie Anm. 4).

In beiden Formen können sich sehr viel mehr Lernende am Arbeitsprozess beteiligen, als dies im normalen Klassenunterricht der Fall ist, in dem die Lehrkraft schon dann mit dem Ertrag der Stunde zufrieden ist/sein muss, wenn einige wenige Schülerinnen und Schüler sich am Geschehen beteiligen – ohnehin meistens die immer Gleichen, weil besonders inhaltlich Interessierten oder besonders Redeaktiven. Das getaktete Vorgehen nimmt einen Durchschnittsschüler in den Blick, kaum aber diejenigen, die dem Tempo nicht folgen können, längere Zeit brauchen, um auf Lehrerfragen reagieren oder sich auf Äußerungen anderer Mitschüler beziehen zu können. Natürlich bestehen auch bei Paaren oder Gruppen Gefälle zwischen den Teilnehmern hinsichtlich Interesse, Motivation und Temperament und sind zeitliche Grenzen für das Arbeiten gesetzt, aber dennoch sind die Barrieren erheblich kleiner, sich aktiv in den Prozess einzubringen. Das überschaubare Sozialgefüge, das selbst bei immer wieder neu zusammen gesetzten Gruppen schnell austariert ist, macht Kommunikation über das Thema zunächst schon deshalb leichter, weil der Teilnehmerkreis begrenzter ist als im Klassenverband und weniger Hemmungen existieren, aber zugleich die Möglichkeiten entfallen, sich im Kreis der 25 bis 30 Klassenkameraden zu verstecken – Partnerarbeit funktioniert per definitionem gar nicht anders als über wechselseitige Kommunikation.

1.2.1 Symmetrische Kommunikation

Hinzu kommt, dass diese Kommunikation sich in der spontanen, authentischen Sprache entfalten kann, nicht öffentlich ist für andere Gruppen – erst recht nicht für die Lehrkraft. Insofern kann aus Schülersicht Halbfertiges, noch Unausgegorenes ins Unreine gesprochen werden. Im Klassenverband würden Schüler sich solcher Äußerungen enthalten, aus Furcht, u. U. vom Lehrer sanktioniert zu werden oder sich vor anderen zu blamieren; folglich würden sie sich gar nicht erst melden. Dies alles gilt erst recht für die Partnerarbeit, bei der im Regelfall eher selten die Mitglieder wechseln, sondern meistens die Tischnachbarn interagieren, die ohnehin nebeneinander sitzen, weil sie sich gut verstehen.

Besonders die Gruppenarbeit ermöglicht auf Dauer eine zunehmend symmetrische Kommunikation der Beteiligten. Dominante oder autoritäre Stile von einzelnen Schülerinnen und Schülern sind zunächst sicherlich vorhanden, können allerdings durch häufiges Anwenden dieser Sozialform – auch bei wechselnden Gruppenkonstellationen – abgebaut werden. Dies ist besonders dann möglich, wenn die Gruppenmitglieder erkennen und zu würdigen wissen gelernt haben, dass die Teilnehmer über verschiedene Fähigkeiten verfügen, die für die Arbeit und das Gruppenergebnis sinnvoll genutzt werden können. Nicht immer sind die besonders fachlich Kompetenten in der Lage, das Erarbeitete sinnvoll zu strukturieren, zu reduzieren oder zu veranschaulichen, was andere besser können. Oftmals merken die Schnellleser von Texten oft erst im Gruppengespräch, dass die langsameren gründlicher gelesen haben – oder der tatsächlich oder vermeintlich wenig Interessierte blüht dann auf, wenn es um die Gestaltung einer Präsentation geht. Bei der Partnerarbeit sind solche Potenziale sicherlich weniger auszuschöpfen, weil durch die im Regelfall identische Zusammensetzung der Paare sich schneller routinierte Formen der Kommunikation ergeben, die u. U. sogar dazu beitragen können, dass sich stereotype Arbeitsteilungen verfestigen.

Symmetrie meint aber noch eine weitere Ebene, nämlich die zwischen Lehrenden und Lernenden. Das Zusammengehörigkeitsgefühl der Gruppe wie die gemeinsame Verantwortung für das Ergebnis können das Selbstbewusstsein der Gruppe – unter der Voraussetzung, das Produkt ist gut gelungen – in der Vertretung ihrer Positionen auch und gerade gegenüber der Lehrkraft stärken, was insgesamt die Motivation der Gruppenteilnehmer verbessern, ihr fachliches Interesse verstärken und zu einer partnerschaftlicheren Zusammenarbeit mit dem Lehrer beitragen kann.

Besonders Gruppenarbeit kann als Chance für innere Differenzierung begriffen werden. Von den verschiedenen Talenten und Fähigkeiten war schon die Rede. Hinzu kommt, dass Schülerinnen und Schüler über unterschiedliche Lernvoraussetzungen, Lernzugangskanäle und Arbeitsstile verfügen. Demzufolge kann die Lehrkraft schon bei der Auswahl der Themenaspekte, der Medien und Materialien solche wählen, die auf vielfältige Weise Lernen anregen können. Über die Aufgabenstellung sind gleichermaßen Differenzierungsmöglichkeiten vorhanden, die entweder verschiedene Kompetenzbereiche profilieren und/oder innerhalb der Anforderungsebenen graduieren. Nicht zuletzt ist über Wahlmöglichkeiten bezüglich der Präsentationsformen eine weitere Ebene von Differenzierungsmöglichkeiten aufgezeigt.

Zuweilen tauchen bei Gruppenarbeit Ideen auf, werden Fragen eingebracht oder entwickeln sich Lösungsvorschläge, die sehr produktiv sein können, in inhaltlicher wie didaktischer Perspektive, die der Lehrkraft bei der Vorbereitung gar nicht gekommen sind, auch gar nicht in den Blick kommen konnten. Solche auf den ersten Blick „abwegigen" Ideen stellen im Normalunterricht, insofern sie überhaupt aufgeworfen würden, eher ein Störungspotenzial dar, weil sie die durchdachte zielgerichtete Struktur unterbrechen und die Schlüssigkeit des Vorgehens möglicherweise in Frage stellen. Selbstverständlich kann und wird sich Gruppenarbeit nicht primär mit dem Ausagieren der Phantasie der Beteiligten begnügen können und wollen – die Gruppenmitglieder werden schon aus Gründen des Zeitmanagements auf ein diszipliniertes Arbeiten achten müssen –, aber sie bietet ein Forum für produktive Phantasie, was sich z. T. besonders an den Gruppenpräsentationen ablesen lässt.

Partner-und Gruppenarbeit können zu einer größeren Selbstständigkeit und Eigenverantwortlichkeit des Lernens führen. Sind die zu erarbeitenden Themenaspekte und die Arbeitsaufträge gut auf die Lernniveaus der Klasse abgestimmt, beginnt im Anschluss an die Einzelarbeit der Teilnehmer, die als Stillarbeit zunächst einmal die Ausgangsbasis bildet, diejenige Phase der Gruppeninteraktion, in der die Gruppenmitglieder sich über das Erarbeitete austauschen, Sachfragen klären, ggf. Arbeitsteilungen vornehmen, Lösungsvorschläge erarbeiten usw. Durch die überschaubarere und zuweilen weniger konflikthafte Beziehungsstruktur ist *für diesen Fall* Partnerarbeit als Vorstufe für kooperatives Verhalten zu begreifen, wie es in intensiverer Form bei der Gruppenarbeit zum Tragen kommt. Die Teilautonomie der Beteiligten bleibt aber nicht auf die Ebenen der Arbeitstechniken, der Arbeitsorganisation und der Anwendung methodischer Konzepte beschränkt. „Die wichtigste kognitive Aufgabe der Gruppenarbeit besteht dann darin, Schüler zu veranlassen, die im Unterricht erarbeiteten Erklärungen in eigene Worte zu kleiden, um dadurch diese Erklärungen in die eigene Wissensstruktur integrieren zu können."[7] Auf den Geschichtsunterricht bezogen: Die historisches Lernen anregenden Materialien in Verbindung mit den Fragestellungen sind als Aufgabe zu begreifen, ihre eigenen Rekonstruktionen von historischen Prozessen oder Gegebenheiten diskursiv in der Gruppe zu erarbeiten und narrativ zu vermitteln. Oder, wenn es um weniger anspruchsvolle Ziele geht: in einer Wiederholungs- bzw. einer Übungsphase in den Gruppen zu überprüfen, inwiefern das Vorgegebene und Vermittelte in das Wissensgerüst der Einzelnen integriert werden konnte und welche Hilfestellungen gegeben werden können, dass dies besser gelingt. Solches geschieht im fragend- entwickelnden Unterrichtsgespräch bestenfalls in Ansätzen und eher selten, wenn sich über Lehrerfragen eine Schüler-Schüler-Interaktion ergibt, aus der diese unterschiedlichen Rekonstruktionsversuche deutlich werden oder wenn über kontroverse

---

7 Wellenreuther, Martin: Lehren und Lernen – aber wie? Empirisch-experimentelle Forschungen zum Lehren und Lernen im Unterricht, 3. unver. Auflage, Hohengehren 2007, S. 368.

Deutungen von Geschichte eine Diskussion entsteht. Bei kooperativem Arbeiten geschieht dies im Prinzip ständig. Insofern kann Gruppenarbeit nicht nur einen Beitrag zur Sozialkompetenz leisten, sondern zur fachspezifischen Methodenkompetenz beitragen.

Sie kann schließlich reflexives Verhalten fördern und gibt auf eher unangestrengte Weise den Lernenden Einsicht in die Notwendigkeit metakognitiver Kompetenzen. Es ist die Sozialform selbst – nicht die Lehrkraft, die dazu herausfordert, den eigenen und gemeinsamen Lernprozess sowie das Ergebnis zu überdenken: Welche Teile der Arbeit sind gut verlaufen, welche nicht; wie haben sich die Mitglieder der Gruppe eingebracht oder welches Verhalten hat den Arbeitsprozess gestört; was ist am Ergebnis bemerkenswert, was kritikwürdig? Solche und andere Fragen sind aufzuwerfen und zu beantworten, sollen Lehr- und Lernprozesse verbessert oder verstetigt werden.

Aus der Lehrerperspektive ergibt sich sowohl bei der Partner- als auch der Gruppenarbeit ein anderer Blick zunächst auf die Professionalität des eigenen Handelns. Sehr schnell wird sich zeigen – durch häufiges Nachfragen der Schüler oder aufkommende Unruhe –, wenn inhaltlicher Anspruch oder Fragestellungen nicht passen. Der Blick wird aber zugleich freier für die Beobachtung des Lernprozesses, für die Kommunikation mit Paaren und Gruppen, bei der andere Hilfen zu geben sind als im Klassenunterricht, auch für kurze Gespräche, die aufmuntern können oder helfen, Spannungen abzubauen.

1.2.2 „Entschleunigung" des Lernens

Zuletzt sei auf zwei Aspekte hingewiesen, die zwar ebenfalls im Kern als wertvolles Potenzial beider Sozialformen angesehen werden können, oftmals aber gerade als Nachteil geltend gemacht werden. Vor allem Gruppenarbeit benötigt schon aus rein organisatorischen Gründen häufig mehr Zeitaufwand, als dies zur Erreichung des gleichen Ziels im lehrerzentrierten Unterricht der Fall wäre: Da ist die Aufgliederung der Themenaspekte zu erläutern, sind die Gruppen zu bilden, muss kontrolliert werden, ob die Aufgabenstellung verstanden ist, in den Gruppen wiederum die Arbeitsorganisation besprochen werden und – weitere Schritte ausgelassen – schließlich die Wandzeitung, die Folie oder die Power-Point-Präsentation gestaltet werden. Aber diese Zeit ist nicht „verloren", denn zum einen müssten auch im fragend-entwickelnden Unterricht Phasen des Lehrprozesses, Impulse der Lehrkraft etc. transparent gemacht werden, um Verstehensprozesse zu ermöglichen. Zum anderen lernen die Schüler bei der Gruppenarbeit, ihr eigenes Arbeiten und das der Gruppe zu organisieren. Bei der Partnerarbeit, wenn sie – wie meistens – nur über eine kurze Zeit und mit dem Tischnachbarn abläuft, sind solche Einwände kaum anzubringen, sie ist insofern sehr viel einfacher in den „normalen" Unterricht zu integrieren.

Es geht aber nicht nur um den zeitlichen und organisatorischen Aufwand: Die Lernenden brauchen notwendigerweise länger, um sich eigenständig über den Diskurs mit den Gruppenmitgliedern Sachverhalte anzueignen, ein Problem zu lösen oder zu einer Sinnbildung zu gelangen. Dies ist allerdings gut so, entschleunigt es doch das Lernen, indem es ihm Zeit gibt, sich zu entwickeln und zu festigen, was womöglich einen sehr viel größeren Behaltenseffekt hervorruft und sich auf Dauer in wachsendem Fachwissen und gesteigerter Methodenkompetenz auszahlt. Kooperative Arbeitsformen schaffen insofern einen Rahmen, der stressreduziertes Lernen ermöglicht. Selbst in kurzen, aber beständig das Unterrichtsgeschehen prägenden Phasen der Partnerarbeit wird sich langfristig eine solche Perspektive ergeben: Die Schüler werden aktiviert und zu eigenem Denken angeregt, sie lernen Methoden anzuwenden und können für sich Rückschlüsse ziehen, über welche Fertigkeiten sie verfügen und wo noch Defizite bestehen. „Es spricht vieles dafür, dass die kognitiven Prozesse, die in Gruppenarbeit durch das Miteinander-Sprechen und das Erklären angeregt werden, das Behalten und eine tiefere Verarbeitung des Lernmaterials fördern."[8]

Es zeigt sich zusammenfassend, dass Partner- und Gruppenarbeit mit dem Begriff der Sozialform nur unzulänglich erfasst werden können, weil Kommunikations- und Interaktionsmöglichkeiten primär auf ihre didaktische Funktion hin zu befragen sind – im Sinne eines didaktischen Mehrwertes gegenüber Alternativen, um fachspezifisches Lernen zu profilieren. „Lernen ist demnach ein aktiver Prozess der Hervorbringung/Konstruktion von Wissen, der von den Einzelnen ausgeht und sich in Kontexten ereignet, die anregend genug sind, um für sich und die anderen Lernpartner inhaltliche Probleme zu identifizieren und gemeinsam zu einer Lösung zu bringen. Austausch und Diskussion können sowohl das Verstehen als auch die Reflexion des Gegenstandes verbessern. Lernen schließt dabei affektive und emotionale Komponenten ein, die in kooperativen Aktivitäten ausgelebt und für tieferes Verständnis genutzt werden können."[9] Sie wären treffender als unterschiedlich komplexe Lehr-/Lernarrangements zu bezeichnen, bei

---

8 Konrad, Klaus/Traub, Silke: Kooperatives Lernen. Theorie und Praxis in Schule, Hochschule und Erwachsenenbildung, Hohengehren 2001, S. 46.

9 Adamski 2007 (wie Anm. 6), S. 498 f.

der ausgehend vom Primat der Didaktik die jeweils sinnvolle(re) Sozialform ausgewählt wird.

1.3 Unterrichtsalltag

Selbstverständlich gibt es Schülerinnen und Schüler, die Gruppenarbeit
rundum ablehnen. Oftmals sind es die leistungstärkeren oder -willigeren,
denen diese Kooperation „nichts bringt", weil ihnen das Lerntempo zu
gering erscheint und der Lernerfolg ihrer Wahrnehmung nach ausbleibt
bzw. schneller durch Einzelarbeit erreicht werden kann. Es sind auch
meist diejenigen, die im Klassenunterricht wichtige Leistungsträger
oder mindestens sich beteiligende Stützen sind. Bei anderen mag die
Ablehnung von Gruppenarbeit auch mit den „Vorzügen" des Frontalunterrichts zu tun haben: Dort agieren sie als Publikum, das nicht unbedingt gefordert ist, sich einzubringen.

Eigene Erfahrungen aus Unterricht und Lehrerfortbildungen zeigen,
dass es bei den Lehrkräften eine starke Polarisierung gibt, wenn es um
die Sinnhaftigkeit der Gruppenarbeit geht – für die Partnerarbeit gilt
dies nicht. Negativ wird u. a. angemerkt, dass Gruppenarbeit inhaltlich
generell wenig erbringe und überdies zeitlich so aufwändig sei, dass der
Ertrag erst recht in keinem Verhältnis dazu stünde, wobei wohl nicht nur
Geschichtslehrer auf die randvollen Lehrpläne verweisen. Im Übrigen
funktioniere diese Sozialform unter gruppendynamischen Aspekten eher
schlecht und der Lärmpegel sei so hoch, dass konzentriertes Arbeiten
kaum noch möglich sei. Wenn diese Gruppe von Lehrkräften überhaupt
einmal Gruppenarbeit einsetzt, dann eher aus Gründen des Methodenwechsels und bei wenig zentralen Unterrichtsthemen. Die Befürworter
kooperativer Arbeitsformen stellen nicht selten das stressfreiere Lernen
und das eigenverantwortliche Handeln der Schülerinnen und Schüler
in das Zentrum ihrer Argumentation. Sie erkennen zudem, dass Redu-
zierungen von Stress auch das Lehren betreffen: die Vorbereitung von
Gruppenarbeit sei zwar erheblich aufwändiger – vor allem, wenn ein
Thema zum ersten Mal für Gruppen zurechtgeschnitten werden muss –,
die Begleitung der Arbeit der Gruppen und Beobachtung der Lernenden
wird allerdings als erheblich entspannender empfunden als eine anstren-
gende 45-Min.-Stunde mit fragend-entwickelndem Unterricht. Vor allem
Geschichtslehrer verweisen auf die Möglichkeit, endlich mehr als nur
Daten und Fakten auf ereignisgeschichtlicher Ebene zu vermitteln und
den Schülern die Erklärungen von Kontexten oder gar Bewertungen
vorzugeben, sondern die Lernenden zu befähigen, eigene Zugänge zur

Historie finden zu lassen und eigene Sinnbildungen zu erproben, die dann im Plenum zur Debatte gestellt werden können.

1.3.1 Empirische Studien

Das didaktische Gütesiegel und die vielen positiven Erfahrungsberichte werden durch empirische Untersuchungen freilich nicht bestätigt. Im Gegenteil: Es mutet fast an, als handele es sich bezüglich Partner- und Gruppenarbeit eher um eine akademische Diskussion.

Zunächst werden empirische Studien referiert, die danach fragen, wie häufig die jeweiligen Sozialformen den Unterrichtsalltag bestimmen. Sie sind quantitativ angelegt und beruhen – mit jeweils sehr unterschiedlichen Forschungsdesigns – allesamt auf Unterrichtsbeobachtungen und/oder Befragungen von Lehrkräften, z. T. auch von Schülern. Die nach wie vor umfassendste und detaillierteste Untersuchung von Hage u. a. aus dem Jahre 1985[10] beruht auf der Beobachtung von 16 Geschichts-, 20 Erdkunde- und 15 Gesellschaftslehrestunden. Sie kommt zu dem Ergebnis, dass eine eindeutige Monostruktur des Unterrichts festzustellen ist: Über alle Fächer und Schulformen hinweg bestimmt der Frontalunterricht mit 77 Prozent den Unterrichtsalltag, gefolgt von der Einzelarbeit von Schülerinnen und Schülern. Etwa 7,5 Prozent entfallen auf Gruppenarbeit und lediglich 2,9 Prozent auf Partnerarbeit. Die verbleibenden knapp 3 Prozent rechnen die Autoren der sog. Klassenkooperation zu, worunter vor allem Diskussionen im Klassenverband zu verstehen sind.[11] Auch jüngere oder aktuelle Studien kommen zu ganz ähnlichen Ergebnissen, jedenfalls dann, wenn nicht bestimmte Lehrergruppen oder einzelne Schulformen gesondert betrachtet werden: 7 Prozent der Lehrkräfte geben an, Gruppenarbeit regelmäßig, 26 Prozent, sie häufiger einzusetzen, wobei eine Nachfrage aus dem Jahre 1999 – die erste Befragung fand 1986 statt – eine leichte Zunahme bestätigte.[12] Andere Autoren beziffern den Anteil kooperativer Lernformen auf 4–8 Prozent.[13] Eine qualitative Studie aus dem Jahre 1993 deutet an, dass Unterschiede zwischen verschiedenen Fächern existieren oder so von Schülern wahrgenommen werden: „Nach Aussage der Schüler

10 Hage, Klaus u. a.: Das Methodenrepertoire von Lehrern. Eine Untersuchung zum Unterrichtsalltag in der Sekundarstufe I, Opladen 1985
11 Ebd., S. 44.
12 Vgl.: Nürnberger Projektgruppe: Erfolgreicher Gruppenunterricht. Praktische Anregungen für den Schulalltag, Stuttgart 2001, S. 13 f.
13 Konrad, Traub 2001 (wie Anm. 8), S. 43.

besteht der Physikunterricht aus Frontalunterricht und Lehrvortrag, der Geschichtsunterricht vornehmlich aus Frontalunterricht und Schülerreferat, während im Sozialkundeunterricht neben Frontalunterricht und Schülerdiskussion Gruppen- und Partnerarbeit überwiegen. Der Deutschunterricht nimmt eine mittlere Position ein."[14]

Ergebnisse können sich dann zugunsten von Partner- und Gruppenarbeit verschieben, wenn z. B. der Teil von Lehrkräften betrachtet wird, der als besonders pädagogisch engagiert gilt. Eine Untersuchung an baden-württembergischen Realschulen ging der Frage nach, wie häufig solche Lehrkräfte kooperative Methoden anwenden. Schriftlich befragt wurden 424 Lehrerinnen und Lehrer, die von den jeweiligen Schulleitern ausgewählt wurden. Bezogen auf Gruppenarbeit zeigte sich, dass 48 Prozent der Befragten sie in ein bis drei Stunden pro Woche durchführen, fast 2 Prozent sogar in vier und mehr Stunden; immerhin noch 20 Prozent praktizierten sie ein- oder zweimal im Monat.[15] Dass u. U. schulformbezogen unterschiedliche Ergebnisse zustande kommen, lässt eine weitere Studie an 20 baden-württembergischen Realschulen vermuten, bei der eine Befragung mit Unterrichtsbeobachtungen gekoppelt wurde. Nach Selbsteinschätzung der Lehrkräfte ließen sie in jeder Stunde ca. 10 Minuten kooperativ arbeiten, wobei hier vor allem Partnerarbeit gemeint war. Sie gaben darüber hinaus an, wöchentlich auch Gruppenarbeit zu praktizieren – in der konventionellen Form. Die Unterrichtsbeobachtungen bestätigten im Wesentlichen solche Aussagen: In 59 Prozent der Stunden gab es, wenn auch kurze, kooperative Arbeitsphasen, insgesamt machten sie 8,7 Prozent der Unterrichtszeit aus.[16]

Eine einzige aktuelle Studie, die auf der Befragung von 750 bayerischen Lehrerinnen und Lehrern aller Schulformen basiert, kommt zu einem signifikant positiveren Ergebnis: Sie konstatiert einen mehr als 60-prozentigen Rückgang des Frontalunterrichts, einen stark wachsenden Anteil der Partnerarbeit (15,6 Prozent) und eine deutliche Zunahme von Gruppenarbeit (13,4 Prozent).[17] Ob der „klare Trend hin zum

---

14 Kanders, Michael: Das Bild der Schule aus der Sicht von Schülern und Lehrern II, Dortmund 2000, S. 14 f.

15 Bohl, Thorsten: Unterrichtsmethoden in der Realschule. Eine empirische Untersuchung zum Gebrauch ausgewählter Unterrichtsmethoden an staatlichen Realschulen in Baden-Württemberg, Bad Heilbrunn 2000, S. 185 f.

16 Schnebel, Stefanie: Unterrichtsentwicklung durch kooperatives Lernen. Ein konzeptioneller und empirischer Beitrag zur Weiterentwicklung der Lehr-Lern-Kultur und zur Professionalisierung der Lehrkräfte in der Sekundarstufe, Hohengehren 2003, S. 57 f.

17 Ganser, Bernd: Kooperative Sozialformen im Unterricht, Diss. Erlangen/Nürnberg 2005, S. 142.

Methodenpluralismus" tatsächlich „unbestreitbares Faktum" ist, bleibt zu bezweifeln, da Unterrichtsbeobachtungen nicht vorgenommen wurden und angesichts der anhaltenden Methodendiskussion vielleicht das schlechte pädagogische Gewissen nicht mehr erlaubt, sich deutlich zum fragend-entwickelnden Unterricht zu bekennen.

1.3.2 Partner- und Gruppenarbeit im Geschichtsunterricht

Welche Rolle spielt Partner- und Gruppenarbeit im Geschichtsunterricht? Spiegeln die genannten Schülerwahrnehmungen den Alltag historischen Lernens?

Studien, die speziell das Schulfach Geschichte untersuchen, sind Mangelware. Die umfänglichen repräsentativen quantitativen Arbeiten von Bodo von Borries haben zwar den Einsatz von Unterrichtsmethoden untersucht, dabei aber nicht gesondert auf Sozialformen des Unterrichts abgehoben.[18] Dennoch können gewisse Rückschlüsse auf dominierende Lehr- und Lernverfahren gewonnen werden, wenn man solche Schüleraktivitäten gesondert betrachtet, die offenere Methoden voraussetzen. Nur 5 Prozent der Befragten (Lehrer und Schüler, die entsprechende Items auf einem Fragebogen anzukreuzen hatten) gaben an, häufig oder sehr häufig Rollenspiele, Projektarbeit oder Besichtigungen gemacht zu haben. Insgesamt dominiert im Geschichtsunterricht ein lehrerzentrierter Unterricht mit ca. 80 Prozent Anteil.[19] Zu ganz ähnlichen Ergebnissen kam eine Studie ebenfall aus den 1990er Jahren, in der hessische Geschichtslehrerinnen und -lehrer zu ihrem Geschichtsunterricht befragt wurden: Bei 16 Prozent kam Gruppenarbeit nicht vor, ob sie allerdings vom verbleibenden Rest häufig oder selten eingesetzt wurde, bleibt offen. Insgesamt ist davon auszugehen, dass etwa 10 Prozent des Unterrichtsgeschehens auf solche Aktivitäten entfallen.[20] Gezieltere Auskünfte über die Verbreitung von Partner- und Gruppenarbeit sind einer aktuellen Untersuchung aus der deutschsprachigen Schweiz zu entnehmen, die Einzel- und Doppelstunden im Fach Geschichte in 15 nach dem Zufallsprinzip ausgewählten 9. Klassen videografiert hat. Danach entfiel auf Frontalunterricht 71 Prozent der Unterrichtszeit, auf Partnerarbeit

---

18 Von Borries, Bodo: Jugend und Geschichte. Ein europäischer Kulturvergleich aus europäischer Sicht, Opladen 1999
19 Ebd., S. 59 f.
20 Pohl, Kurt: Lehrerinnen und Lehrer zum Geschichtsunterricht: Aus einer hessischen Studie, in: Geschichte, Politik und ihre Didaktik, H. 1–2, 1997, S. 24–33, hier S. 31 f.

7 Prozent, auf Gruppenarbeit 10 Prozent und auf Einzelarbeit von Schülerinnen und Schülern 12 Prozent.[21] Dabei erwies sich als unerheblich, ob es sich um Einzel- oder Doppelstunden handelte.

Im Vergleich zu anderen Fächern steht der Geschichtsunterricht folglich weder besser noch schlechter da. Partner- und Gruppenarbeit werden wohl dort stärkere Verbreitung haben, wo Lehrkräfte mit Differenzierungsmethoden wie Wochenplanarbeit und Stationenlernen arbeiten oder für eine begrenzte Zeit auf Projektarbeit umstellen – z. B. um am Schülerwettbewerb um den Preis des Bundespräsidenten bzw. ähnlichen Ausschreibungen teilzunehmen oder ihre Schülerinnen und Schüler auf die in einigen Bundesländern mittlerweile obligatorischen Projektprüfungen an Hauptschulen vorzubereiten. Ob solche neuen Prüfungsanforderungen, die um Präsentationsprüfungen an Realschulen und Gymnasium zu ergänzen wären, einen eigentlich notwendigen höheren Anteil an kooperativen Lernformen auf Dauer erbringen, bleibt abzuwarten.

Ebenso schwer wie triftige Aussagen über die Häufigkeit zu finden sind, steht es mit der Frage nach der Wirksamkeit kooperativen Lernens im Vergleich zu frontalunterrichtlichen Verfahren. Die bislang umfassendste und auch einzige empirische Studie für den Geschichtsunterricht, die sich genau diese Frage stellt, setzt den Lernerfolg von Gruppenarbeit sehr hoch an.[22] Bei regelmäßiger Praxis sei er deutlich höher als im Frontalunterricht,[23] was eine aktuelle fachübergreifende Studie bestätigt.[24] Die Schüleraktivitäten seien sieben mal so groß und die Kommunikation unter den Schülerinnen und Schülern sei besser strukturiert und wirksamer. In Kleingruppen haken die Lernenden von sich aus nach, wenn sachliche oder begriffliche Unsicherheiten auftreten, anders als im Frontalunterricht, wo dies in der Regel die Lehrkraft macht. Subjektive und Alltagstheorien, Stereotypen und Vorurteile werden in Gruppen sehr viel deutlicher (artikuliert) als im Klassenplenum; Schülerinnen und Schülern gelingt es bei Gruppenarbeit sehr gut – auch bei anspruchsvollen Quellentexten – Perspektiven zu übernehmen.[25] Im Prinzip eindeutig positive Ergebnisse, die dennoch mit erheblicher Vorsicht zu genießen sind. In der damaligen fachdidaktischen

---

21 Gautschi, Peter u. a. (Hrsg.): Geschichtsunterricht heute. Eine empirische Analyse ausgewählter Aspekte, Bern 2007, S. 135.

22 Müller, Hans: Zur Effektivität des Geschichtsunterrichts. Schülerverhalten und allgemeiner Lernerfolg durch Gruppenunterricht, Stuttgart 1972

23 Ebd., S. 71.

24 Haag, Ludwig/Hopperdietzel, Hartmut: Gruppenunterricht – aber wie?, in: Die deutsche Schule, H.4, 2000, S. 481–490, hier S. 483.

25 Müller 1972 (wie Anm. 22), S. 74, 113, 121.

Diskussion ging es primär um die Frage, ob arbeitsunterrichtliche Verfahren auf der Basis von Textquellen mit Schülerinnen und Schülern überhaupt Gewinn bringend durchgeführt werden können. Inwiefern Gruppenarbeit einen genuinen Stellenwert für historisches Denken und Lernen einnehmen kann und welches methodische Arrangement dazu notwendig ist, konnte (und wollte) diese Studie nicht – oder nur am Rande – ermitteln.

Aktuelle Untersuchungen sind kaum vorhanden: In einer Pilotstudie, durchgeführt in zwei Hauptschulklassen zum Thema „Kinderarbeit im Zeitalter der Industrialisierung" ging es um die Fähigkeit der Perspektivenübernahme, wobei die eine Klasse lehrerzentriert, die andere in einem offenen Unterrichtsarrangement (Gruppenarbeit und Rollenspiel) mit der Problematik vertraut gemacht wurde. Wiederum zeigte sich, dass die direkte Instruktion für die Vermittlung grundlegender Sachverhalte effektiver war – jedenfalls bis zu der nach einer Woche anberaumten Lernkontrolle –, komplexere Fragestellungen möglicherweise aber durch das offenere Arrangement besser bearbeitet werden können.[26] Womöglich ist die Frage nach der Effektivität von Sozialformen in dieser Weise auch falsch gestellt, impliziert sie doch in gewisser Weise, dass alle Sozialformen auf denselben Ebenen des historischen Lernens und der Kompetenzentwicklung ihre Wirksamkeit erweisen (können).

Entscheidend ist vielmehr, wie solche offenen und kooperativen Arbeitsprozesse in das jeweilige Unterrichtskonzept eingebunden, auf die Lerngruppe zugeschnitten und in ihren Ergebnissen reflektiert werden.

Überblickt man die aktuelle allgemeindidaktische Diskussion, werden auch dort lehrerzentrierter und schülerorientierter Unterricht nicht mehr als zwei sich gegenseitig im Kern ausschließende Konzepte begriffen, sondern Frontalunterricht neu justiert im Sinne der Integration in offenere, schülerselbsttätige Unterrichtsmethoden als eine diese vorbereitende und unterstützende Sozialform.[27] Das Plädoyer zielt folglich auf ein „adaptives, didaktisch variationsreiches Lehrverhalten"[28], wonach der erfolgreichste Unterricht nicht der mit einem Maximum an Metho-

26 Oyen, Stefan A.: Lernort Schule. Projektierung und erste Ergebnisse einer empirischen Studie zur Perspektivenübernahme im Geschichtsunterricht. In: Handro, Saskia/Schönemann, Bernd (Hrsg.): Orte historischen Lernens, Berlin 2008, S. 37–59, hier S. 56.
27 Vgl. besonders: Gudjons, Herbert: Frontalunterricht – neu entdeckt. Integration in offene Unterrichtsformen, 2., durchges. Aufl., Bad Heilbrunn 2007
28 Reusser, Kurt: Unterricht zwischen Wissensvermittlung und Lernen lernen. Alte Sackgassen und neue Wege in der Bearbeitung eines pädagogischen Jahrhundertproblems. In: Finkbeiner, Claudia/Schnaitmann, Gerhard W. (Hrsg.): Lehren

denvariation, sondern der mit einem Optimum, also für Lernende mit einer überschaubaren Anzahl von Szenarien ausgestattete, ist.[29]

Zu fragen ist nach den Bedingungen, die Partner- und Gruppenarbeit gelingen lassen können, aber zugleich auch die wesentlichen Stolpersteine für erfolgreiches kooperatives Lernen sind.

1.4 Gelingensbedingungen

Unter der Voraussetzung, dass primär die Einbettung von Partner- und Gruppenarbeit in die Inhalts- und Zielperspektiven des Faches darüber entscheidet, ob solche kooperativen Lernformen Sinn haben, gibt es nach einer solchen Entscheidung Bedingungen, von denen es abhängt, ob dieses Lehr-/Lernarrangement gelingt oder nicht. In erster Linie sind die Rollenproblematiken zu beachten, wie sie sich zwischen Lehrkräften sowie Schülerinnen und Schülern entwickeln.

1.4.1 Rollenverständnis der Lehrenden

Für die Lehrkraft erfordert die Vorbereitung im Prinzip kein anderes Rollenverständnis als die für eine lehrerorientierte Einzel- und Doppelstunde im Klassenverband: Lehrziele sind festzulegen, Themenaspekte zu bestimmen, entsprechende Medien und Materialien auszusuchen, Fragestellungen zu entwickeln und die Möglichkeiten der Ergebnissicherung zu bedenken bzw. diese vorzubereiten. D. h., inhaltlicher und zeitlicher Rahmen sind abzustecken, die didaktischen Schwerpunkte zu fokussieren unter – in der Regel – Hauptverantwortlichkeit des Lehrenden. Ganz anders sieht es in der Phase aus, wenn die Schülerinnen und Schüler die Arbeit übernehmen und in den eigentlichen Prozess der Auseinandersetzung mit dem Gegenstand eintreten. Für diesen Prozess wird vom Lehrenden eine erhebliche Veränderung seines traditionellen Rollenverständnisses erwartet: „Der Lehrer muss seine Ungeduld, möglichst schnell zu Ergebnissen zu kommen, unterdrücken. Er muss seinen Drang, aktiv zu werden und alles selbst in die Hand zu nehmen,

---

und Lernen im Kontext empirischer Forschung und Fachdidaktik, Donauwörth 2001, S. 106–140, hier S. 127.

29 Helmke, Andreas: Unterrichtsqualität und Lehrerprofessionalität. Diagnose, Evaluation und Verbesserung des Unterrichts, Seelze-Velber 2009, S. 265; zu ganz ähnlichen Ergebnissen kommen: Meyer, Hilbert/Pfiffner, Manfred/Walter, Catherine: Variabel unterrichten, in: Pädagogik, H 10, 2007, S. 44–48, hier S. 44.

zurückhalten. Er muss seine Neigung, seinen Vorsprung an Wissen und Erfahrung zu demonstrieren, unter Kontrolle bringen. Er muss sein Bedürfnis nach absoluter Ruhe in der Klasse unterdrücken."[30]

Die Lehrkraft steht folglich vor dem Dilemma, einerseits die Selbstständigkeit der Lernenden fördern zu wollen, andererseits alles unter Kontrolle haben zu wollen, einem Dilemma, das bislang durch Sozialisationserfahrungen in eigener Schulzeit, dem Studium und meistens auch im Referendariat so aufgelöst wurde, dass der Lehrende für alles verantwortlich ist, dass das Scheitern des Experiments oder schon der höhere Lärmpegel zu seinen Lasten geht – und womöglich der entscheidende Grund dafür ist, Gruppenarbeit erst gar nicht zu machen. Dieses Dilemma wird vor allem dann praktisch, wenn zu entscheiden ist, wann und wie bei Gruppenarbeit seitens des Lehrenden interveniert werden soll oder muss, was nichts anderes bedeutet, als die gruppeninterne Interaktion zu unterbrechen. Zu unterscheiden sind dabei sog. invasive Interventionen, bei denen Lehrkräfte ohne Aufforderung in Gruppengespräche eingreifen, von sog. responsiven, bei denen sie von der einen oder anderen Arbeitsgruppe an den Gruppentisch gerufen werden. Studien zeigen, dass die Lehrer in den meisten Fällen (bis zu 70 Prozent) von selbst tätig werden und damit die Arbeit der Gruppen keineswegs verbessern, sondern durch Ergänzungen zu Arbeitsaufträgen, durch Einbringen neuer Gesichtspunkte etc. eher zur Desorientierung beitragen.[31] Vor allem deswegen, weil sie in einen Kommunikationsprozess eingreifen, der ihnen weitgehend unbekannt ist und ihm zwangsläufig eine Struktur überstülpen, die von ihnen dominiert ist. „So erlebe ich es zum Beispiel bei einer Gruppe, die ich gerade nicht gezielt beobachtete, dass ‚plötzlich' eine gute Idee im Raum stand und ich nach meiner Meinung gefragt wurde. Als ich wissen wollte, von wem die Idee kam, waren alle Jungen etwas überrascht und leicht verunsichert. Eine Befragung der Gruppe ist aber auch problematisch, weil sie den Arbeitsprozess unterbricht und eine künstliche Atmosphäre schafft. (…) Viele kreative Prozesse, die in einer Gruppe ablaufen, bekommt man andererseits aber so schnell nicht mit, auch wenn man sich län-

---

30 Haag, Ludwig: Gruppenunterricht erfolgreich organisieren. Forschungsergebnisse zum effektiven Lehrerhandeln, in: Friedrich Jahresheft 2008: Individuell lernen – kooperativ arbeiten, S. 50–52; vgl. dazu ähnliche Ergebnisse bei: Dann, Heinz-Dietrich u. a.: Gruppenunterricht im Schulalltag. Ergebnisse eines Forschungsprojekt und praktische Konsequenzen, in: Pädagogik, H. 1, 2002, S. 11–14; Nürnberger Projektgruppe 2001 (wie Anm. 12), S. 46–52; Traub, Silke: Unterricht kooperativ gestalten. Hinweise und Anregungen zum kooperativen Lernen in Schule, Hochschule und Lehrerbildung, Bad Heilbrunn 2004, S. 12.

31 Nürnberger Projektgruppe 2001 (wie Anm. 12), S. 48 f.

gere Zeit auf eine Gruppe konzentriert. In diesem Zusammenhang ist auch der zwangsläufig höhere Lärmpegel ein Problem. Was die Verantwortung eines Schülerin oder eines Schülers für seine Gruppe betrifft, gilt Ähnliches. Äußerungen diesbezüglich, die nicht zum Arbeitsthema gehören, lassen sich genauso schwer ‚einfangen' wie Ideen."[32] Obwohl es sich hier um ein responsives Eingreifen handelte, wird deutlich, wie unmittelbar der gruppeninterne Diskurs gesprengt wurde, wohl auch deshalb, weil die Frage der Lehrperson von den Gruppenmitgliedern sogleich unter dem Aspekt der Beurteilung von Einzelnen gefiltert wurde. Bei responsiven Eingriffen ist darüber hinaus darauf zu achten, dass die Lehrkraft nicht die inhaltlichen oder methodischen Fragen der Gruppen beantwortet, sich also nicht als „zirkulierendes Lexikon" (Niggli) versteht, sondern auf Wege zu einer Lösung verweist, es sei denn, die Materialvorgaben oder Fragestellungen hätten Missverständnisse hervorgerufen.[33] Es spricht folglich vieles dafür, dass die Lehrkraft sich so verhält wie oftmals karikiert, nämlich in zurückgezogener – nicht unbedingt Zeitung lesender – Position, um Gruppenprozesse aus der Ferne beobachten zu können und sich erst dann zu Gruppen begibt, wenn sie dazu aufgefordert wird, es sei denn, der Lärmpegel oder Spannungen werden so augenfällig, dass eingegriffen werden muss.

Bei der Auswertungsphase ist die Lehrkraft wiederum gefordert, einerseits den Gruppen hinreichend Raum zu geben, das Erarbeitete zu präsentieren, also ihnen den zeitlichen Raum zu geben, ohne den ein sinnvolles Vorstellen der Ergebnisse und eventuelle eigene oder Rückfragen der Mitschüler nicht möglich sind, andererseits – und sich damit wieder dem konventionellen Rollenverständnis nähernd –, die Einzelergebnisse miteinander zu vernetzen und für den nachfolgenden Unterricht zu sichern bzw. ihre Bedeutung für die inhaltliche Weiterarbeit zu profilieren.

1.4.2 Rollenverständnis der Lernenden

Das Gelingen von Gruppenarbeit ist aber gleichermaßen von Rollenverständnissen der Schülerinnen und Schüler abhängig, was zunächst noch einmal an invasiven Interventionen gezeigt werden soll: Verlässt der Lehrer nach einer die Arbeit der Gruppen neu orientierenden oder

---

32 Zit. bei: Grunder, Hans-Ulrich/Bohl, Thorsten (Hrsg.): Neue Formen der Leistungsbeurteilung in den Sekundarstufen I und II, Hohengehren 2001, S, 208.
33 Niggli, Alois: Lernarrangements erfolgreich planen. Didaktische Anregungen zur Gestaltung offener Unterrichtsformen, Aarau 2000, S. 242.

modifizierenden Anweisung wieder den Gruppentisch, kann das Folge-handeln der Gruppe auch deshalb relativ ratlos oder verunsichert sein, weil sie aus dem Frontalunterricht anderes gewohnt sind. Dort wird jede Schüleraktivität als Ergebnis von Lehrerhandeln positiv honoriert oder negativ sanktioniert. Hier aber erfahren ihre neuen Aktivitäten keine sofortigen Rückmeldungen, sondern erst das Endergebnis ihrer Bemühungen, es sei denn, sie riefen die Lehrkraft ständig wieder an den Gruppentisch, was die Gruppenarbeit dann endgültig konterkarierte. Die Rollenproblematik der Lernenden ist aber noch grundsätzlicher zu betrachten, nämlich im Rahmen der Institution Schule, in ihren Orga-nisationsformen und objektiven Rollenzuweisungen. Im Rahmen dessen verinnerlichen die Schülerinnen und Schüler schon sehr bald, dass von ihnen eine bestimmte Lernhaltung erwartet wird, die von ihnen selbst kaum entscheidend mitzubestimmen ist, weder bezüglich der Inhalte, der Lernziele, schon eher der Methoden und nur scheinbar der Beurtei-lung ihrer Lernleistungen. „Damit wäre also den Schülerinnen/Schülern das *defensiv begründete Lernen* als schulische *Normalform* des Lernens nahegelegt."[34] Auch bei „selbstbestimmtem Lernen", so Holzkamp wei-ter, bliebe ihnen lediglich die planende Aktivität übertragen, nicht aber die Verfügbarkeit über die Lerninhalte, die beim Lehrer verbleibt, der durch die existierenden Lehrpläne wiederum kaum Möglichkeiten hat, aus den vorgegebenen Inhalten auszubrechen. Für die Lernenden ergibt sich daraus ein strategisches Verhalten, das auf tatsächliche oder ver-meintliche Erwartungen an sie ausgerichtet ist, aber nicht unmittelbar mit eigenem Lernen zu tun haben muss. Ein Beispiel ist die Beobachtung eines Klassenunterrichts aus der Perspektive der letzten Schülerreihe: Während die Lehrkraft eine relativ konzentriert arbeitende Klasse be-obachtet, in der sich einige am Unterrichtsgeschehen beteiligen, andere zumindest interessiert wirken, sieht der Beobachter, dass der sich Notizen machende Schüler die Hausaufgabe für die nächste Stunde abschreibt, manche ihre SMS kontrollieren, dritte „Schiffe versenken" spielen und keiner weiß, wie viele interessiert scheinende Schüler durch den Lehrer hindurchschauen und eher daran denken, ob sie abends pünktlich zur Verabredung erscheinen können. Neben diesem grundsätzlichen strate-gischen Verhalten, das sich natürlich auch auf Partner- und Gruppen-arbeit bezieht, entwickeln sie Routinen, die sich als günstig für ihren „Job" erwiesen haben und die sie auf die unterschiedlichen Sozialformen unhinterfragt anwenden. Da sie im schulischen Alltag eher rezeptive

---

34 Holzkamp, Klaus: Lernen. Subjektwissenschaftliche Grundlegung, Frankfurt/New York 1995, S. 447.

Formen kennen lernen und sich darauf einstellen, ist es nicht verwunderlich, dass aus Perspektive der Lernenden ein fragend-entwickelndes Unterrichtsgespräch mit 80 Prozent positiven Nennungen sich ähnlicher Beliebtheit erfreut wie der Lehrervortrag (63 Prozent), während sich bei Gruppenarbeit nur 48 Prozent wohl fühlen.[35] Insofern rühren Partner- und Gruppenarbeit an den Routinen der Schülerinnen und Schüler und, falls nicht Möglichkeiten gefunden werden, diese Verhaltensmuster zu perturbieren, werden sie sich auch dort anpassen. Sie werden Arbeitsaufgaben pragmatisch aufteilen und Arbeitsprozesse ökonomisch organisieren; die inhaltliche Auseinandersetzung muss nicht im Zentrum stehen, sondern die möglichst effektive Anfertigung eines gefälligen Produktes. Insofern müssen die Chancen von Partner- und Gruppenarbeit umstandslos nüchtern betrachtet werden. „So sehr die Anhänger der Gruppenpädagogik die Vorteile ihrer Methode in den glühendsten Farben ausmalen – sie widerspricht in aller Regel den üblichen unterrichtlichen Erfahrungs und Handlungsmustern nicht nur der Lehrer, sondern auch der Schüler"[36] – und den institutionellen Bedingungen schulischen Lernens.

Besonders anfällig ist hierbei die Partnerarbeit, deren Ergebnis sich ja selten in sichtbaren Erträgen wie bei der Gruppenarbeit niederschlägt, sondern in der Arbeitshaltung zwischen den Partnern. Oftmals ist Partnerarbeit eine verkappte Einzelarbeit.[37] Wenn zwei Schüler einen Quellenauszug bearbeiten und lediglich die Ergebnisse vergleichen, hat sie ihren Sinn vertan. Noch problematischer ist eine Arbeitsteilung derart, dass einer den Text bearbeitet, die andere, weil sie die schönere Handschrift besitzt, das Ergebnis aufschreibt Ähnliches gilt für die Gruppenarbeit in der immer selben Zusammensetzung, bei der die Experten für das Eine oder Andere bald feststehen. Damit diese unhinterfragten Routinen die Potenziale der beiden Sozialformen nicht karikieren, sind die Schnittstellen zu identifizieren, die bessere Gelingensbedingungen ermöglichen: Partner-/Gruppenbildung, Aufgabenformate und Aufgabenstellungen sowie Auswertung/Präsentation.

---

35 Gudjons 2007 (wie Anm. 27), S. 43.
36 Terhart, Ewald: Lehr-Lern-Methoden, Weinheim, München 1989, S. 156.
37 Voit 2007 (wie Anm. 4), S. 486.

1.4.3 Gruppenbildung

Die Zusammensetzung von Partnergruppen scheint nur auf den ersten Blick keiner besonderen Überlegung wert zu sein. So pädagogisch sinnvoll „Dauerpartnerschaften" zwischen Tischnachbarn sein mögen, weil hier von einer verlässlichen, auf Sympathie beruhenden Konstanz des Arbeitsverhaltens ausgegangen werden kann, so problematisch können – wie oben angesprochen – eingeschliffene Routinen, Über- und Unterordnungsverhältnisse werden, die u. U. langfristig wichtige Potenziale der Beteiligten brach liegen lassen. Insofern ist es sinnvoll, zeitweilig Partnergruppen neu zu bilden, auch wenn dies mit einem größeren organisatorischen Aufwand verbunden sein mag, um Schülerinnen und Schüler mit den Arbeitsstilen und Fähigkeiten anderer Mitschüler zu konfrontieren und gleichzeitig ihre Empathiefähigkeit zu fördern. Im Übrigen bevorzugen die Lernenden nicht unbedingt immer den Freund oder die Freundin als Lernpartner, sondern sind eher daran interessiert, mit gleich starken Mitschülern zusammen zu arbeiten.[38] Die Wahl des Partners wird dann besonders relevant, wenn die Kooperation nicht nur für kurze Phasen des Unterrichts gilt, sondern beispielsweise eine aufwändigere Recherche (zeitgeschichtliche Spurensuche im lokalen Bereich, Zeitzeugeninterviews) ansteht, die zu einer gemeinsamen Präsentation z. B. im Rahmen einer Prüfung verarbeitet werden soll.

Für die Gruppenarbeit gibt es grundsätzlich drei Varianten der Zusammensetzung: Die Schüler entscheiden selbst, die Lehrkraft trifft die Entscheidung, oder es wird ausgelost, wer mit wem kooperiert. Die in der Praxis vermutlich häufigste Form ist die freie Wahl der Gruppe, in der vor allem gegenseitige Sympathie, Zugehörigkeit zu peer groups innerhalb der Klasse, aber auch strategische Überlegungen zur potenziellen Leistungsfähigkeit der Gruppe zum Tragen kommen. Solche Gruppen, bei denen das Beziehungsgefüge als einigermaßen intakt angenommen werden kann, haben im Regelfall keine besonderen Schwierigkeiten, ihren Arbeitsprozess zu organisieren und ihr Zeitmanagement sinnvoll zu gestalten. Dennoch sind zwei Faktoren zu nennen, die eine solche Gruppenbildung nicht als ständig praktikabel ausweisen. Wie bei „Dauerpartnerschaften" ergeben sich sehr schnell routinierte Arbeitsteilungen, sind diejenigen ausgeguckt, die als Gruppensprecher(in) fungieren oder die Ergebnisse aufschreiben. Dies kann dadurch verhindert werden, dass es zu einem durch die Lehrkraft angeregten Wechsel der

---

38 Nuhn, Hans-Eberhard: Partnerarbeit als Sozialform des Unterrichts, Weinheim, Basel 1995, S. 60.

Funktionsrollen kommt, was allerdings nicht immer leicht einsichtig zu machen und durchzusetzen ist, weil die Gruppen meist nachvollziehbar argumentieren, selbst bereits die beste – und bewährte – Form der Zusammenarbeit gefunden zu haben. Ein gewichtigeres Argument spricht dafür, nicht ständig Freundschaftsgruppen bilden zu lassen: Es wird häufig, wenn nicht immer, Schülerinnen und Schüler geben, die „übrig bleiben", deren sozialer Status als Außenseiter oder als jemand, der für nicht teamfähig gehalten wird, damit klassenöffentlich wird, was bis zur Stigmatisierung führen kann. Damit ist ein Problem angesprochen, das in der Literatur zur Gruppenarbeit bestenfalls am Rande auftaucht, nämlich die Tatsache, dass es Lernende gibt, die nicht in Gruppen arbeiten wollen oder nur schwer bis gar nicht in das Gruppengeschehen integriert werden können. Es mag sein, dass hier die beiden anderen Varianten der Gruppenbildung nützen können, weil nicht Sympathien, sondern die Autorität des Lehrers bzw. das Zufallsprinzip, also „objektivere" Kriterien wirksam sind. Garantieren lässt sich dadurch aber ein Erfolg nicht. Es geht aus meiner Sicht kein Weg daran vorbei, dass notorische Einzelarbeiter dann eben ihren Beitrag über die Selbstbeschäftigung erbringen müssen oder im günstigeren Fall als Einzelne Aufgaben erhalten, die dennoch die Arbeit aller Gruppen zu fördern vermögen: Sie könnten beispielsweise Spezialaufträge übernehmen, die aus der Arbeit einzelner Gruppen erwachsen, etwa eine Kurzrecherche im Internet, für die die Mitglieder der Gruppe keine Zeit haben, oder die Planung/Moderation der Präsentation übernehmen, wofür sie sich bei den jeweiligen Gruppen nach den Zwischenergebnissen und der Auswahl der Präsentationsformen erkundigen müssen – kurzum inhaltlich sinnvolle Aufgaben, die sie selbst zufrieden stellen, gleichzeitig aber ihre Funktion für den Gesamtprozess haben.

Es kann pädagogisch sinnvoll sein, dass zuweilen die Lehrkraft die Gruppenzusammensetzung bestimmt, um entweder leistungshomogene oder -heterogene Gruppen zu bilden. Bei homogenen Gruppen besteht freilich die Gefahr, dass gerade leistungsschwächere Schüler mit ihren Gruppen öffentlich erneut ihre Defizite dokumentiert bekommen und nicht der Effekt eintritt, dass sie besser lernen. Die Erfahrungen mit bewusst leistungsheterogen zusammengestellten Gruppen sind ambivalent. Zwei Beispiele: „Ich habe ganz viel (…) dadurch gelernt, dass ich es immer allen anderen erklärt habe. Also mir bringt das total viel, in so Gruppen zu arbeiten. (…) Ich habe auch viel lieber mit denen zusammengearbeitet, die nicht so gut waren, die halt ein bisschen schwächer waren, als mit denen, die genauso gut waren wie ich. Da konnte ich ja gleichzeitig helfen und merken, ob ich's wirklich verstanden hab'." Ein zweiter Schüler: „Also ich sitze eigentlich mit am Tisch, wo nur Starke dabei sind, aber es gibt halt auch Tische, wo die gemischt sind und wo halt Schwächere dabei sind. Und ich weiß nicht, wenn ich wirklich was lernen möchte... Also ich bin normal Durchschnitt, ne? Und wenn ich dann mit Schwächeren jetzt noch an einem Tisch sitzen würde, dann hätte ich das Gefühl, dass ich denen auch noch mal viel mehr erklären müsste, obwohl ich selber gar nicht so gut mitkomme, und dann wäre es noch mal schwerer, glaube ich, mit den ganz Starken mitzukommen."[39] Ob der Helfereffekt also beiden Seiten zugute kommt, scheint sich generell nicht beantworten zu lassen; er funktioniert wohl besser in Freundschaftsgruppen.

Gruppen durch Losen zusammenzustellen hat sicherlich den Vorteil, dass Lernende sich darauf einzustellen haben, mit allen Mitgliedern des Klassenverbandes sinnvoll zusammenzuarbeiten zu können. Dies stärkt ihre soziale Kompetenz und Empathiefähigkeit, diversifiziert außerdem das Repertoire ihrer Fähigkeiten, weil sie nicht immer und überall auf ihre vertrauten Kompetenzen zurückgreifen können, sondern sich u. U. neuen Herausforderungen zu stellen haben. Diese Art der Gruppenbildung bietet sich an, wenn die Lehrkraft das Beziehungsgefüge innerhalb der Klasse gut einzuschätzen vermag. Andernfalls kann es zu Situationen führen, dass Schülerinnen und Schüler, die überhaupt nicht miteinander auskommen, in einen Gruppenprozess geraten, der absehbar nicht funktionieren wird und damit die gesamte Gruppenarbeit zu gefährden droht. Es ist sinnvoll, die Varianten zu mischen, je nachdem, welche speziellen Funktionen Priorität erhalten sollen – oder eine Methode der Gruppenarbeit zu wählen, die – wie das Gruppenpuzzle (s. S. 112) – verschiedene Möglichkeiten der Gruppenbildung miteinander, verknüpft.

Einige Argumente, die oftmals gegen Gruppenarbeit vorgebracht werden, lassen sich auf der Basis vorliegender empirischer Untersuchungen nicht halten, z. B. der Hinweis auf die sog. Trittbrettfahrer. Demnach haben sich selbst die schwächsten Schüler und sogar die Außenseiter darum bemüht, ihren wenn auch geringeren Beitrag zum Gruppenergebnis zu leisten.[40] Ein anderes Phänomen – der sogenannte „Matthäus – Effekt" (die leistungsstärksten oder motiviertesten Schüler übernehmen die Hauptarbeit, weil es ihnen zu langsam voran geht) – kann

39 Äußerungen einer Schülerin und eines Schülers des Abschlussjahrgangs 2006 der Laborschule Bielefeld, zit. in: Hollenbach, Nicole: Stolpersteine im kooperativen Lernen. Schüler und Lehrer berichten über Risiken und Chancen, in: Friedrich Jahresheft 2008, S. 86–88, hier S. 87 f.
40 Nürnberger Projektgruppe 2001 (wie Anm. 12), S. 28.

durch Varianten der Gruppenzusammensetzung bzw. durch alternierende Funktionszuweisungen an die Gruppenmitglieder, wie sie vom Konzept des Kooperativen Lernens praktiziert wird, mindestens abgeschwächt werden. Dann stabilisieren die Schüler nicht nur ihre schon vorhandenen Fähigkeiten unter Vernachlässigung dessen, was sie nicht gerne lernen oder tun, sondern werden auch an solche Qualifikationen herangeführt, die Herausforderungen für sie darstellen.

1.4.4 Aufgaben

Die für Gruppenarbeit wahrscheinlich entscheidende Bedeutung kommt den Aufgabenformaten und den daraus abgeleiteten Arbeitsaufträgen/ Aufgabenstellungen zu. Aufgabenformate geben an, welche Kompetenzebenen fachspezifischer wie überfachlicher Art im Zentrum des Lernens stehen und in welchen Produkten/Lernergebnissen sie sich als narratives Wissen und Können niederschlagen sollen.[41] Geht es primär um den Erwerb von Wissen, um die Festigung und Übung bereits Gelerntem, um eine Problemlösung oder um einen Transfer? Im Kern betont der Begriff der Kompetenzen die Fähigkeit zur Bewältigung einer praktischen Anforderungssituation, nicht die Verfügung über gespeichertes Wissen. „Kompetenzen werden als verständige Lösung bereichsspezifischer konkreter Probleme begriffen."[42] Dabei sind schon auf dieser Ebene Organisationsformen des Lernens und Aufgabenformate zu schaffen, die diese Kompetenzentwicklung fördern – kooperatives Lernen und komplexe Aufgaben.

Für das Fach Geschichte wäre in diesem Rahmen fachspezifisch zu differenzieren in Aufgabenformate, die auf den Erwerb von zentralen Fachkompetenzen abzielen (Gattungskompetenz, Interpretationskompetenz, Methodenkompetenz etc.), stärker das historische Erkenntniswissen fokussieren oder zentrale didaktische Prinzipien in das Zentrum historischen Lernens rücken.[43] Auf diesen Ebenen scheint für das Fach Geschichte die besondere didaktische Funktion von Partner- und Gruppenarbeit zu liegen (s. u., S. 108 ff.)

---

41 Barricelli, Michele: Historisches Wissen ist narratives Wissen, in: Barricelli, Michele u. a.: Historisches Wissen ist narratives Wissen. Aufgabenformate für den Geschichtsunterricht in den Sekundarstufen I und II, Berlin 2008, S. 7–12.
42 Edelstein, Wolfgang: Zur Demokratie erziehen. Werte und Kompetenzen für eine zukunftsfähige Schule. In: Friedrich Jahresheft 2009: Erziehen – Klassen leiten, S. 7–11, hier S. 10.
43 Die Darstellung folgt weitgehend den Ausführungen von Birgit Wenzel: Aufgaben im Geschichtsunterricht, in: Günther-Arndt 2007, S. 77–86.

Zuweilen wird die These vertreten, für Gruppenunterricht eigneten sich besonders Aufgaben, die wenig strukturiert, relativ offen oder echte Problemlöseaufgaben sind, weil dadurch die Interaktion der Gruppenmitglieder in besonderem Maße erforderlich wird.[44] Dem ist zuzustimmen, vor allem aus dem Grund, weil zur Lösung eines Problems der inhaltliche Diskurs vonnöten ist, die gedankliche Anstrengung mehrer.

Die konkreten Aufgabenstellungen strukturieren die Aufgabenformate und sollen den Lernenden plausible Lernwege aufzeigen. Deshalb ist es wichtig, schon durch die Aufgabenstellungen deutlich zu machen, dass es sich um *Gruppenaufträge* handelt, die nur durch gemeinsame Anstrengungen erledigt werden können, bei denen die Gruppenmitglieder aufeinander angewiesen sind. Davon abgesehen, dass es in der Gruppenarbeit immer zu bestimmten Arbeitsteilungen kommen wird und auch soll, werden nur auf diese Weise völlig unsinnige Arbeitsteilungen verhindert. Dasselbe gilt für die Partnerarbeit: Die Aufgabenstellungen sollten möglichst problemhaltig sein und die Partner in eine wirkliche gedankliche Auseinandersetzung verwickeln. Für den Geschichtsunterricht bieten sich Aufgabenformate an, die ein gemeinsames gedankliches Konstrukt erfordern, eine gemeinsame Sinnbildung und Deutung oder ein Verhandeln kontroverser Positionen. Solche offenen und komplexen Aufgabenformate sind allerdings nur dann angebracht, wenn sie das Lernniveau der Gruppen treffen und sie nicht überfordern. Andererseits muss Gruppen- wie Partnerarbeit sich nicht nur auf solche Aufgabenformate beschränken. Gerade wenn es um die Festigung und Wiederholung von Erarbeitetem geht, können sich die Partner gegenseitig bei ihren Wissenslücken ergänzen, was viel nachhaltiger sein wird als das Üben allein zu Hause oder die Wiederholung im Klassenverband.

Die Aufgabenformate konkretisieren sich einerseits in den ausgewählten Materialien und Medien, andererseits in den konkreten Aufgabenstellungen, die Scharnierfunktion für gelingende Partner- und Gruppenarbeit haben. Gruppen können nur dann selbstständig arbeiten, wenn die Aufgaben einen inhaltlichen Anknüpfungspunkt haben und keine methodischen Fertigkeiten verlangen, die bislang im Unterricht nicht eingeübt worden sind. Es ist mindestens ungünstig, mit Gruppenarbeit etwa in die Römische Geschichte einzusteigen, es sei denn, sie wäre von Materialien wie Aufgabenstellungen so angelegt, dass sie das Neue, Fremde fokussiert, also Aufmerksamkeit, Neugier und Motivation erzeugen will. Von Schülerinnen und Schülern Plakatanalysen

---

44 Wellenreuther 2007 (wie Anm. 7), S. 393.

aus der Endphase der Weimarer Republik in Partner- oder Gruppenarbeit erarbeiten zu lassen, ohne sich vorher die „Grammatik" der Plakatinterpretation angeeignet zu haben, wird fehlschlagen. Die Aufgaben sollten des Weiteren:

- klar und präzise formuliert sein sowie durch Operatoren spezifische Handlungen benennen (erklärt, erläutert, diskutiert etc.);[45]
- Erklärungen von Fachbegriffen enthalten;
- für die Arbeitsgruppen sichtbar sein, entweder bei themengleicher Gruppenarbeit an die Tafel oder auf eine Folie geschrieben werden, bei themenverschiedener den Gruppen als Anhang zu den Materialien schriftlich vorliegen;
- klare Zeitvorgaben enthalten, die realistisch sind und den Schülerinnen und Schülern die Möglichkeit geben, sich einerseits gründlich mit der Problematik auseinanderzusetzen, andererseits nicht zu Langeweile führen.

Wenn, wie häufig, Gruppenarbeit in einem Produkt bzw. in einer Präsentation endet, muss ausreichend Zeit für die Erstellung eingeplant werden und dieses Produkt in der Aufgabenstellung präzise benannt werden (bereitet ein Kurzreferat vor, erstellt eine Mind-Map etc.) oder der Hinweis erfolgen, dass die Wahl der Präsentation frei gestellt ist. Nichts ist für Schülerinnen und Schüler frustrierender, als nach einer motivierenden Arbeit auf die Schnelle ein Ergebnis „zusammenschustern" zu müssen.

Bei komplexen Aufgabenformaten kann es – nach Einschätzung der Lerngruppe – hilfreich sein, denkbare Lernwege zu formulieren bzw. sinnvolle Schritte anzudeuten.

Es hilft Lernenden, wenn die Aufgabenstellungen auch unterstützende Hinweise auf Arbeitsmittel enthalten, die zwar im Prinzip den Schülern bekannt und selbstverständlich sind, gerade deswegen aber oft nicht als solche gegenwärtig sind („ihr könnt den Geschichtsatlas heranziehen, im Kapitel des Geschichtsbuchs noch einmal zentrale Begriffe nachschlagen" etc.).

Was bei kooperativen Arbeitsformen häufig versäumt wird, ist die Verständnissicherung des Arbeitsauftrags.[46] Ohne diese Sicherung kann die Arbeit aber nicht richtig in Gang kommen, häufige Nachfragen

---

45 Vgl. dazu als besondere Hilfestellung: El Darwich, Renate/Pandel- Hans-Jürgen: Wer, was, wo, warum? Oder nenne, beschreibe, zähle, begründe. Arbeitsfragen für die Quellenerschließung. In: Geschichte lernen: Sammelband Geschichte lehren und lernen, Seelze-Velber 1997, S. 31–35.
46 Vgl. dazu und zu anderen Tipps: Gloe, Markus: Stolpersteine bei der Gruppenarbeit. In: Geschichte lernen, H. 123, 2008, S. 27–33.

stören konzentriertes Arbeiten und desorientieren den gemeinsamen Lernprozess. Allein das mündliche Wiederholen der Arbeitsaufträge reicht nicht aus; besser ist es, wenn die Schüler mit eigenen Worten umschreiben, was sie tun sollen oder auf gezielte Nachfragen der Lehrkraft antworten.

1.4.5 Auswertung und Präsentation

Für das Gelingen vor allem von Gruppenarbeit wird die Bedeutung der Präsentation der Ergebnisse bzw. die Auswertung häufig unterschätzt. Nicht selten kommt es zu der Situation, dass die Phase der Arbeit in Gruppen verlängert wird, dies aber auf Kosten der Zeit für die Ergebnissicherung geht. Wenn einige Schüler meinen, bei Gruppenarbeit „komme nichts heraus", beziehen sich diese Äußerungen vielfach darauf, dass am Ende kein Ergebnis sichtbar und verfügbar ist. Damit hätte ein solches kooperatives Arbeiten aber seinen Sinn verfehlt. Schon über die Aufgabenstellung sollte – wie gezeigt – angegeben werden, in welcher Form die Ergebnisse vorliegen sollen. Hierbei ist eine Vielzahl von Varianten denkbar. Eine Auswahl:

- Freier Vortrag
- Folien- oder powerpointgestütztes Referat
- Grafiken, Tabellen, Mindmaps
- Varianten von Spielen
- Bilder, Zeichnungen, Skizzen
- Wandzeitung[47]

Die Lehrkraft sollte entweder klare Vorgaben machen, welches Lernprodukt zu erstellen ist oder mit der Klasse besprechen, aus welchen Varianten die Gruppen auswählen können. Den Lernenden völlig freie Wahl zu überlassen, verbietet sich schon dadurch, dass der Arbeitsaufwand sich erheblich unterscheiden kann: Eine Wandzeitung oder ein Standbild sind in vergleichbar überschaubarer Zeit zu erstellen, ein Hörspiel oder eine Videoproduktion dauert erheblich länger und sprengt damit das Zeitbudget. Bestehen Gruppen dennoch darauf, ist mit ihnen auszuhandeln, dass ein Großteil der Produktion außerhalb des Unterrichts erfolgen muss.

---

47 Vgl. für Möglichkeiten und Probleme von Präsentationen im Geschichtsunterricht: Adamski, Peter: Präsentationen im Geschichtsunterricht, in: GWU, 57, 2006, S. 665–674.

Eine für alle Beteiligten sinnvolle und überschaubare Möglichkeit, den Gruppenarbeitsprozess zu strukturieren und der Erstellungsphase des Produkts sowie der Auswertung genügend Platz einzuräumen, ist ein Zeitplan mit einzelnen Phasen, der beispielsweise an der Tafel oder einer Flip-Chart festgehalten wird.

Bei der Präsentation der Ergebnisse ist darauf zu achten, dass nicht nur alle Gruppen beteiligt werden, sondern in angemessener Form zu Wort kommen. Das kann vor allem bei themengleicher Arbeit zum Problem werden, wenn die erste Gruppe bereits alles referiert hat und die anderen das Gesagte nur noch abnicken können. Dies wird im Geschichtsunterricht freilich nur dann der Fall sein, wenn es um den Erwerb von Gegenstandswissen geht (was geschah am 14. Juli 1789; welche Ergebnisse hatte die Potsdamer Konferenz?). In diesen Fällen wäre es angebracht, die Gruppen nur zu bestimmten Teilaufgaben des gesamten Arbeitsauftrags ihre Ergebnisse vortragen zu lassen. Immer, wenn es um eigene Rekonstruktionen oder Deutungen von geschichtlichen Prozessen geht oder gar um Beurteilungen von Kontroversen, werden solche Probleme eher nicht auftauchen. Bei themenverschiedener Gruppenarbeit liegen die Schwierigkeiten auf anderen Ebenen. Es existieren Expertengruppen zu Teilaspekten eines Gesamtthemas, beispielsweise zu mittelalterlichen Lebenswelten. Die Gruppe „Leben im Kloster" hat also den Mitschülerinnen und Mitschülern zu vermitteln, worin die Besonderheiten klösterlichen Lebens bestanden. Abgesehen davon, dass solche Besonderheiten sich erst im Vergleich mit anderen (in der Stadt, auf der Burg, auf dem Land) als solche erweisen können, sind die Lernenden auch aufgrund der Tatsache, dass sie sich ja erst vor kurzem und in kurzer Zeit zu Experten gemacht haben, in der schwierigen Situation, die wichtigsten Punkte in gegliederter Form und verständlich zu vermitteln. Es gleicht pädagogischer Rhetorik zu behaupten, die Aufforderung, sich nicht nur den Gegenstand zu erarbeiten, sondern ihn danach zu „lehren", führe per se zu größerer Lernaktivität und zu höherer Lernleistung. Dies lässt sich empirisch untermauern: „In der Literatur zum kooperativen Lernen wird das Erklären gemeinhin als in besonderem Maße lernförderlich betrachtet. Bezüglich dieser These zeigen die Befunde der vorliegenden Studien zwar, dass durch eine Erkläranforderung elaborative Aktivitäten ausgelöst werden können, wie sie beim individuellen Lernen nur wenige (erfolgreich) Lernende zeigen. Dennoch erwies sich Lernen durch Erklären weder hinsichtlich der Motivation noch in Hinblick auf den Lernerfolg als günstig."[48] Das spricht insgesamt nicht gegen solche Formen der Gruppenarbeit, wohl aber dafür, die Erwartungen nicht zu hoch anzusetzen. Daraus folgt, gerade bei themenverschiedenen Gruppenarbeiten auf solche Lernprodukte abzuheben, die für die Klasse insgesamt verfügbar gemacht werden können: kopierbare Folien, Wandzeitungen oder Skizzen, Tafelanschriebe, Mindmaps etc., die fotografiert oder kopiert werden können. Dies schafft überdies günstige Voraussetzungen dafür, dass die anderen Gruppen konzentriert zuhören und nachfragen können, ohne sich während des Vortrags Notizen machen zu müssen.

In solchen Auswertungsphasen kommen auf die Lehrkraft wichtige Aufgaben zu; die wohl heikelste ist: Wie soll mit Korrekturen an den Lernergebnissen umgegangen werden, die notwendig sein können, wenn nachweislich Falsches, aber u. U. auch Unpräzises vermittelt wird? Bei der themengleichen Gruppenarbeit ist dies ein geringeres Problem, weil häufig die anderen Gruppen Richtigstellungen formulieren oder die Lehrkraft bei unterschiedlichen Deutungen, sofern sie triftig sind, eben darauf verweisen kann, dass es solche u. U. kontroversen Positionen in der Wissenschaft gibt. Schwieriger ist ein solches Einschreiten bei themenverschiedener Gruppenarbeit, weil es nicht nur um Korrektur oder Präzisierung in der Sache geht, sondern um Kritik an den Personen, die das Ergebnis produziert haben, und darum, dass eine Folie oder Tafelskizze kaum als Ergebnis vervielfältigt werden kann. Dies ist dann besonders schwierig, wenn beispielsweise schwächere Schüler für ihre Verhältnisse eine durchaus positive Lernleistung erbracht haben, die dennoch so nicht stehen bleiben kann. Hinzu kommt, dass der Lehrer/die Lehrerin ja erst in der Phase der Präsentation mit einer solchen Tatsache konfrontiert wird, also schnell reagieren muss, woraus sich die Empfehlung ableiten ließe, in der Phase der Erstellung der Lernergebnisse doch stärker bei den Gruppen vorbeizuschauen und ggf. schon im Vorfeld auf krasse Fehler hinzuweisen, damit die Lernenden nicht erst bei der Präsentation „vorgeführt" werden. Zwei Beispiele für den sensiblen Umgang: Die Gruppe „Leben in der mittelalterlichen Stadt" hat mit dem Begriff „Zunft" gearbeitet, ihn aber nicht genau recherchiert, sondern an ihrem lebensweltlichen subjektiven Verständnis gespiegelt (zünftig, gesellig), was ja durchaus einen Anknüpfungspunkt bietet, aber noch genauer zeitgenössisch zu untersuchen wäre. Hier wäre ein Hinweis hilfreich, noch einmal genauer im Geschichtsbuch nach-

---

48 Renkl, Alexander: Lernen durch Lehren. Zentrale Wirkmechanismen beim kooperativen Lernen, Wiesbaden 1997, S. 178.

zuschauen. Beim Thema Ägypten hat sich eine Gruppe auf die Pyramiden konzentriert und referiert darüber, dass sie mit Rampen erbaut wurden, was sie womöglich einem Jugendsachbuch entnommen haben. In diesem Fall wäre nach dem Referat zum einen die selbstständige Rechercheleistung hervorzuheben, zum anderen der Gruppe selbst und den anderen Schülern zu erklären, dass es verschiedene Theorien dazu gibt. Diese sollten genannt und es sollte darauf verwiesen werden, dass wir Genaues nicht wissen.

Der Lehrkraft obliegt abschließend die Aufgabe, die Ergebnisse der Gruppenarbeit zusammenfassend einzuordnen: Was sollte erarbeitet werden und warum, was sind die zentralen Ergebnisse und wie geht es weiter, d. h., welche weiteren Fragen ergeben sich aus dem Erarbeiteten? Bei themenverschiedener Gruppenarbeit kann es notwendig sein, die Themenaspekte in einer Gesamtschau zu visualisieren, um ihren Bezug zum übergeordneten Thema zu verdeutlichen – z. B. durch eine vom Lehrer erstellte Mindmap oder durch eine Gruppenmindmap.

1.5 Kooperatives Lernen

Schon für die „erste" amerikanische Schulreformbewegung (Dewey u. a.) waren es sozialökonomische Veränderungen um die Wende zum 20. Jahrhundert, die zu der Notwendigkeit führten, Pädagogik neu zu denken. „Die Massenproduktion führte zu höchster Arbeitsteilung und verschärftem Existenzkampf, die nur Menschen mit praktischem Sinn und produktiver Leistungsfähigkeit bestehen konnten. Mit der Arbeitsteilung, dem Verschwinden des Kleingewerbes und des Haushalts verwilderte und verarmte der Erfahrungskreis der Großstadtkinder, so dass die Kluft zwischen Erlebtem und Erlerntem stets größer wurde."[49] Die damalige Antwort war der Versuch einer stärkeren Verknüpfung von Unterricht, Schule und Lebenswelt in Form des Projektunterrichts.

1.5.1 Veränderte Sozialisationsbedingungen – neue Herausforderungen für Lernen

Kooperatives Lernen[50] setzt an den veränderten Sozialisationsbedingungen und -erfahrungen an, die die postindustrielle Risikogesellschaft

---

49 E. Meyer 1996 (wie Anm. 1), S. 261.
50 Als zentrale Beiträge sind vor allem zu nennen: Konrad/Traub 2001 (wie Anm 8); Traub 2004 (wie Anm. 30); Huber, G.L (Hrsg.): Neue Perspektiven der Koopera-

(U. Beck) evoziert. Die propagierte Grenzenlosigkeit der offenen Gesellschaft eröffnet eine Fülle von Individualisierungsmöglichkeiten, erfordert aber zugleich große persönliche, soziale und kommunikative Anforderungen an den Einzelnen, um diese wahrzunehmen – zumal ein verbindliches Wertesystem weitgehend obsolet geworden scheint, das Orientierung oder eben Abgrenzung ermöglicht. Dies wird auch nicht mehr aufgefangen durch stabile Familienstrukturen. Stattdessen werden abgebrochene Beziehungen, Patchworkfamilien, von Anfang an auf Alleinerziehung ausgerichtete Mutter/Vater – Kind – Beziehungen immer mehr zwar nicht zur Regel, breiten sich aber aus. Für Kinder und Jugendliche führt dies zu Einschränkungen von Beziehungen, und selbst in intakten Kleinfamilien kommt es zu Verlusten von Sozialerfahrungen durch den Kontakt mit Geschwistern oder Freundinnen und Freunden. Dies ist vor allem der Allgegenwart der Medien geschuldet, die Primärerfahrungen zurückdrängen und zugleich Wissenserfahrungen schaffen, die verdaut werden müssen und die oftmals in starkem Kontrast zur schulischen Wissensvermittlung stehen oder diese konterkarieren. All dies sind Grunddispositionen, die Zusammenarbeit mit Anderen nicht fördern, sondern erheblich erschweren. Gleichzeitig aber verlangt die Wirtschafts- und Arbeitswelt genau diese Teamfähigkeit als Schlüsselqualifikation. Schule und Unterricht stehen folglich vor dem Dilemma, sich mit diesen disparaten Erfahrungen und Erwartungshaltungen auseinanderzusetzen.

Auf diesem Hintergrund ist das Konzept Kooperatives Lernen in seiner Grundstruktur und mit seinen Mikromethoden zu begreifen: Es geht zuallererst davon aus, dass Arbeit in Paaren oder Gruppen *gelernt* werden muss, und dass dies nur erfolgreich geschehen kann, wenn bestimmte Strukturen und Verfahren eingehalten werden.

tion, Hohengehren 1993; Brüning, Ludger/Saum, Tobias: Erfolgreich unterrichten durch kooperatives Lernen. Strategien zur Schüleraktivierung, 2., überarb. Auflage, Mühlheim/Ruhr 2006; Green, Norm/Green, Kathy: Kooperatives Lernen im Klassenraum und im Kollegium. Das Trainingsbuch, Seelze/Velber 2006; Weidner, Margit: Kooperatives Lernen im Unterricht. Das Arbeitsbuch, Seelze-Velber 2003; Johnson, David W./Johnson, Roger T./Holubec, Edyth: Kooperatives Lernen – Kooperative Schule. Tipps – Praxishilfen – Konzepte, Mühlheim/Ruhr 2005; Huber, Anne A.: Kooperatives Lernen – kein Problem. Effektive Methoden der Partner- und Gruppenarbeit, Leipzig u. a. 2008; Brüning, Ludger/Saum, Tobias: Erfolgreich unterrichten durch kooperatives Lernen 2, Mühlheim/Ruhr 2009

1.5.2 Grundprämissen und Basiselemente

Eine effektive Arbeit mit Lernpartnern oder in Gruppen gelingt, wenn den Teilnehmern zu vermitteln ist, dass der Erfolg der Zweierteams und Gruppen von jedem Einzelnen abhängt, der durch seinen persönlichen Einsatz das gemeinsame Ergebnis bestimmt und dafür auch Verantwortung trägt. Als wesentliche Voraussetzungen für einen Lernerfolg gelten:

1. Positive Abhängigkeit
2. Individuelle Verantwortlichkeit
3. Gegenseitige Unterstützung
4. Angemessener Einsatz sozialer Kompetenzen
5. Reflexion der Gruppenprozesse[51]

Die Herstellung positiver Abhängigkeit gilt dabei als Herzstück kooperativen Arbeitens. „Positive Abhängigkeit führt zu sich gegenseitig unterstützenden Interaktionen, die Beteiligten ermutigen und helfen sich beispielsweise gegenseitig darin, ihre Aufgaben zu erledigen, um die Gruppenziel zu erreichen. Negative Abhängigkeit hingegen führt zu destruktiven und den Zielen anderer Gruppenmitglieder entgegengesetzten Handlungen. Sie entmutigen und hindern sich beispielsweise gegenseitig daran, ihre Aufgaben zu erledigen und ihre Ziele zu erreichen. Fehlende Abhängigkeit führt zu ausbleibenden Interaktionen. Die Mitglieder handeln unabhängig voneinander und ohne jeden Austausch, während sie versuchen, ihre eigenen Ziele zu erreichen."[52] Aber wie lässt sich diese positive Abhängigkeit herstellen? Die Vertreter dieses Konzeptes nennen eine Vielzahl von Möglichkeiten: die Formulierung eines gemeinsamen Ziels von und für die Gruppen, das nur dann als erreicht gilt, wenn alle Teilaufgaben erledigt sind; eine Belohnung für erfolgreiches gemeinsames Arbeiten; die Verteilung unterschiedlicher Rollen in den Gruppen; eine Einflussnahme auf die Materialien und Ressourcen, sodass beispielsweise nur ein gemeinsames Infoblatt oder ein zu beschreibendes Plakat in die Gruppe gegeben wird; eine Aufga-

---

51 Johnson, David W./Johnson, Roger T.: Wie kooperatives Lernen funktioniert. Über die Elemente einer pädagogischen Erfolgsgeschichte, in: Friedrich-Jahresheft 2008, S. 16–20, hier S. 17; in anderer Diktion und Reihenfolge: 1. Soziale Fertigkeiten/Teamkompetenz (social skills), 2. Face-to-face-Interaktion; 3. Persönliche Übernahme von Verantwortung; 4. Positive gegenseitige Abhängigkeit; 5. Bewertung/Evaluation der Gruppenprozesse bei Weidner 2003 (wie Anm. 50), S, 35.
52 Johnson/Johnson 2008 (wie Anm. 51), S. 17

benspezialisierung dahingehend, dass die Mitglieder der Gruppe Experten für eine Teilaufgabe sind, die den anderen zu vermitteln ist; last not least: einen Gruppennamen oder ein Motto, das die Identität der Gruppe stärken hilft. Dass diese z. T. sehr disparaten, aber auch plakativen Vorschläge u. U. einen solchen Prozess unterstützen können, steht außer Frage, aber rühren sie an den Hauptproblemen gruppendynamischer Prozesse?

Was bedeutet „individuelle Verantwortlichkeit"? „Jedes Gruppenmitglied bringt sich verantwortungsvoll in den gemeinsamen Lernprozess ein und trägt dazu bei, dass die Gruppenarbeit erfolgreich ausgeführt wird. Jedes Gruppenmitglied kann individuell erklären, welche konkrete Aufgabe die Gruppe hatte, was diskutiert und gelernt wurde, welche Lernwege (und evtl. Umwege) beschritten und wie die Arbeitsprozesse gestaltet wurden. Jedes Gruppenmitglied hilft verlässlich im Bedarfsfall anderen Teammitgliedern, wenn sie etwas nicht so gut verstehen oder wenn sie sich aus dem Gruppenprozess ‚ausklinken' wollen."[53] Diese Zielperspektive kann erreicht werden, wenn die Aufgaben für die Gruppen ein angemessenes Anforderungsmaß haben, sie also als lösbar erscheinen, wenn die Thematik motiviert, ein ausreichender Zeitrahmen gesetzt wird, die Lehrkraft in der Nähe ist – sowohl beobachtend als auch kontrollierend – und wenn Anreize wiederum in Form von Belohnungen die Motivation erhöhen. *Johnson/Johnson* erkennen die Grenzen der Wirksamkeit solcher Maßnahmen und verstärken die extrinsischen Faktoren: „Dieses Verantwortungsgefühl fügt der Motivation der Gruppenmitglieder das Konzept des ‚Sollens' hinzu – sie sollten sich einbringen und ihren Beitrag leisten. Das Verantwortungsgefühl wird verstärkt, wenn die Gruppenmitglieder Rechenschaft über ihr Handeln ablegen müssen. Dazu eignen sich beispielsweise individuelle Tests, kleine Gruppengrößen, Beobachtung aller Gruppenmitglieder, die Einteilung einer Person aus der Gruppe, die für die Verständnisüberprüfung zuständig ist (diese Person bittet andere Gruppenmitglieder, die Argumente und Gedanken der Gruppenantworten zu erklären) oder der Auftrag an Schülerinnen und Schüler, Gelerntes anderen beizubringen."[54]

Sich gegenseitig zu unterstützen setzt im Grunde genommen die Ausbildung von sozialen Fertigkeiten/Teamkompetenz voraus. Insofern wird der Entwicklung von *social skills* eine ebenso große Bedeutung zugemessen wie der Erlangung der *academic skills,* der fachinhaltlichen und

53 Weidner 2003 (wie Anm. 50), S. 46.
54 Johnson, Johnson 2008 (wie Anm. 51), S. 18.

fachmethodischen Fertigkeiten und Kenntnisse. Kooperatives Lernen verfügt deshalb über ein breites Spektrum gruppenbildender Maßnahmen sowie von Techniken und Übungen (sich zu melden, sich gegenseitig zu ermutigen, einander zuzuhören, Hilfen anzubieten und sich gegenseitig zu loben), die die Kommunikation, Interaktion verbessern, das gegenseitige Vertrauen stärken und ermöglichen, angemessene Lösungsstrategien zu entwickeln.[55] Diese Grundvoraussetzungen gemeinsamen Arbeitens werden bei konventioneller Partner- und Gruppenarbeit in der Regel entweder vernachlässigt, als gegeben vorausgesetzt oder in Crash-Kursen bei Methodentagen antrainiert, ohne in den folgenden Alltagsunterricht integriert zu werden. Im Konzept des kooperativen Lernens sind sie elementarer Bestandteil und Unterrichtsprinzip. Insofern kann in der Tat von einer Vertiefung und Bereicherung von Partner- und Gruppenarbeit gesprochen werden.

Ähnliches gilt für die Strategien, eingefahrene Rollenmuster in Gruppen mindestens teilweise aufzuheben bzw. gar nicht erst wirksam werden zu lassen. Dies kann dadurch gelingen, dass den Mitgliedern unterschiedliche Aufgaben im Arbeitsprozess zugewiesen oder von ihnen selbst verteilt werden, die beim nächsten Mal wechseln. Solche Rollen können sein:

– *Checker*, der Erledigtes abhakt und auf noch zu Erarbeitendes hinweist;
– *Zeitwächter*, der auf die Einhaltung der Zeit achtet;
– *Zusammenfasser*, der bereits Erarbeitetes bündelt, um zum nächsten Arbeitsschritt überzuleiten oder eine Gruppenpräsentation vorzubereiten;
– *Materialmanager*, der die für die Gruppe notwendigen Materialien zusammenstellt;
– *Schrittmacher*, der darauf achtet, dass die Gruppe bei der Sache bleibt.

Durch diese Rollenverteilung können die Gruppenmitglieder eine größere Bandbreite von Funktionen erwerben, die für das Team wichtig sind. Sie können sich in ihnen ausprobieren, dadurch ihre eigene Sozial- und Handlungskompetenz erweitern und gleichzeitig das Agieren der anderen in den Rollen und die Verteilung der Talente in den Gruppen besser wertschätzen oder zumindest eher tolerieren.

---

55 Vgl. Weidner 2003 (wie Anm. 50), S. 105–110 und S. 117–126.

Kooperatives Lernen erweist sich somit als sehr strukturiertes, ritualisiertes Ensemble von Maßnahmen, um Arbeit in Gruppen wirksam werden zu lassen, wozu letztlich auch die Verfahren zur Evaluation/Reflexion der Gruppenergebnisse und -prozesse gehören: Beobachtungsbögen, Checklisten, Dokumentationsbögen, Listen zur Fremd- und Selbstevaluation, kurzum jene Mittel, die seit wenigen Jahren immer entscheidender für die Dokumentation und Beurteilung von Lernergebnissen geworden sind.

1.5.3 Lerntheoretische Implikationen

Wie vollzieht sich Lernen in kooperativen Arbeitsformen? Wiederum in klar abgegrenzten Phasen, die mit der Einzelarbeit beginnen, anschließend in die Partner- oder Gruppenkonstellation überführt werden und schließlich in die Präsentation der Ergebnisse münden: Think-Pair-Share oder Konstruktion, Ko-Konstruktion, Instruktion.[56] Die Konzeption ist beeinflusst durch die konstruktivistische Lernforschung, nach der Lernende neues Wissen so generieren, dass sie es, angeregt durch motivierende Aufgabenstellungen und Materialien, mit ihren vorhandenen mentalen und Wissensstrukturen verknüpfen und so zu neuen oder differenzierteren Vorstellungen gelangen. Sie findet ihre Anregungen aber auch in Ansätzen situierter Kognition, wonach zwischen trägem und intelligentem Wissen unterschieden wird, und dieses intelligente Wissen dadurch erlangt wird, dass Fähigkeiten und Kenntnisse lebenspraktisch vernetzt werden können, was vor allem in der Interaktion mit anderen geschieht. Der Lernprozess vollzieht sich auf verschiedenen Ebenen. In der Einzelarbeit (Think) wird der Schüler mit Inhalten und Aufgaben konfrontiert, mit denen er sich zunächst auf der Basis seiner Voraussetzungen auseinandersetzen muss. Er konstruiert folglich *seinen eigenen* Sinn, *seine eigene* Deutung oder Problemlösung. Die Aufgabe etwa, wesentliche Unterschiede zwischen den Grundprinzipien der Weimarer Verfassung und dem Grundgesetz der Bundesrepublik herauszuarbeiten und für diese Unterschiede mögliche Erklärungen zu finden, vollzieht sich in der individuellen Stillarbeit so, dass er sich solche Elemente erst in Erinnerung zu rufen hat oder in der Gegenüberstellung zweier Struk-

---

56 Vgl. dazu im Besonderen: Brüning/Saum 2006 (wie Anm. 50); Brüning, Ludger/ Saum, Tobias: Regisseure im Klassenzimmer. Über die Dramaturgie individueller und kooperativer Unterrichtsphasen, in: Friedrich Jahresheft 2008, S. 38–41; Heckt, Dietlinde H.: Das Prinzip Think-Pair-Share. Über die Wiederentdeckung einer wirkungsvollen Methode, in: Friedrich Jahresheft 2008, S. 31–33.

turbilder identifizieren muss, sofern bestimmte Prinzipien – etwa das Wahlverfahren für den Reichs- bzw. Bundespräsidenten – überhaupt in ihrer Bedeutung präsent, Bestandteil seines Wissensgerüstes sind. Dieses Gegenstandswissen als deklaratives Wissen soll durch den zweiten Teil der Frage in Erklärungswissen transformiert werden, was im Besonderen Fähigkeiten historischen Denkens erfordert, die nicht auf gesichertem, erlerntem Sachwissen beruhen, sondern darüber Aufschluss geben, in-wiefern er über ein Instrumentarium plausibler Erklärungsmuster für historischen Wandel verfügt.

In der Partner- oder Gruppenarbeit (Pair) stellen die Schüler ihre Ergebnisse vor und tauschen sich darüber aus, wodurch es zur Ergän-zung bzw. Korrektur der eigenen Ergebnisse führen kann: So können in diesem Austausch vermutlich mehrere Unterschiede zwischen den bei-den Verfassungen erarbeitet werden, die neben den beiden Präsidenten z. B. die Rolle von Elementen direkter Demokratie und des Wahlsys-tems zeigen. In einem zweiten Schritt können dann gemeinsam die Er-klärungsmuster diskutiert werden, die als „Lehren aus Weimar" in die Präsentation eingebracht werden. Durch diese Ko-Konstruktion besteht folglich die Möglichkeit, die Wissensnetze zu differenzieren, zugleich aber die eigenen gedanklichen Konstrukte zu reflektieren: Defizite oder gute Gedanken zu erkennen, über Gründe für Lücken oder sinnvolle inhaltliche Beiträge nachzudenken.

Im konventionellen Frontalunterricht bestehen diese Möglichkeiten eigentlich gar nicht. Jeder Lehrervortrag, jede Lehrerfrage basiert auf der Konstruktion des Vortragenden, auf die die Zuhörer sofort mit eigenen gedanklichen Konstruktionen reagieren müssen, was notwendigerweise nur wenigen gelingt – wenn überhaupt.

Für die Präsentation (Share) müssen die Gruppenmitglieder nicht nur andere Konstruktionen zur Kenntnis genommen und eigene über-dacht haben, sondern in der Lage sein, die Gruppenergebnisse in ihre eigenen Wissensnetze zu integrieren. Das gelingt natürlich einmal bes-ser, einmal schlechter, macht aber den lerntheoretischen Sinn der Prä-sentation aus. Für die Gruppe der Zuhörer ist dies bei themengleicher Gruppenarbeit der Zeitpunkt, die Deutungen der anderen Gruppen mit der der eigenen zu vergleichen, um zu einem abschließenden Austausch im Plenum zu kommen. Bei themenverschiedener Partner- und Grup-penarbeit kommt der Präsentationsphase insofern eine für das Lernen noch bedeutsamere, zugleich anspruchsvollere Bedeutung zu, weil sich erst in ihr der Kontext der eigenen Arbeit verdeutlicht. Wenn beispiels-weise Gruppen über den Imperialismus verschiedener Länder gearbei-tet haben, lassen sich zwar schon über einen Teil der Aufgabenstellung

("Äußern Sie Vermutungen darüber, welche Besonderheiten den Imperialismus Englands, Deutschlands etc. kennzeichnen") die Perspektiven der Auswertungsphase anbahnen, erst in ihr selbst aber, vor allem im Anschluss an sie erfolgt die gezielte, die Ergebnisse aller Gruppen nutzende Analyse, die die Spezifika freilegt und über Erklärungsansätze reflektieren lässt.

1.5.4 Vertiefung herkömmlicher Partner- und Gruppenarbeit oder straffes Lernmanagement?

Auffällig an den meisten – nicht allen – Publikationen zum Kooperativen Lernen ist ein zuweilen missionarischer Gestus, der unterstellt, den Unterrichtsalltag so konstruieren zu können, dass Lernen gelingt – und dies relativ problemlos und auch noch entlastend für alle Beteiligten. Erste empirische Untersuchungen in der Bundesrepublik scheinen die Überlegenheit kooperativen Lernens gegenüber dem lehrerzentrierten Frontalunterricht zu bestätigen: Im Biologieunterricht der Klassen 7 und 8 zweier Realschulen wurden 12 Wochen lang die Lernergebnisse von Klassen, die kooperative Arbeitsformen (im Wesentlichen das Partnerpuzzle) anwandten, mit solchen verglichen, die konventionell unterrichtet wurden. Dabei zeigte sich eine deutliche Überlegenheit der „kooperativen" Klassen bezogen auf Lernergebnisse, Kompetenzerwerb und intrinsischer Motivation, vor allem dann, wenn solche Lehr-/Lernarrangements mit klaren Lernstrategien verbunden waren, wenn also die Lehrkraft über die Aufgabenstellung deutliche Vorgaben zur Sicherung und Vermittlung der Ergebnisse gegeben hatte.[57] Noch bedeutender sind die Erfolge, wenn Kooperatives Lernen nicht nur über einen begrenzten zeitlichen Rahmen eingesetzt wird, sondern beispielsweise in einer Klasse über ein Jahr in allen Fächern: So geschehen in einer als schwierig und leistungsschwach eingeschätzten Klasse, um die herum ein Team aus 13 Lehrkräften gewählt wurde, das kooperative Arbeitsformen einsetzte. Die Leistungen der Klasse stiegen im Vergleich zu vier Kontrollklassen an, und das Sozialverhalten verbesserte sich. Sowohl Eltern als auch Schüler gaben Rückmeldungen dahingehend, dass die Kinder entspannter nach Hause kamen, weniger Hilfe bei Hausaufgaben benötigten und insgesamt mehr Spaß an der Schule verspürten.

---

57 Zit. bei: Wahl, Diethelm: Lernumgebungen erfolgreich gestalten. Vom trägen Wissen zum kompetenten Handeln, 2., erw. Aufl. Bad Heilbrunn 2006, S. 171 f.; ähnlich positiv werden die Ergebnisse eingeschätzt bei: Meyer, Hilbert: Was ist guter Unterricht, 3. Aufl., Berlin 2005, S. 82 f.

Die Rolle der Lehrkräfte als in der Hauptsache Lernbegleiter wurde als befriedigend und emotional entlastend erlebt.[58]

Dennoch muss die Frage aufgeworfen werden, inwieweit oder ob kooperatives Lernen zu einem selbstbestimmten Lernen beiträgt oder eher einem an Effizienzkriterien orientierten Lernmanagement gleicht.

Häcker nimmt eine Unterscheidung vor zwischen selbstbestimmtem Lernen, bei dem die Lernenden sowohl die Auswahl von Inhalten als auch die von Lernzielen mitbestimmen können, und selbstgesteuertem oder eigenverantwortlichem Lernen, bei dem die Mitbestimmung auf die Auswahl bestimmter Arbeitsmethoden und die Regulierung der zeitlichen Abläufe begrenzt ist.[59] Unter dem Etikett der Eigenverantwortung werde die Verantwortung der Lernergebnisse gleichsam an die Lernenden delegiert, sie würden dazu gebracht, stellvertretende Kontrollfunktionen zu übernehmen und sich an der Optimierung eines Lernens auf fremd gesetzte Ziele hin zu beteiligen. „Die Forderung nach ‚Selbststeuerung des Lernens' zielt auf die *Optimierung* des Lehrerfolgs (durch Effektivierung des Lernens), die Forderung nach Selbstbestimmung hingegen zielt auf eine *Humanisierung* des Lernens (durch die Wahrung des Sinn- und Bedeutungsaspekts im Lernen)."[60] Kooperatives Lernen als effektives Lernmanagement?

Eine ähnliche kritische Position gegenüber offenen Unterrichtsarrangements nimmt *Patzner* ein: Er ist der Auffassung, dass diese Arrangements auf unterrichtlicher Ebene neoliberale Steuerungsparadigmen für schulische Bildungsprozesse ergänzten. Sie eröffneten zwar Handlungs- und Gestaltungsspielräume und begriffen Lernen als individuellen Akt, der keiner permanenten Belehrung oder Bevormundung bedürfe und auch Wahlfreiheiten bezüglich der Lernzugänge und Lerngemeinschaften zulasse, der aber dennoch nur gerahmte und begrenzte Angebote enthalte, deren Einhaltung durch die Lehrkraft kontrolliert würde. „Ihnen *(den Arrangements)* werden eben nicht nur Handlungs- bzw. Gestaltungsspielräume eröffnet, sondern ihnen wird (bis auf Widerruf) die Verantwortung für eine adäquate Nutzung dieser übertragen."[61]

---

58 Ebd., S. 172.
59 Häcker, Thomas: Portfolio – ein Medium im Spannungsfeld zwischen Optimierung und Humanisierung der Lernens, in: Gläser-Zikuda, Michaela/Hascher, Tina (Hrsg.): Lernprozesse dokumentieren, reflektieren und beurteilen. Lerntagebuch und Portfolio in Bildungsforschung und Bildungspraxis, Bad Heilbrunn 2007, S. 63–85, hier S. 69 f.
60 Ebd., S. 70.
61 Patzner, Gerhard: „Offener Unterricht" – ein neoliberales Führungsinstrument? In: Heinrich, Martin/Prexl-Krausz, Ulrike (Hrsg.): Eigene Lernwege – Quo vadis?

Es gibt zumindest einige Ambivalenzen des Konzepts, die genauer zu betrachten sind, vor allem die Lehrer- und Schülerrollen. Die Aufgabe der Lehrkräfte gleicht zunächst der für eine gute traditionelle Partner- oder Gruppenarbeit beschriebenen: Auswahl der Materialien, ggf. Gruppeneinteilung, Arbeitsaufträge, die adäquat formuliert sind, Sicherung des Verständnisses, Zeitvorgaben etc. In der Phase des eigentlichen Arbeitsprozesses der Paare oder Kleingruppen ändert sich die Rolle. Wenn einerseits darauf verwiesen wird, dass Zurückhaltung bei der Intervention zu besseren Lernergebnissen führe und solches Eingreifen lediglich „Hilfe zur Selbsthilfe" sein solle, damit die Problemlösung letztlich allein durch die Schüler erfolgt[62], mithin empirisch gesicherte Ergebnisse des Lehrerverhaltens umgesetzt erscheinen, wird andererseits eine sehr viel engere, kontrollierendere Beobachtung der Lerngruppen angeraten. „Im Laufe einer Gruppenarbeitsphase kann eine Lehrkraft sich auch zu einzelnen Gruppenmitgliedern setzen und sich im Gespräch Einblick in deren Kenntnisse und Wissensstand verschaffen."[63] Auf alle Fälle aber gilt es zu beobachten und in Notizen festzuhalten: Wer macht Vorschläge, stellt Fragen, unterstützt Ideen, sorgt für ein angenehmes Arbeitsklima, motiviert Mitglieder, fasst zusammen, baut Spannungen ab und gibt Anweisungen?[64] Durch das ständige enge Beobachten nicht nur der Gruppen, sondern der einzelnen Schüler, wird ein zentrales Potenzial von Gruppenarbeit verschenkt – oder bewusst nicht praktiziert, um die Effizienz des Prozesses zu steigern. Die Lehrkraft wird eher zum Überwacher (Controller) statt zum Lernbegleiter.

Diese Effizienzorientierung spiegelt sich im erwarteten Schülerverhalten. Die unterstellte, geforderte und antrainierte positive Abhängigkeit der Gruppenmitglieder soll sich darin zeigen, dass die unterschiedlichen Fähigkeiten anerkannt und genutzt werden und jeder jedem auf seine Art und mit seinen Möglichkeiten hilft. Soweit die Theorie, die in der Praxis sicherlich bei von den Schülern selbst gewählten Gruppenzusammensetzungen auf Dauer auch funktionieren wird. Positive Abhängigkeit und besonders persönliche Verantwortung werden bei kooperativem Lernen aber noch auf ganz andere Weise erzeugt. „Das Einbringen persönlicher Verantwortung für die Gruppenlernprozesse wird

Eine Spurensuche nach „neuen Lernformen" in Schulpraxis und LehrerInnenbildung, Wien 2007, S. 59–78, hier S. 65 ff.

62 Vgl. z. B. Weidner 2003 (wie Anm. 50), S. 115 oder Brüning/Saum 2006 (wie Anm. 50), S. 51.

63 Druyen, Carmen: Wie benotet man eine Gruppenarbeit? Verfahren und Formen der Bewertung kooperativer Leistungen, in: Friedrich Jahresheft 2008, S. 108–111, hier S. 111.

64 Johnson/Johnson/Holubec 2006 (wie Anm. 50), S. 56.

zum Beispiel dadurch angeregt, dass die Teammitglieder wissen, dass nach der Gruppenarbeit irgendwann eine individuelle Abfrage stattfindet, oder aber nach Zufall irgendein Gruppenmitglied aufgerufen wird, um eine Lösung zu erläutern, ein Arbeitsergebnis zu erklären."[65] Das kann allerdings ebenfalls während des Arbeitsprozesses geschehen, um den Stand des Vorankommens zu überprüfen. Damit sind zwei weitere wichtige Potenziale von Partner- und Gruppenarbeit – sich zunächst sanktionsfrei und authentisch im Rahmen der Gruppe äußern zu können sowie selbst bestimmen oder per Losverfahren bzw. per alternierender Rollenvergabe ermitteln zu können, wer was wie präsentiert –, zumindest stark eingeschränkt. Entscheidender noch ist der Hinweis, dass sich der Lernstress der Schüler erhöht, und zwar nicht nur für die Schwächeren.

Dies wird aus einigen Vorschlägen zur Bewertung von Gruppenleistungen deutlich. Ungeachtet der Tatsache, dass die Beurteilung von Gruppenleistungen immer sehr schwierig ist, weil sie entweder auf Einzelnoten verzichtet oder einen Weg finden muss, konsensual durch Notenfindung innerhalb der Gruppen oder zwischen Lehrkraft und Gruppen die Einzelleistungen zu bestimmen, bietet das Konzept Kooperatives Lernen Möglichkeiten der Beurteilung an, die in der Tat die Lernmotivation erhöhen, die Leistung der Schwächeren würdigen und die der Aktiven besonders belohnen:

– Die Gruppe erhält eine Durchschnittsnote; besondere inhaltliche oder soziale Fähigkeiten werden honoriert, indem die Betreffenden Zusatzpunkte bekommen.
– Die Gruppe erhält eine gemeinsame Note, die dann verbessert werden kann, wenn sie über dem letzten Ergebnis der Gruppe liegt.
– Die Gruppen erhalten von Beginn an eine Minimalvorgabe für das Ergebnis, die dann auch bewertet wird. Zugleich werden aber kleinere Zusatzaufgaben vorgesehen, bei deren erfolgreichen Bearbeitung Bonuspunkte an die Gruppen vergeben werden, die entweder der Gruppennote zugeschlagen werden oder denjenigen, die diese Aufgaben gelöst haben.

Anders sieht es mit solchen Beurteilungsmethoden aus, die beispielsweise vorsehen, dass nach einem individuellen Test alle Gruppenmitglieder nach dem schlechtesten Einzelergebnis benotet werden oder

---

65 Weidner 2003 (wie Anm. 50), S. 114; Johnson/Johnson/Holubec 2006 (wie Anm. 50), S. 117.

nach dem Zufallsprinzip nur eine Arbeit aus der Gruppe bewertet wird, deren Note dann für alle Gruppenmitglieder gilt.[66] Dass sich dadurch positive Abhängigkeit herstellen ließe, ist nicht zu erwarten, sondern das Gegenteil: Die leistungsschwächeren oder unmotivierteren Schüler werden erheblich unter Druck gesetzt, ohne dass sich bei ihnen eine intrinsische Motivation zu lernen herstellt, sondern nur die Angst, nunmehr nicht nur für die eigene schlechte Note, sondern auch noch für die der Teammitglieder verantwortlich zu sein. Dies ist alles nicht durch die Lehrkraft bestimmt, sondern durch ein zwischen Lehrer und Gruppen ausgehandeltes Verfahren der Beurteilung, das die Gruppen nunmehr eigenverantwortlich durchführen. Die stärkeren oder motivierteren Schüler begeben sich in diesem Fall ebenfalls nicht aus innerer Überzeugung oder sozialer Kompetenz in eine Helferrolle, sondern um eine bessere Note zu erhalten. „Durch den Druck der anderen Gruppenmitglieder wird der Schüler dann gezwungen, sich an der Arbeit zu beteiligen."[67]

Die Ausgangsfrage – Vertiefung und Bereicherung von Gruppenarbeit oder effizientes Lernmanagement – lässt sich nicht endgültig beantworten, wobei offenkundig ist, dass Kooperatives Arbeiten *auch* Tendenzen zu einem technokratischen Lernen enthält.

2. Partner- und Gruppenarbeit im Geschichtsunterricht – die drei Grundformen kooperativen historischen Lernens

Inwiefern kann Gruppenarbeit im Geschichtsunterricht historisches Lernen fördern und zur Methodenkompetenz des Faches beitragen? Zunächst einmal steht außer Frage, dass kooperative Arbeitsformen – sinnvoll situiert und methodisch angemessen angeleitet – auch im Geschichtsunterricht dazu beitragen, Teamfähigkeit bzw. soziale Kompetenz zu entwickeln, eine der zentralen Schlüsselqualifikationen. Mittlerweile scheint sich ein Konsens herauszubilden, dass sich solche überfachlichen Qualifikationen dann günstiger entfalten lassen, wenn sie fachlich eingebunden sind. „Die pädagogisch-psychologische Forschung zeigt (...), dass es nicht ausreicht, fächerübergreifende ‚Schlüsselqualifikationen' als Allheilmittel bzw. als eigenständige Zieldimension schulischer Bildung auszuweisen. Auch wenn Komponenten wie Methoden-, Personal- und

---

66 Johnson/Johnson/Holubec 2006 (wie Anm. 50), S. 167.
67 Ebd., S. 123.

Sozialkompetenz bedeutsam sind, ersetzen sie jedoch nicht die starke fachliche Bindung von Kompetenz."[68] Ein solcher fachorientierter Kompetenzansatz zwingt dazu, allgemeine Unterrichtsmethoden in sehr viel stärkerem Maße als zuvor daraufhin zu befragen, was sie für zentrale didaktische Ziele des Geschichtsunterrichts leisten können. Dabei ist zu bedenken, dass das Wissensgebiet Geschichte wenig strukturiert, zugleich aber sehr komplex ist. Ihm fehlt eine leicht fassbare Sachlogik der Inhalte, es entzieht sich häufig eindeutigen Erklärungen – erst recht gesetzmäßigen –, was ‚historische Wahrheiten‘ oder ‚Objektivität‘ historischer Erzählungen einschränkt. Zudem ist Geschichte insofern nicht real, als alle Aussagen über Ausschnitte aus der Vergangenheit gedankliche Konstruktionen sind: Es bleibt fragmentarisch und perspektivisch, zwingt zudem durch neue Quellenfunde oder veränderte Fragestellungen zu erneuten Rekonstruktionen. Mehrdeutigkeiten auszuhalten, sie als normales Geschäft zu akzeptieren, ist besonders für Schülerinnen und Schüler schwierig, weil sie dazu neigen, eher linear-eindimensional zu denken, nach monokausalen Erklärungen zu suchen, Strukturen zu personalisieren. Sie haben Schwierigkeiten, unterschiedliche historische Kontexte wahrzunehmen und neigen stattdessen eher zu Generalisierungen und stellen undifferenzierte Gegenwartsbezüge her.[69] Vielleicht ist dadurch – die Struktur der Domäne und die Schülervorstellungen, kombiniert mit der beruflichen fachwissenschaftlichen Sozialisation der Lehrkräfte – ein Erklärungsansatz gegeben, dass Geschichtsunterricht eher stofforientiert und weniger prozessorientiert im Sinne der Förderung historischen Denkens abläuft.[70]

2.1 Partner- und Gruppenarbeit –
der fachdidaktische Ertrag

Demgegenüber propagiert die Fachdidaktik seit langem die Abkehr vom „Paukfach" Geschichte hin zum „Denkfach": „Historisches Lernen ist ein Denkstil und nicht das Akkumulieren von Wissen. Es ist wie Philosophieren und mathematisches Denken eine abendländische Kulturerrungenschaft, die 2500 Jahre alt ist und sich in ehrwürdiger

68 Klieme, Eckhard u. a.: Zur Entwicklung nationaler Bildungsstandards. Eine Expertise im Auftrag des Bundesministeriums für Bildung und Forschung, Frankfurt/M 2003, S. 61.
69 Günther-Arndt, Hilke (Hrsg.): Geschichtsdidaktik. Praxishandbuch für die Sekundarstufe I und II, Berlin 2003, S. 31.
70 Vgl. zuletzt Gautschi 2007 (wie Anm. 21), S. 170.

Tradition durch die Jahrhunderte ausdifferenziert, entmythologisiert und rationalisiert hat."[71] Wie lässt sich ein solcher Denkstil als Prozess historischen Lernens darstellen? Ausgehend von einer eigenen Frage an die Geschichte oder – im Regelfall – von der Lehrkraft an sie gestellten Aufgabe (z. B.: Wie lässt sich die „Soziale Frage" im 19. Jahrhundert lösen?) richten die Schüler ihr Augenmerk auf diesen Ausschnitt aus der Vergangenheit und nehmen im ersten Schritt zur Kenntnis, welche Vorschläge wer gemacht hat, erweitern ihr Gegenstandswissen und leisten eine Sachanalyse. In einem zweiten Schritt verknüpfen sie die neuen Kenntnisse mit dem, was sie bisher über die „Soziale Frage" wissen und rekonstruieren den historischen Kontext. In einem dritten Schritt analysieren sie das vorgefundene Material daraufhin, welche dieser Vorschläge denn eher mehr, weniger oder gar keinen Beitrag zur Lösung der „Sozialen Frage" leisten und welche Interessen hinter den Vorschlägen stehen. Sie bilden sich ein Sachurteil, indem sie die Perspektivität der Ansätze wahrnehmen und abwägen. Schließlich spiegeln sie die damaligen Lösungsansätze an ihren eigenen subjektiven Vorstellungen, wie denn eine sinnvolle Lösung hätte aussehen können, gelangen folglich zu einem Werturteil, das insofern sehr komplexe Denkoperationen erfordert, weil die zeitgenössische Perspektive mit der der Gegenwart verschränkt werden muss und obendrein die eigene Perspektivität zu reflektieren ist. Beispielhaft: Aus ihrem eigenen Verständnis von Sozialstaatlichkeit wird häufig nach dem Staat im 19. Jahrhundert gerufen, der die Frage zu lösen habe. Es besteht folglich die Schwierigkeit zu erkennen, dass staatliche Sozialpolitik erst das Ergebnis von jahrzehntelangen Konflikten gewesen und ein analoger Schluss von der Gegenwart auf die Vergangenheit problematisch, weil unhistorisch ist. Ihren eigenen sozialen Status (als Kind arbeitsloser Eltern oder eines mittelständischen Unternehmers – um nur zwei Extreme zu nennen) oder ihre ethischen Prägungen (z. B. christliche Religion) als u. U. mitverantwortlich für das Werturteil zu begreifen, ist ein zweites gewichtiges Problem. Dennoch bleibt nur dieser Weg, um historisches Lernen anzubahnen.

Was kann in diesem Zusammenhang kooperatives Arbeiten leisten? *Wolfgang Hug*, einer der ersten Fachdidaktiker, der sich gründlich mit Gruppenarbeit auseinandergesetzt hat, sah den fachspezifischen Ertrag vor allem in der eigenständigen Sinnbildung. „Im Übrigen aber sind die Schüler darauf angewiesen, selbst zu denken, und zwar nicht, um den Gedanken des Lehrers nachzuvollziehen, sondern um einen eige-

---

71 Pandel, Hans-Jürgen: Quelleninterpretation. Die schriftliche Quelle im Geschichtsunterricht. 3. Aufl. Schwalbach/Ts. 2006, S. 126.

nen Weg zu gehen, auf eigene Faust eine Erklärung zu versuchen, sich gleichsam ungeschützt und ohne Geländer zu einem Ergebnis vorzuwagen. Solche eigenständigen Denkvollzüge sind für die historische Erfahrung unentbehrlich, wenn sich geschichtliches Denken nicht darauf beschränken soll, dass man Sätze ins Gedächtnis übernimmt und dort stapelt wie Akten in einer Registratur."[72] Solche historischen Denkprozesse – so ließe sich ergänzen –, die mit der Informationsaufnahme und -verarbeitung beginnen, zu einer Analyse und Urteilsbildung führen und in die Präsentation der Ergebnisse münden, vollziehen sich in einem Prozess diskursiven Aushandelns. Schülerinnen und Schüler können hierbei die Erfahrung machen, dass sie historische Ereignisse, Strukturen und Prozesse selektiv wahrnehmen, was dazu beitragen kann, für die Reflexion der fachdidaktisch zentralen Kategorie „Perspektivität" sensibilisiert zu werden. Ebenso kann das Problem der historischen Objektivität sichtbar werden, wenn konkurrierende wissenschaftliche Urteile Gegenstand von Gruppenarbeit werden.

Damit ist das fachdidaktische Potenzial von Gruppenarbeit aber keinesfalls ausgeschöpft. Da die Überreste aus der Vergangenheit niemals eine vollständige Geschichte erzählen und häufig wichtige Verbindungslinien und Verknüpfungen zwischen den Materialien fehlen, kann gerade Gruppenarbeit imaginative Fähigkeiten frei setzen. Dies ist deshalb so, weil u. U. die einzelnen Gruppenmitglieder auf der Basis ihrer eigenen Alltagstheorien oder geschichtskulturellen Prägungen und deren Projektionen auf Vergangenes über sehr unterschiedliche Geschichtsbilder verfügen, die untereinander kommuniziert werden können, was im traditionellen fragend-entwickelnden Unterricht eher selten geschieht. Vergleichbare Chancen eröffnet auch die Partnerarbeit: „Die Aneignung von Geschichte erfolgt nicht über den Nachvollzug vorgegebener (potentiell ideologieträchtiger) Inhalte und Verhaltensmuster, sondern dadurch, dass jeder Schüler als Mitglied einer Partnergruppe selbstständig und gleichzeitig kooperativ und unter Anwendung elementarer historischer Arbeitsweisen begründete Vorstellungen über menschliche Vergangenheit entwickelt."[73]

Historisches Denken einüben, mit zentralen didaktischen Kategorien (Perspektivität/Multiperspektivität, Kontroversität, Fremdverstehen) bewusster umgehen lernen, fachspezifische Methoden anwenden können, um aus vorgefundenen Materialien (Quellen und Medien) Deutungen in einem kommunikativ-diskursiv angelegten Lernprozess zu gewinnen

---

72 Hug, Wolfgang: Geschichtsunterricht in der Sekundarstufe I: Befragungen, Analysen und Perspektiven, Frankfurt/M 1977, S. 131.
73 Voit 2007 (wie Anm. 4), S. 490.

und anderen vorzustellen – auf diesen Feldern liegen große Möglichkeiten kooperativen Arbeitens im Geschichtsunterricht, was letztlich dazu beitragen kann, die narrative Kompetenz von Schülerinnen und Schülern zu fördern.[74]

Dies gilt freilich nur unter den Bedingungen, die schon im allgemeinen Teil für das Gelingen von Partner- und Gruppenarbeit ausgemacht wurden:

- Die Inhalte kooperativen Lernens im Geschichtsunterricht müssen sinnvoll in den Kontext einer Unterrichtseinheit einbezogen werden, indem sie zentrale Aspekte historischen Lernens und entscheidende Kompetenzen profilieren.[75]
- Die Aufgaben sollen komplex angelegt sein und für Schülerinnen und Schüler motivierende, beherrschbare und klar formulierte Arbeitsaufträge enthalten, die an den Lernvoraussetzungen der jeweiligen Lerngruppen anknüpfen.
- Den Paaren oder Gruppen soll bereits über die Aufgabenstellungen signalisiert werden, die Resultate ihrer Arbeit so aufzubereiten, dass sie einen plausiblen Beitrag zum Gesamtergebnis leisten können.[76]
- Die für den Lernprozess in Gruppen beschriebenen Potenziale historischen Denkens werden als solche nur dann für die Lernenden transparent, wenn sie bewusst thematisiert und auf einer metakognitiven Ebene reflektiert werden.
- Diskursiv-kommunikatives Lernen, das Aushandeln von Bedeutungen und die historische Urteilsbildung bewähren sich erst in der kritischen

---

74 Es kann an dieser Stelle nicht auf die unterschiedlichen Kompetenzmodelle eingegangen werden, die im geschichtsdidaktischen Diskurs konkurrieren. Vgl. dazu im Besonderen: Pandel, Hans-Jürgen: Geschichtsunterricht nach PISA. Kompetenzen, Bildungsstandards und Kerncurricula, Schwalbach/Ts. 2005; Gautschi, Peter 2007 (wie Anm. 21); Sauer, Michael: Kompetenzen für den Geschichtsunterricht – ein pragmatisches Modell als Basis für die Bildungsstandards des Verbandes der Geschichtslehrer, in: Informationen für den Geschichts- und Gemeinschaftskundelehrer, H. 72, 2006, S. 7–20; Schreiber, Waltraud u. a. (Hrsg.): Historisches Denken. Ein Kompetenz-Strukturmodell, Neuried 2006; Barricelli, Michele: Schüler erzählen Geschichte. Narrative Kompetenz im Geschichtsunterricht, Schwalbach/Ts. 2005.

75 Schwerpunktmäßig sollten Kompetenzen historischen Denkens und der fachspezifischen Medien- Methoden- Kompetenz entwickelt werden, weniger die Ebenen der Sach- und Orientierungskompetenz, die über direkte Instruktion wohl besser erreicht werden können. Ich folge hier in der Begrifflichkeit und der Ausdifferenzierung dem pragmatischen Vorschlag von: Conrad, Franziska: Diagnostizieren im Geschichtsunterricht, in: Geschichte lernen, H. 116, 2007, S. 2–11, hier S. 6 f.

76 Rohlfes, Joachim: Geschichte und ihre Didaktik, 3., erweit., Aufl., Göttingen 2005, S. 234.

Auseinandersetzung mit anderen Deutungen. Insofern kommt der Präsentation der Ergebnisse – dem „Knackpunkt" der Gruppenarbeit (Heinz Dieter Schmid) – eine zentrale Bedeutung zu.

Unterschiedlichen Formen von Partner- und Gruppenarbeit lassen sich spezifische didaktische Möglichkeiten zuordnen, was zunächst an den drei Grundarrangements – themengleiche, themenverschiedene Partner- und Gruppenarbeit und Partner-/Gruppenpuzzle – gezeigt werden soll.

2.2 Die drei Grundarrangements kooperativen Arbeitens

In der Literatur zur Gruppenarbeit wird begrifflich meistens zwischen arbeitsgleicher und arbeitsteiliger Gruppenarbeit unterschieden, was ich nicht für sehr geglückt halte, weil die Differenz nicht in der Art des Arbeitens, sondern in der Arbeit an unterschiedlichen thematischen Aspekten eines unterrichtsrelevanten Inhalts liegt. Auch in der „arbeitsgleichen" Partner- oder Gruppenarbeit wird es zu arbeitsteiligem Vorgehen kommen, weil es ein zentrales Merkmal dieser kooperativen Formen ist. Auch eine Unterscheidung zwischen aufgabenidentischer und aufgabendifferenter Partner- und Gruppenarbeit ist wenig hilfreich, weil wiederum zu einer spezifische Facetten einer Gesamtthematik beleuchtenden Kooperation den Paaren oder Gruppen durchaus identische Aufgaben gestellt werden können. Mir scheint deshalb die Unterscheidung zwischen themengleicher und themenverschiedener Partner- und Gruppenarbeit treffender, weil sie die Inhaltsseite hervorhebt.

2.2.1 Themengleiche Partner- und Gruppenarbeit

Hans-Jürgen Pandel sieht den didaktischen Ertrag dieser Grundform in Folgendem: „Wenn verschiedene Gruppen an den gleichen kontroversen Quellen arbeiten, (…) erzielen die Schüler im arbeitsgleichen Gruppenunterricht bei der Darstellung des historischen Sachverhalts keinen wortidentischen Text. Hier bietet sich die Möglichkeit, Konstruktionsgesichtspunkte der Darstellung (…) zu reflektieren."[77] In diesem Fall sind die Quellen von vornherein so von der Lehrkraft ausgesucht und bereit gestellt worden, dass der didaktische Fokus – Kontroversi-

---

77 Pandel, Hans Jürgen: Sozialformen, in: Bergmann, Klaus u. a. (Hrsg.): Handbuch der Geschichtsdidaktik, 5., überarb. Aufl., Seelze-Velber 1997, S. 389–399, hier S. 396.

tät – nahezu zwangsläufig in den Ergebnissen der einzelnen Gruppen als unterschiedliche Positionierung zu den vorliegenden Deutungen aufscheinen wird und im Auswertungsgespräch reflektiert werden kann. Dies verweist darauf, dass themengleiche Partner- und Gruppenarbeit nur dann sinnvoll ist, wenn der didaktische Mehrwert für historisches Lernen ausdrücklicher Bestandteil der Unterrichtsplanung wird. Da er sich im Regelfall erst bei der Präsentation der Ergebnisse zeigt, sind Materialien und Arbeitsaufträge so zu gestalten, dass sich ein solcher „Aha-Effekt" tatsächlich einstellt. Ansonsten wäre nämlich zu fragen, warum sich Gruppen mit einem hohen inhaltlichen und zeitlichen Aufwand mit denselben Materialien und Fragestellungen an die Arbeit begeben sollen, bei der sie identische Ergebnisse erzielen. Das könnte in einem frontalunterrichtlichen Verfahren sehr viel zügiger erreicht werden – den kommunikativ-sozialen Aspekt einmal ausgeblendet gelassen.

Das Lehr-/Lernarrangement muss aber nicht unbedingt so gestaltet sein, dass notwendigerweise nur kontroverse Quellen in die Gruppen gegeben werden, sondern die didaktisch sinnvolle Palette ist erheblich breiter.

Schülerinnen können mit Text- und/oder Bildquellen konfrontiert werden, die eine Ausgangsposition für ein Problem oder ein Dilemma darstellen – und in den meisten Geschichtsbüchern zu finden sind:

- Wie haben die Ägypter die Pyramiden gebaut?
- Welche Möglichkeiten bleiben einem Einwohner einer griechischen Gemeinde, der in eine Tochterstadt ziehen soll?
- Warum begeben sich Bauern z. T. freiwillig in den Schutz von Grundherren?
- Wie wird sich Luther vor dem Reichstag in Worms verhalten?
- Wie werden die Stadträte auf die Forderungen der Zünfte nach Mitbestimmung reagieren?[78]

Material und Aufgabenstellung verlangen von den Lernenden, sich vertieft mit den historischen Kontexten auseinanderzusetzen, sich z. B. mit rechtlichen und moralischen Grundmustern der Zeit zu befassen, Perspektiven der Betroffenen einzunehmen, also in umfassenden Sinn Fremdverstehen zu entwickeln. Die Präsentation der Ergebnisse, die z. B. über Rollenspiele erfolgen kann, wird dann ausweisen, inwiefern dies gelingt oder nicht, wird in jedem Fall aber unterschiedliche Pro-

---

78 Einige solcher Problem- und Dilemmasituationen finden sich in: Klose, Dagmar: Klios Kinder und Geschichtslernen heute. Eine entwicklungspsychologisch orientierte konstruktivistische Didaktik der Geschichte, Hamburg 2004, S. 81–114.

blemlösungen aufzeigen, die anschließend gemeinsam auf ihre Triftigkeit hin zu befragen sind.

Gerade, wenn man neue Unterrichtsthemen beginnt, bei denen man in gewisser Weise voraussetzen kann, dass bestimmte Vorkenntnisse bei einigen Schülerinnen und Schülern existieren, sind Phantasiereisen geeignet, die historische Imagination zu fördern.[79]

Die Reise in die Höhle von Lascaux, von der Lehrkraft erzählt, stellt der Klasse die wundersamen Höhlenzeichnungen vor, führt sie durch die einzelnen Räume und Gänge und lässt sie in eine fremde Welt eintauchen, die ihnen so fremd gar nicht ist, weil sie einige Dinge entdecken, die ihnen bereits aus Kinder- bzw. Jugendbüchern oder über Internetseiten bekannt sind. Paaren oder Gruppen könnten anschließend besprechen, was die Höhle über die Lebensweise der Menschen erzählt, was fragwürdig oder unerklärlich ist etc. Kurzum, sie könnten zu Fragen an die Geschichte gelangen, die als Grundlage für die Unterrichtseinheit dienen. In ähnlicher Weise könnten die Schüler mitgenommen werden auf eine der Entdeckerfahrten und ihre Phantasie spielen lassen, wie denn die Boote beschaffen sein konnten, mit welchen Naturkräften die Besatzung zu kämpfen hatte, wie denn wohl die Lebensbedingungen an Bord aussahen etc. Ein solches Vorgehen, bei dem die Paare oder Gruppen sicherlich ganz verschiedene Ideen einbringen, kann die rationale Thematik sehr viel interessanter bearbeiten lassen als das bloße Einzeichnen von Reiserouten und das Zeigen von Bildern bzw. das Lesen von Bordbüchern.

Didaktisch sinnvoll erscheint themengleiche Partner- und Gruppenarbeit ebenfalls dann, wenn die Ausgangsmaterialien, seien es Texte oder Visualisierungen, durch die Aufgabenstellung in ein Ergebnis gebracht/in ein Produkt verwandelt werden sollen, das die gemeinsame gedankliche Verarbeitung intensiver gestaltet: Texte visualisieren, Bilder in Texte verwandeln. Das klassische Beispiel sind die in jedem Geschichtsbuch z. T. hoch komplexen Verfassungsschemata, die durch bloßes Anschauen oder mündliches Beschreiben nicht wirklich verstanden werden. Sinnvoller ist es, wenn Gruppen angehalten werden, solche Grafiken in schriftliche Darstellungen umzuformulieren, weil nur so das Verständnis überprüft werden kann, u. U. aber auch die die Konstruktionsgesichtspunkte und -probleme solcher Schemata aufzuzeigen. Diese werden bei den einzelnen Gruppen sicherlich nicht identisch ausfallen, sie schaffen so die Möglichkeiten der gemeinsamen Reflexion. Umgekehrt ist es genau-

---

79 Vgl. dazu grundsätzlich: Schörken, Rolf: Historische Imagination und Geschichtsdidaktik, Paderborn u. a. 1994.

so ergiebig, Texte in grafische Darstellungen zu verwandeln – seien es Schaubilder, Schemata oder Mind-Maps. Zum einen kann dadurch ein besseres Verstehen ermöglicht werden, zum anderen können im Vergleich der Gruppenergebnisse neben den inhaltlichen Aspekten auch Fragen der Übersichtlichkeit, der Visualisierung von Beziehungen zwischen Teilbereichen etc. diskutiert werden.

Schließlich ist diese Grundform sinnvoll zur Festigung und Wiederholung von Fakten- und Orientierungswissen am Ende von Unterrichtsreihen bzw. als Zwischenfazit. Zeitleisten sind für Lernende wichtige chronologische und strukturelle Orientierungshilfen. Man kann sie vorgeben oder aus Vorlagen kopieren, aber auch von Gruppen selbst erarbeiten lassen. Eine Zeitleiste beispielsweise zu den Anfängen der Geschichte Roms bis zum Ende der Republik mit der Vorgabe, sich auf 15 wichtige Einschnitte/Daten zu beschränken, stellt die Gruppen vor die Herausforderung, Zentrales von Nebensächlichem zu unterscheiden. Die Aufforderung, nach Möglichkeiten der Illustration Ausschau zu halten, schafft den Gruppen kreative Handlungsmöglichkeiten. Logischerweise werden durchaus unterschiedliche Zeitleisten bezogen auf Datenauswahl, Anschaulichkeit und Strukturiertheit entstehen – Anlass für die Reflexion inhaltlicher und gestalterischer Auswahlkriterien. Eine Variante, Orientierungswissen zu überprüfen, bestünde darin, 15 Begriffe (Ereignisse, Strukturen, Personen) vorzugeben und diese auf einer Zeitleiste chronologisch einzuordnen und durch Verbindungslinien zuzuordnen. Beispielsweise am Ende der Unterrichtsreihe „Deutsches Kaiserreich": von Bülow, Bismarck, Tirpitz, Wilhelm II., Bethmann Hollweg, Kulturkampf, Marokkokrisen, Imperialismus, Julikrise, Sozialistengesetz, Herero-Aufstand, Antisemitismus, „Platz an der Sonne", Flottenpolitik, Berliner Kongress.

2.2.1.1 Beispiele für themengleiche Partner- und Gruppenarbeit in der Sekundarstufe I

Die nachfolgenden Beispiele können sowohl in Partner- als auch in Gruppenarbeit bearbeitet werden.

Sich ein historisches Urteil bilden: Bauernbefreiung in Preußen? (Quellen)

Aus dem Oktoberedikt 1807:
Wir haben (…) erwogen, daß es (…) den Grundsätzen einer wohlgeordneten Staatswirtschaft gemäß sei, alles zu entfernen, was den Einzelnen bisher hinderte, den Wohlstand zu erlangen, den er nach dem Maß seiner Kräfte zu erreichen fähig war (…)

§ 2 Jeder Edelmann ist, ohne allen Nachteil seines Standes, befugt, bürgerliche Gewerbe zu treiben; und jeder Bürger oder Bauer ist berechtigt, aus dem Bauern- in den Bürger- und aus dem Bürger- in den Bauernstand zu treten (…).

§ 12 Mit dem Martini-Tage Eintausend Achthundert und Zehn (1810) hört alle Gutsuntertänigkeit in Unsern sämtlichen Staaten auf. Nach dem Martini-Tage 1810 gib es nur freie Leute (…).

Zur Durchführung des Ediktes wird am 11. September 1811 gesetzlich festgelegt:
Allen jetzigen Inhabern jener erblichen Bauernhöfe und Besitzungen (…) wird das Eigentum ihrer Höfe übertragen, unter der Verpflichtung, die Gutsherren dafür (…) zu entschädigen.

Wir, Friedrich Wilhelm von Preußen

Zit. nach: Conze, Werner (Hrsg.): Die preußische Reform unter Stein und Hardenberg, Stuttgart 1973, S. 20 und 24 (gekürzt und vereinfacht)

Aufgabenstellung:
Lest den Text durch und diskutiert, ob oder inwiefern es sich in Preußen um eine Bauernbefreiung gehandelt hat.
Tragt anschließend im Plenum eure Position vor und begründet sie.

Zusatzaufgaben:
1. *Nehmt aus Sicht entweder der Adeligen oder der städtischen Bürger Stellung zu dem Edikt (mündlich).*
2. *Vergleicht die Ergebnisse in Preußen mit denen in der Französischen Revolution (mündlich).*

Kommentar:
Die beiden Zusatzaufgaben oder nur eine von beiden können den Paaren und Gruppen gegeben werden, die zügiger arbeiten. Sie sollten bei der Auswertung aber einbezogen werden, um das Verständnis noch einmal zu sichern und eine Perspektivenübernahme zu üben (Aufgabe 1) bzw. einen historischen Vergleich zu ermöglichen (Aufgabe 2).

Schaubilder erläutern: Die Verfassung der römischen Republik (grafische Darstellung und Quelle)

M 1: Schaubild zur römischen Verfassung

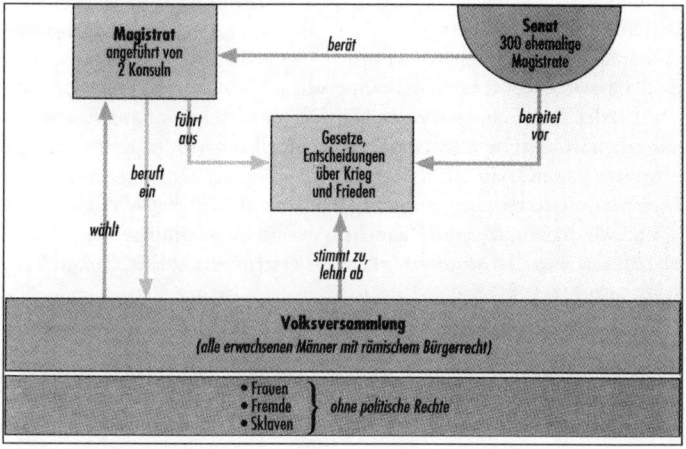

Abb. 1: Die Verfassung der Res Publica.

Aus: Brückner, Dieter/Focke, Harald (Hrsg.): Das waren Zeiten – Hessen, Bd. 2. Bamberg 2007, S. 15

Aufgaben:

1. Beschreibt und erläutert,
   - welche Institutionen in Rom politischen Einfluss hatten,
   - wie die Macht verteilt war und
   - wer den größten Einfluss hatte.

Zusatzaufgabe:

2. Erarbeitet, wie Polybios (M 2) die Machtverteilung sieht und nehmt Stellung dazu.

M 2 Polybios über die römische Verfassung

Polybios (ca. 200 bis 120 v. Chr.) war als Sohn eines griechischen Feldherrn nach Rom verschleppt worden.

Es gab drei Teile, die im Staat Gewalt hatten. (…) So gerecht und angemessen aber war alles geordnet, waren die Rollen verteilt und wurden in diesem Zusammenspiel die Aufgaben gelöst, daß auch von den Einheimischen niemand mit Bestimmtheit hätte sagen können, ob die ganze

Verfassung aristokratisch, demokratisch oder monarchisch war. Und so mußte es jedem Betrachter ergehen!

Denn wenn man seinen Blick auf die Machtfülle der Konsuln richtete, erschien die Staatsform vollkommen monarchisch und königlich, wenn man auf die Macht des Senats sah, jedoch aristokratisch, und wenn man auf die Befugnisse des Volkes blickte, schien sie unzweifelhaft demokratisch. (…)

Obwohl jeder der drei Teile eine solche Macht hat, einander zu schaden oder zu helfen, so wirken sie jedoch in allen kritischen Situationen so einträchtig zusammen, dass man unmöglich ein besseres Verfassungssystem finden kann. (…).

Daher ist dieser Staat aufgrund seiner eigentümlichen Verfassung unüberwindlich und erreicht alles, was er sich vorgenommen hat.

Zit. nach: Arend, Walter (Bearb.): Altertum. Geschichte in Quellen, 3. Aufl. München 1978, S. 418 (vereinfacht)

Texte visualisieren: Ein Plakat vom Hambacher Fest entwerfen (Quelle)

Auszug aus der Rede des Journalisten Siebenpfeiffer auf dem Hambacher Fest 1832:
Wir widmen unser Leben der Wissenschaft und der Kunst, wir messen Sterne, prüfen Mond und Sonne (…), aber die Erforschung dessen, was dem Vaterland nottut, ist Hochverrat, selbst der leise Wunsch, nur erst wieder ein Vaterland, eine freimenschliche Heimat zu erstreben, ist Verbrechen (…). Und es wird kommen der Tag, wo der Deutsche vom Alpengebirg und der Nordsee, vom Rhein, der Donau und der Elbe den Bruder im Bruder umarmt, wo die Zollstöcke und die Schlagbäume, wo alle Hoheitszeichen der Trennung und Hemmung und Bedrückung verschwinden (…).

Wir selbst wollen, wir selbst müssen vollenden das Werk, und, ich ahne, bald, bald muß es geschehen, soll die deutsche, soll die europäische Freiheit nicht erdrosselt werden von den Mörderhänden der Aristokraten (…).

Es lebe das freie, das einige Deutschland!

Hoch leben die Polen, der Deutschen Verbündete!

Hoch leben die Franken [Franzosen], der Deutschen Brüder, die unsere Nationalität und Selbständigkeit achten!

Hoch lebe jedes Volk, das seine Ketten bricht und mit uns den Bund der Freiheit schwört!
Vaterland – Volkshoheit – Völkerbund hoch!

Zit. nach: Wirth, Johann Georg August: Das Nationalfest der Deutschen zu Hambach, Neustadt 1832. Nachdruck der Original-Ausgabe, Neustadt a.d.W 1981, S. 34 ff.

Aufgaben:
1. *Erarbeitet, welche Botschaften Siebenpfeiffer in seiner Rede vermittelt*
2. *Stellt euch vor, ihr seid beauftragt, ein Plakat zu entwerfen, das überall im Lande die Botschaft verbreiten soll. Gestaltet ein solches Plakat und erläutert in der Auswertungsphase eure Ideen.*

Analyse von Fotos: Der „Kniefall von Warschau"[80] (Quellen)

Kommentar:
In keinem Geschichtsbuch fehlt ein Foto des Kniefalls von Bundeskanzler Brandt vor dem Denkmal für die Opfer des Warschauer Ghettos im Jahre 1970. In vielen Unterrichtswerken gibt es am Beispiel dieser oder anderer Bildikonen Einführungen in die Methode der Bildanalyse und -interpretation. Meistens jedoch sind die Lernenden schon deshalb damit überfordert, weil ihnen kein oder zu wenige Vergleichsfotos zur Verfügung stehen, sodass es ihnen schwer fallen muss, Auskünfte z. B. über die Perspektivwahl des Photographen oder darüber zu machen, inwiefern es sich um einen Bildausschnitt handelt. In dieser themengleichen Gruppenarbeit beschreiben und analysieren die Schülerinnen zunächst ein Foto (jede Gruppe ein anderes) und vergleichen es mit einem SPIEGEL-Bericht. In der anschließenden Präsentation werden sie anhand der Vorstellung der fünf verschiedenen Fotos sicherlich präzisere Angaben zu zentralen Momenten der Bildanalyse machen können. Da sie zudem aufgefordert sind, sich für eines davon als Repräsentanten des Ereignisses und seiner Bedeutung für das Geschichtsbuch zu entscheiden, kann es zu einer vertieften Interpretation und der Begründung von Auswahlkriterien kommen.

---

80 Die Grundidee stammt aus: Staatsinstitut für Schulpädagogik und Bildungsforschung München (Hrsg.): Geschichtsbilder. Historisches Lernen mit Bildern und Karikaturen. Handreichung für den Geschichtsunterricht an Gymnasien, Donauwörth 2001, S. 61 ff.

Grundinformation für alle Gruppen:

Bundeskanzler Willy Brandt legte bei seinem Staatsbesuch in Warschau am 7. Dezember 1970 vor dem Denkmal für die Opfer des Warschauer Ghettos einen Kranz nieder. Anschließend ließ er sich auf die Knie fallen, was im Protokoll nicht vorgesehen war. Sowohl in Polen als auch in Deutschland löste der Kniefall unterschiedliche Reaktionen aus. Von diesem Ereignis gibt es einige Fotos; sie wurden weltweit verbreitet. Heute gibt es wohl kaum ein Geschichtsbuch zur Zeitgeschichte, in dem eine Aufnahme dieses Ereignisses fehlt.

Jede Gruppe erhält zunächst ein Foto, mit dem sie sich genau befassen soll sowie einen Bericht aus dem SPIEGEL, der das Ereignis schildert.

Gruppe 1: Foto a   **Gruppe 2: Foto b**

Gruppe 3: Foto c

Gruppe 4: Foto d

**Abb. 2: Kniefall von Bundes-
kanzler Brandt**

*a) Aus: Eberhard Wilms, Deutschland seit
1945. Berlin 1995, S. 154*

b) Aus: Praxis Geschichte 1/2006, S. 24

*c) Aus: Das waren Zeiten 4. Bamberg
1999, S. 214*

*d) Aus: Das waren Zeiten 4. Bamberg
1999, S. 214 (Ausschnitt)*

*e) Aus: Das europäisches Geschichtsbuch.
Stuttgart 1998, S. 378*

Gruppe 5: Foto e

Bericht des SPIEGELS (Auszug): *Brandt am Denkmal für die Opfer
des Warschauer Ghettoaufstandes von 1943*

So wird das alles nicht in den Geschichtsbüchern stehen, in die es
aber doch gehört: dieses wilde, füßescharrende Geschubse der Photographen; plötzlich die Sekunde der Atemlosigkeit, das Erschrecken. Wo
ist er? Was ist denn passiert? Ist er gestürzt? Ohnmächtig geworden?

Willy Brandt kniet. Er hat mit zeremoniellem Griff die beiden Enden der Kranzschleife zurechtgezogen, obwohl sie kerzengerade waren.
Er hat einen Schritt zurück getan auf dem nassen Granit. Er hat einen
Augenblick verharrt in der protokollarischen Pose des kranzniederle-
genden Staatsmanns. Und ist auf die Knie gefallen, die Hände über-
einander, den Kopf geneigt.

Da, wo er kniet, war die Hölle. Hier war das Warschauer Ghetto. Hier hat die Geschichte einen Tobsuchtsanfall gehabt – unsere Geschichte. Sie steht schon in den Büchern, hat auch ihre Bilder: das halbverhungerte Judenkind, das vor dem SS-Mann die Hände hebt; die Leichenberge auf kaputten Handkarren; die SS mit Flammenwerfern. Eine halbe Million ist hier umgekommen, getilgt worden, wie Wanzen. (…)

Willy Brandt kniet wohl eine halbe Minute. (…)

Schreiber, Hermann, in: DER SPIEGEL, Nr. 51, 1970, S. 29.

Aufgaben:
1. *Beschreibt das Foto. Welche Wirkung hat es auf euch?*
2. *Vergleicht es anschließend mit der Grundinformation und dem Bericht: Was hält das Foto fest, welche Absicht hatte der Photograph, welche Wirkung wollte er erzielen? Notiert eure Ergebnisse.*

Aufgaben für die Präsentation:
1. *Vergleicht die Fotos miteinander und besprecht im Plenum die unterschiedlichen Absichten der Photographen.*
2. *Eines der Fotos soll für das Geschichtsbuch ausgewählt werden. Begründet, für welches ihr euch entscheiden würdet.*

2.2.1.2 Beispiele für themengleiche Partner- und Gruppenarbeit in der Sekundarstufe II

Französische Revolution: Menschenrechte für alle? (Quelle)

Der Verfassung von 1791 wurde die 1789 von der Konstituante feierlich verkündete „Erklärung der Menschen- und Bürgerrechte" vorangestellt. In Anlehnung daran veröffentlichte die Schriftstellerin Olympe de Gouges die „Erklärung der Rechte der Frau und Bürgerin". Es ist sinnvoll, die Erklärung von 1789 parallel zu lesen.

Die Erklärung der Rechte der Frau und Bürgerin
Wir, die Mütter, Töchter, Schwestern, Vertreterinnen der Nation, verlangen in die Nationalversammlung aufgenommen zu werden. In Anbetracht dessen, daß Unkenntnis, Vergessen oder Mißachtung der Rechte der Frauen die alleinigen Ursachen öffentlichen Elends und der Korruptheit der Regierungen sind, haben wir uns entschlossen, in einer feierlichen Erklärung die natürlichen, unveräußerlichen und heiligen Rechte der Frau darzulegen, damit diese Erklärung allen Mitgliedern

der Gesellschaft ständig vor Augen ist und sie unablässig an ihre Rechte und Pflichten erinnert; damit die Machtausübung von Frauen ebenso wie jene von Männern jederzeit und somit auch mehr geachtet werden kann; damit die Beschwerden von Bürgerinnen, nunmehr gestützt auf einfache und unangreifbare Grundsätze, sich immer zur Erhaltung der Verfassung, der guten Sitten und zum Wohl aller auswirken mögen.

Das an Schönheit und Mut im Ertragen der Mutterschaft überlegene Geschlecht anerkennt und erklärt somit, in Gegenwart und mit Beistand des Allmächtigen, die folgenden Rechte der Frau und Bürgerin:

Artikel I
Die Frau ist frei geboren und bleibt dem Manne gleich in allen Rechten. Die sozialen Unterschiede können nur im allgemeinen Nutzen begründet sein.

Artikel II
Ziel und Zweck jedes politischen Zusammenschlusses ist der Schutz der natürlichen und unveräußerlichen Rechte sowohl der Frau als auch des Mannes. Diese Rechte sind: Freiheit, Sicherheit, das Recht auf Eigentum und besonders das Recht auf Widerstand gegen Unterdrückung. (…)

Artikel IV
Freiheit und Gerechtigkeit besteht darin, den anderen zurückzugeben, was ihnen zusteht. So wird die Frau an der Ausübung ihrer natürlichen Rechte nur durch die fortdauernde Tyrannei, die der Mann ihr entgegensetzt, gehindert. Diese Schranken müssen durch Gesetz der Natur und Vernunft revidiert werden.

Artikel VI
Das Gesetz sollte Ausdruck des allgemeinen Willens sein. Alle Bürgerinnen und Bürger sollen persönlich oder durch ihre Vertreter an seiner Gestaltung mitwirken. Es muß für alle das gleiche sein. Alle Bürgerinnen und Bürger, die gleich sind vor den Augen des Gesetzes, müssen gleichermaßen nach ihren Fähigkeiten, ohne andere Unterschiede als ihre Tugenden und Talente, zu allen Würden, Ämtern und Stellungen im öffentlichen Leben zugelassen werden.

Artikel VII
Für Frauen gibt es keine Sonderrechte; sie werden verklagt, in Haft genommen und gefangen gehalten in den durch das Gesetz bestimmten Fällen. Frauen unterstehen wie Männer den gleichen Strafgesetzen.

Artikel X

Niemand darf wegen seiner Meinung, auch wenn sie grundsätzlicher Art ist, verfolgt werden. Die Frau hat das Recht, das Schafott zu besteigen. Sie muß gleichermaßen das Recht haben, die Tribüne zu besteigen, vorausgesetzt, dass ihre Handlungen und Äußerungen die vom Gesetz gewahrte öffentliche Ordnung nicht stören.

Artikel XI

Die freie Gedanken- und Meinungsäußerung ist eines der kostbarsten Rechte der Frau, denn diese Freiheit garantiert die Vaterschaft der Väter an ihren Kindern. Jede Mutter kann folglich in aller Freiheit sagen: „Ich bin die Mutter eines Kindes, das du gezeugt hast", ohne dass ein barbarisches Vorurteil sie zwingt, die Wahrheit zu verschleiern. (…)

Artikel XVII

Das Eigentum gehört beiden Geschlechtern vereint oder einzeln. Jede Person hat darauf ein unverletzliches und heiliges Anrecht. Niemandem darf es als wahres Erbteil der Nation vorenthalten werden, es sei denn, eine öffentliche Notwendigkeit, die gesetzlich festgelegt ist, mache es augenscheinlich erforderlich, jedoch unter der Voraussetzung einer gerechten und vorher festgesetzten Entschädigung.

Zit. nach: Gerhard, Ute: Menschenrechte – Frauenrechte 1789. In: Schmidt-Linsenhof, Viktoria (Hrsg.): Sklavin oder Bürgerin? Französische Revolution und neue Weiblichkeit, Frankfurt/M 1989, S. 69–72.

Aufgaben:
1. *Vergleichen Sie die beiden Texte und markieren Sie die die besonderen Unterschiede. Wie sind sie zu erklären?*
2. *Diskutieren Sie die Forderungen aus zeitgenössischer und heutiger Perspektive.*
3. *Fertigen Sie eine Collage an, aus der die Position Ihrer Gruppe zu der historischen Funktion dieser Forderungen deutlich wird.*

Kommentar:

Die beiden ersten Aufgaben können in der ersten Stunde bearbeitet werden, darüber hinaus die Grundkonzeption/-idee der Collage. Diese Präsentationsform gibt den Lernenden – mehr als dies eine Wandzeitung leisten kann – die Möglichkeit, imaginativ-kreativ zu werden sowie zuzuspitzen, was für die anschließende Besprechung im Plenum nützlich sein kann. Über eine Hausaufgabe können die Schülerinnen und Schüler Entwürfe machen und Bilder oder sonstige Visualisierungen vorbereiten.

Charakteristik des Deutschen Kaiserreichs (Darstellung)

Der Historiker Hans-Ulrich Wehler, 1973:
Man [könnte] es bis 1890 am ehesten als ein plebiszitär gekräftigtes, bonarpartistisches Diktatorialregime im Gehäuse einer die traditionellen Eliten begünstigenden, aber rapider Industrialisierung und mit ihr partieller Modernisierung unterworfenen, halbabsolutistischen und pseudokonstitutionellen, von Bürgertum und Bürokratie teilweise mitbeeinflussten Militärmonarchie kennzeichnen.

Wehler, Hans-Ulrich: Das Deutsche Kaiserreich 1871–1918, Göttingen 1973, S. 67.

Aufgaben:
1. *Klären Sie zunächst innerhalb der Gruppe die von Wehler benutzten Begriffe sowie die Funktionen und Eigenschaften des Herrschaftssystems, indem Sie eigene Formulierungen/Umschreibungen finden.*
2. *Erläutern Sie Wehlers Auffassung, indem Sie sie mit Ihrem Wissen über das politische System sowie die gesellschaftlichen und wirtschaftlichen Verhältnisse verknüpfen.*
3. *Diskutieren Sie, inwieweit oder ob Sie Wehlers Charakteristik für plausibel halten.*

Karikaturen interpretieren: Der deutsch-sowjetische Nichtangriffsvertrag vom 23.8.1939[81] (Quellen)

Kommentar:
Der so genannte Hitler-Stalin-Pakt hat zeitgenössisch ziemlich eindeutige Interpretationen erfahren, wenn man vor allem die anglo-amerikanische Publizistik in den Blick nimmt.

Die Lernenden sollen sich zunächst mit dem Inhalt des Vertrages auseinandersetzen, um anschließend dessen Bedeutung zu erfassen – die durch vier Karikaturen problematisiert werden soll.

Dieses Lehr-/Lernarrangement hätte auch über eine thematisch verschiedene Gruppenarbeit gestaltet werden können (jede Gruppe erhält *eine* Karikatur), um in der Auswertungsphase zu überlegen, welche von

---

81 Angelehnt an: Bühl-Gramer, Charlotte: Ein gieriges Hochzeitspaar, Rotkäppchen und gierige Schlangen. Der Hitler-Stalin-Pakt als Motiv für Karikaturisten, in: Praxis Geschichte, H. 1, 2004, S. 28–31.

den vieren wohl am ehesten die Funktion des Abkommens auf den Punkt bringt. Da aber Karikaturen nicht immer einfach zu dekodieren und zuallererst sehr genau zu beschreiben und zu analysieren sind – was in der konkreten Auswertung im Plenum als Entscheidungssituation nur unzulänglich erfolgen könnte –, erhalten in diesem Fall alle vier Gruppen dasselbe Ausgangsmaterial und können in der Auswertung qualifiziertere Kommentare abgeben.

M 1: Auszug aus dem deutsch-sowjetischen Nichtangriffsvertrag vom 23.8.1939

Artikel I: Die beiden Vertragschließenden Parteien verpflichten sich, sich jeden Gewaltakts, jeder aggressiven Handlung und jeden Angriffs gegeneinander, und zwar sowohl einzeln als auch gemeinsam mit anderen Mächten, zu enthalten.

Artikel II: Falls einer der Vertragschließenden Teile Gegenstand kriegerischer Handlungen seitens einer dritten Macht werden sollte, wird der andere Vertragschließende Teil in keiner Form diese dritte Macht unterstützen.

Artikel III.: Die Regierungen der beiden Vertragschließenden Teile werden künftig fortlaufend zwecks Konsultation in Fühlung miteinander bleiben, um sich gegenseitig über Fragen zu informieren, die ihre gemeinsamen Interessen berühren.

Artikel IV.: Keiner der beiden Vertragschließenden Teile wird sich an irgendeiner Machtgruppierung beteiligen, die sich mittelbar oder unmittelbar gegen den anderen Teil richtet. (…)

Geheimes Zusatzprotokoll

Aus Anlass der Unterzeichnung des Nichtangriffsvertrages zwischen dem Deutschen Reich und der Union der Sozialistischen Sowjetrepubliken haben die unterzeichneten Bevollmächtigten der beiden Teile in streng vertraulicher Aussprache die Frage der Abgrenzung der beiderseitigen Interessensphären in Osteuropa erörtert. Diese Aussprache hat zu folgendem Ergebnis geführt:

1. Für den Fall einer territorial-politischen Umgestaltung in den zu den baltischen Staaten (Finnland, Estland, Lettland, Litauen) gehörenden Gebieten bildet die nördliche Grenze Litauens zugleich die Grenze der Interessensphären Deutschlands und der UdSSR. Hierbei wird das Interesse Litauens am Wilnaer Gebiet beiderseits anerkannt.

2. Für den Fall einer territorial-politischen Umgestaltung der zum polnischen Staate gehörenden Gebiete werden die Interessensphären

Deutschlands und der UdSSR ungefähr durch die Linie der Flüsse Narew, Weichsel und San abgegrenzt.

Die Frage, ob die beiderseitigen Interessen die Erhaltung eines unabhängigen polnischen Staates erwünscht erscheinen lassen, und wie dieser Staat abzugrenzen wäre, kann endgültig erst im Laufe der weiteren politischen Entwicklung geklärt werden. In jedem Falle werden beide Regierungen diese Frage im Wege einer freundschaftlichen Verständigung lösen.

3. Hinsichtlich des Südostens Europas wird von sowjetischer Seite das Interesse an Bessarabien betont. Von deutscher Seite wird das völlige politische Desinteressement an diesen Gebieten erklärt.

Zit. nach: Hofer, Walther: Der Nationalsozialismus. Dokumente 1933–1945. Frankfurt/M 1957, S. 229ff.

M 2, a-d: Karikaturen zum Hitler-Stalin-Pakt

a) Berryman, Clifford K., Washington Star, 9.10.1939

b) Herblock, Newspaper Enterprise Association, 1939

c) Low, David, Evening Standard, 2.11.1939

d) Partridge, Bernhard, Punch, 8.11.1939

Abb. 3: Karikaturen zum Hitler-Stalin-Pakt

Aufgaben (für alle Gruppen):
Das Zusatzprotokoll war den Zeitgenossen nicht bekannt. Die politischen Karikaturisten (hier aus dem anglo-amerikanischen Raum) kommentierten den Vertrag ohne dieses Wissen, aber dennoch im historischen Kontext.

1. *Analysieren Sie den Vertrag mitsamt seinem Zusatzprotokoll und diskutieren Sie gemeinsam in Ihrer Gruppe, welche Funktion er in der damaligen historischen Situation hatte.*

2. Beschreiben, analysieren und interpretieren Sie die vier Karikaturen.

3. Sie sind Redakteurin/Redakteur einer Tageszeitung, die 2009 einen Bericht über den Hitler-Stalin-Pakt schreiben soll. Sie sollen den Beitrag illustrieren, können aber aus Platzgründen nur eine der Karikaturen auswählen. Welche würden Sie auswählen und warum?

Lehren aus der Geschichte? Das Grundgesetz und die Weimarer Verfassung[82] (Grafische Darstellung und Quelle)

Kommentar:

Sowohl der Verfassungskonvent in Herrenchiemsee 1948 als auch der Parlamentarische Rat diskutierten, welche Konsequenzen aus Weimar gezogen werden sollten, um auf der Ebene der Verfassung mögliche Gefährdungen für eine demokratische Ordnung auszuschließen. Die Rolle des Präsidenten, des Kanzlers, die Verantwortlichkeit des Parlaments, die plebiszitären Elemente und die Sicherung parlamentarischer Mehrheitsverhältnisse (Konstruktives Misstrauensvotum) wurden verfassungsrechtlich anders geregelt. Auf gesetzlichem Wege wurde später versucht, die im Parlament von Weimar existierende Parteienvielfalt wirksam einzuschränken (Mischung aus Mehrheits- und Verhältniswahl, 5-Prozent-Klausel).

Der Vorschlag für eine themengleiche Gruppenarbeit steht im unterrichtlichen Kontext der Schaffung einer Verfassung (des Grundgesetzes) für die entstehende Bundesrepublik. Als Grundlage erhalten die Schülerinnen und Schüler die beiden Verfassungsschemata. Auf dieser Basis sollen sie die relevanten Institutionen vergleichen, Unterschiede feststellen und diese begründen. Daran anschließend sollen sie diskutieren, ob bei diesem historischen Fallbeispiel nachvollziehbare Lehren aus der Geschichte gezogen worden sind und diese bewerten – im Sinn einer gelungenen, teilweise gelungenen oder verpassten Gelegenheit.

Ob die zeitgenössisch damit befassten Experten dies im Blickpunkt hatten, lässt sich aus einer Quelle erschließen.

---

82 Angelehnt an: Wunderlich, Axel: „Bonn ist nicht Weimar"? Vergleiche zwischen zwei parlamentarischen Systemen, in: Geschichte lernen, H. 127, 2009, S. 48–56.

M 1: Verfassungsschemata
a) Weimar (Weimarer Reichsverfassung)

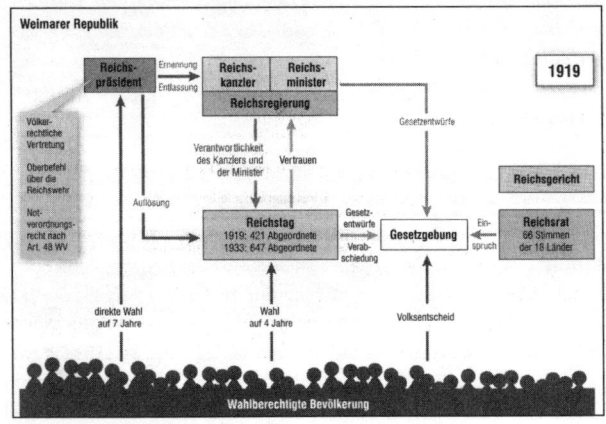

b) Bonn (Grundgesetz)

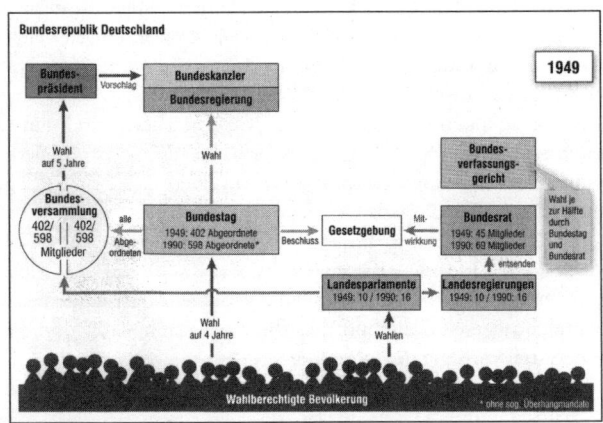

Abb. 4: Schemata der Verfassungen von Weimar und Bonn
Aus: Geschichte lernen, H. 127, 2009, S. 53

Aufgaben:
1. *Vergleichen Sie die beiden Verfassungsschemata mit besonderem Augenmerk auf die zentralen Verfassungsinstitutionen: Welche Unterschiede sind feststellbar und wie würden Sie diese erklären?*

2. Diskutieren Sie, ob diese Unterschiede als „Lehren aus Weimar" zu bezeichnen sind und welche Bedeutung ihnen aus Ihrer Sicht zukommt – zentral, vernachlässigbar, falsche Lehren gezogen etc.

3. Überlegen Sie, welche weiteren Unterschiede Ihnen zu Weimarer Verhältnissen bekannt sind, die nicht verfassungsrechtlich festgeschrieben, später aber gesetzlich geregelt wurden? (Stichwort: Parteien)

M 2: Vorschläge des Verfassungskonvents vom August 1948

Von den Ministerpräsidenten der westlichen Besatzungszonen wurde ein Sachverständigenrat berufen (Verfassungskonvent), in dessen Protokoll es heißt:

1. Es bestehen zwei Kammern. Eine davon ist ein echtes Parlament. Die andere gründet sich auf die Länder.

2. Die Bundesregierung ist vom Parlament abhängig, sofern es zur Regierungsbildung fähig ist. (…)

3. Eine arbeitsunfähige Mehrheit kann dagegen weder die Regierungsbildung vereiteln noch eine bestehende Regierung stürzen. Der Ausweg einer Präsidialregierung wird dabei vermieden.

4. Neben der Regierung steht als neutrale Gewalt das Staatsoberhaupt. Die Funktion wird zunächst behelfsmäßig versehen. Nach Herstellung einer entsprechenden völkerrechtlichen Handlungsfreiheit und nach Klärung des Verhältnisses zu den ostdeutschen Ländern wird sie nach der überwiegenden Meinung von einem Bundespräsidenten übernommen.

5. Notverordnungsrecht und Bundeszwang liegen bei der Bundesregierung und der Länderkammer, nicht beim Staatsoberhaupt. (…)

6. Es gibt kein Volksbegehren. Einen Volksentscheid gibt es nur bei Änderungen des Grundgesetzes.

7. Eine Änderung des Grundgesetzes, durch die die freiheitliche und demokratische Grundordnung beseitigt würde, ist unzulässig.

Zit. nach: Feldkamp, M.F. (Hrsg.): Die Entstehung des Grundgesetzes für die Bundesrepublik Deutschland 1949. Eine Dokumentation, Stuttgart 1999, S. 68 f.

Aufgaben:

1. Erklären Sie, inwieweit die zeitgenössischen Experten versuchten, Lehren aus Weimar zu ziehen.

2. Erläutern Sie, wie Punkt 3 in die Realität umgesetzt worden ist.

2.2.2 Themenverschiedene Partner- und Gruppenarbeit

Diese zweite Grundform stellt erhebliche Anforderungen an die Planungskompetenz der Lehrkraft, wenn sie nicht nur deshalb gewählt werde soll, um in kürzerer Zeit mehr Themenaspekte zu behandeln, als dies im lehrerzentrierten Unterricht der Fall wäre. Ein Beispiel: Das Thema „Alltag im antiken Rom" ließe sich in Themenaspekte gliedern, die z. B. Kindheit, Familie, Kleidung, Wohnen, Freizeit etc. behandeln und damit in ca. einer Doppelstunde mehrere Seiten des Geschichtsbuchs „abdecken". Es ist aber wenig sinnvoll, der Illusion zu verfallen, damit ein breites Spektrum von Kenntnissen zu erarbeiten oder gar besondere didaktische Intentionen verfolgt zu haben, wenn nicht von vornherein Überlegungen zu deren Sicherung bzw. Reflexion angestellt würden. Die didaktische Frage nach dem „Warum" ließe sich für den gegebenen Fall gar nicht einfach beantworten: Dass Schülerinnen und Schüler im Zusammentragen der einzelnen Ergebnisse erkennen, dass vieles anders war, manches auch ähnlich im Vergleich zu heute, ist didaktisch wenig ergiebig, weil der Vergleich die unterschiedlich strukturierten historischen Kontexte zu berücksichtigen hätte, was hinsichtlich der Überlegung, dass eine solche Gruppenarbeit in der Regel im Anfangsunterricht Geschichte stattfindet, kaum als realistisch eingeschätzt werden kann. Die andere Annahme – breites Wissen über den römischen Alltag vermitteln zu können – ist nicht leicht einzulösen, weil alle Gruppen Expertenwissen erarbeitet haben, das nunmehr an den Rest der Klasse zu vermitteln ist, u. U. von sechs oder gar sieben verschiedenen Gruppen zu ebenso vielen Themenaspekten. Werden nicht nur Referate gehalten, sondern die Vorträge durch Folien, Tafelbilder etc. unterstützt und die Mitschüler durch Impulse in die Präsentation einbezogen, kann eine durchgängige Aufmerksamkeit möglicherweise erreicht werden – aber wann geschieht dies schon in der alltäglichen Unterrichtspraxis? Ansonsten reicht es nicht aus, die jeweiligen Tafelbilder von allen in das Geschichtsheft übertragen zu lassen oder die Folien zu kopieren um sicherzustellen, dass die Lernenden nicht nur über ihr „Inselwissen" verfügen.

Der Frage nach der didaktischen Funktion, die immer auch eine nach dem didaktischen Mehrwert gegenüber anderen Lehr-/Lernarrangements ist, folgt die Überlegung, welche thematischen Aspekte denn auszuwählen sind, um dieser Intention gerecht zu werden, was bei dem zu behandelnde Thema zuallererst das Problem aufwirft, ob es sich sinnvoll sequenzieren lässt, was bei dem genannten Beispiel der Fall wäre. Dabei ist nicht unmittelbar notwendig, so viele Themenaspekte zu generieren, dass – unter der Voraussetzung, dass in einer Gruppengröße von maximal vier bis fünf Schülerinnen und Schülern gearbeitet wird – unbedingt jede Gruppe ihr Spezialthema haben muss. Im Zweifelsfall ist es bei großen Klassen sinnvoller, einige Themenaspekte doppelt zu besetzen, als unsinnige Aufteilungen des Themas vorzunehmen. Bei themenverschiedener Partnerarbeit wird das der Regelfall sein, weil es nicht realistisch ist, dass u. U. 15 oder 16 Themenaspekte zu finden sind, und weil die Auswertung völlig unübersichtlich wird.

Wenn es das Thema hergibt – auch bei Klassengrößen um die 30 Schülerinnen und Schüler –, tatsächlich mit sieben oder acht Expertengruppen arbeiten zu können, müssen die ausgewählten Materialien inhaltlich überschaubar und die Bearbeitungszeit nicht zu ausgedehnt sein, damit die Arbeit einschließlich der Auswertung in z. B. einer Doppelstunde geleistet werden kann. Neben die didaktischen und inhaltlichen Vorüberlegungen tritt bei der themenverschiedenen Partner- und Gruppenarbeit noch die Notwendigkeit, die den Gruppen oder Paaren zur Verfügung gestellten Materialien so auszuwählen, dass sie in etwa der gleichen Zeit zu bearbeiten sind und/oder dass es Möglichkeiten gibt, durch Zusatzaufgaben Zeitpuffer zu schaffen. Außerdem ist es notwendig, sich Aufgabenstellungen zu überlegen, die bereits auf die Auswertung der Ergebnisse unter einer gemeinsamen Fragestellung abzielen, also den Gruppen identische Aufgaben zu stellen, die ihnen bereits bei der Erarbeitung ihres Themaspekts helfen, den Fokus ihrer Arbeit auf die Gesamtthematik zu richten.

Die entscheidende Phase bei der themenverschiedenen Gruppenarbeit ist die Präsentations- und Auswertungsphase, weil sich in ihr erst für alle erschließt, welche Facetten man zum Gesamtbild beigetragen hat und welche Bedeutung dem Thema innewohnt. Dies kann auf verschiedene Arten geschehen, sollte allerdings von der Lehrkraft vorbereitet und letztlich auch von ihr gesteuert werden, so dass nicht nur in irgendeiner Form eine mündliche Zusammenfassung der Referate erfolgt, sondern gemeinsam mit den Gruppen an einem Gesamtbild oder an einer Problemlösung/-diskussion gearbeitet werden kann.

Im ersten der folgenden Beispiele wird ein Word-Web erstellt, beim zweiten eine Gruppenmindmap (vgl. zu beiden Visualisierungsformen Kap. 3), zu der die einzelnen Gruppen bereits über den Arbeitsauftrag ihren eigenen Ast entwickeln, um anschließend an die Erstellung des gemeinsamen Produktes eine treffende Kennzeichnung zu finden; im dritten wird im Anschluss an die Gruppenarbeit gemeinsam ein Quellentext bearbeitet, der das zuvor Erarbeitete aufnimmt, perspektiviert und problematisiert, so dass die Gruppenarbeit mit einer Diskussion enden kann. Damit ist letztlich zwar immer noch nicht die Frage der adäquaten Vermittlung von Expertenwissen gelöst – sie werden in gewisser Weise immer Experten bleiben –, wohl aber kann die gesamte Klasse sehr viel deutlicher wahrnehmen und erkennen, an welchem Problem gearbeitet wurde und wie differenziert sich eine Beurteilung/Lösung gestalten kann/muss.

2.2.2.1 Beispiele für themenverschiedene Gruppenarbeit in der Sekundarstufe I

Weimarer Republik: 1923 (Quelle)

Aufzeichnung des britischen Botschafters in Berlin vom 31.12.1923 (Basistext für alle Gruppen):
Nun geht das Krisenjahr zu Ende. Die inneren und äußeren Gefahren waren so groß, daß sie Deutschlands ganze Zukunft bedrohten. Eine bloße Aufzählung der Prüfungen, die das Land zu bestehen hatte, wird einen Begriff davon geben, wie schwer die Gefahr, wie ernst der Sturm war. Obwohl ich diesen ganzen Zeitraum miterlebte und mich an manchen Ereignissen aktiv beteiligte, habe ich nicht immer im Augenblick erfasst, wie schicksalsschwer die Lage war. Wenn man zurückblickt, sieht man klarer, wie nah dieses Jahr am Abgrund stand.

In den zwölf Monaten vom Januar bis heute hat Deutschland die folgenden Gefahren überstanden:
– die Ruhrinvasion
– den kommunistischen Aufstand in Sachsen und Thüringen
– den Hitlerputsch in Bayern
– eine Wirtschaftskrise ohnegleichen
– die separatistische Bewegung im Rheinlande
Jeder einzelne dieser Faktoren, falls er sich ausgewirkt hätte, würde eine grundlegende Veränderung entweder in der inneren Struktur des Landes oder in seinen Beziehungen nach außen herbeigeführt haben. Jeder dieser Gefahrenmomente, falls er nicht abgewendet worden wäre, hätte jede Hoffnung auf eine allgemeine Befriedung vernichtet. (…)

D'Abernon, Viscount: Ein Botschafter der Zeitenwende. Memoiren, Bd. 2, Leipzig 1929, S. 337f

Aufgaben:

1. *Bearbeitet den Text zunächst gründlich in Einzelarbeit: Unterstreicht alle unbekannten Begriffe und überlegt Euch, welche Überschrift der Botschafter dem Text hätte geben können.*
2. *Besprecht Euch anschließend mit dem Partner und versucht die Fragen zu klären und Euch zu einigen. Anschließend werden die einzelnen Ereignisse in Gruppen genauer untersucht.*

Aufgaben für alle Gruppen

1. *Recherchiert im Geschichtsbuch und in LeMo „euren Fall".*
2. *Erarbeitet Ursachen, Verlauf, Ergebnis und Folgen.*
3. *Die Ergebnisse aller Gruppen werden in der Präsentation zu einem Word-Web zusammen gefasst: Bereitet euren Anteil dazu vor.*

Kommentar:

Der Ausgangstext kennzeichnet das Jahr 1923 als Jahr dramatischer Krisen, die schwer wiegende Folgen für die Republik hätten haben können. Dies sollte sich für die Lernenden vom Text her leicht erschließen lassen. Diese These wird nunmehr zu einer zu überprüfenden Hypothese, indem die fünf Krisenmomente zu erarbeiten sind. Nicht in allen Geschichtsbüchern sind sie vollständig erwähnt oder in unterschiedlicher Dichte vermittelt, so dass die Recherche in LeMo sinnvoll erscheint. Sollte die materielle Ausstattung in der Schule nicht reichen, kann dies auch in häuslicher Arbeit erfolgen.

Für die Zusammenfassung der Ergebnisse bietet sich ein Word-Web an (vgl. Kap. 3, S. 177), weil es in und nach der Präsentationsphase den Blick auf das Ganze ermöglicht. Die Aufgabenstellungen sind so formuliert, dass sie bereits Strukturelemente vorgeben, was an dieser Stelle wichtig ist, weil vergleichbare Parameter vorhanden sind. Das Word-Web kann sich sukzessive entwickeln (an der Tafel, auf einer Folie). Abschließend sollte besprochen werden, ob dem Autor zuzustimmen ist oder nicht (Synthetisierung und Reflexion). Zustimmung, Ablehnung oder Modifizierung sollte sich in einem „Motto" für das Jahr 1923 niederschlagen, das im Kern des Word-Webs festgehalten wird.

Die Bundesrepublik der 1960er Jahre – ein goldenes Jahrzehnt?[83] (Darstellungen)

Gruppe 1: Wirtschaft

M 1:

Nun *(1960)* wuchs das, was Volkswirtschaftler das „Wohlstandskonto" nennen, also der Anteil des Einkommens, der nicht für das „Basalkonto", für die lebensnotwendigen Ausgaben, draufgeht. Wachsende Einkommen und moderate Preissteigerungen sorgten dafür, dass die Menschen immer mehr Geld für Luxus und Komfort erübrigten. Auch der kleine Mann konnte sich die eine oder andere Extravaganz leisten: ein Auto zum Beispiel, ein Telefon, einen Fernseher, einen Staubsauger oder einen Toaster und eine Trockenhaube für die Dame des Hauses. Heiß begehrt war die vollautomatische Waschmaschine. Sie stand 1960 erst in jedem dritten Haushalt, Ende des Jahrzehnts in fast jedem zweiten. Einen PKW besaßen am Beginn der Dekade 27 Prozent aller Haushalte, 1970 waren es 44. (…)

Auch andere Wirtschaftskurven zeigten einen überdurchschnittlichen Schwung. So verdoppelten sich die Löhne der Arbeiter und Angestellten von umgerechnet zwischen 246 und 273 Euro im Jahre 1960 auf 525 bis 540 Euro am Ende des Jahrzehnts (was nach heutiger Kaufkraft in etwa 911 bis 963 Euro entspricht). Die Arbeitszeit von Männern sank von wöchentlich 46,3 auf 44,8 Stunden, und die Arbeitslosenquote betrug im Schnitt des Jahrzehnts 0,7 Prozent.

Großkopff, Rudolf: Unsere 60er Jahre. Wie wir wurden, was wir sind, Frankfurt/M. 2007, S. 71 f.

M 2:

Das „lange Wochenende", von dem man in den 50er Jahren nur träumen konnte, war zur Regel geworden. Welche Veränderungen dadurch freigesetzt wurden, überraschte viele. Denn darunter litten nun auch die Kirchen. Hatten sie zunächst gehofft, durch den Zuwachs an freier Zeit würden die Gotteshäuser sonntags wieder voller, so lief der Trend gerade in die andere Richtung. Der Sonntag mit seinen neuen Angeboten der Freizeitkultur entglitt den Kirchen immer mehr.

Wolfrum, Edgar: Die 60er Jahre. Eine dynamische Gesellschaft, Darmstadt 2006, S. 74

---

83 Konzeption und Teile der Materialien zuerst veröffentlicht in: Adamski, Peter: Golden Sixties?, RAAbits Geschichte, Februar 2009.

Gruppe 2: Freizeit

M 1:

Zur besonderen Signatur der langen 60er Jahre in der Bundesrepublik gehört der Durchbruch des Fernsehens, der die allgemeinen Zielsetzungen der Demokratisierung und verbesserten Partizipation der Bürger unterstützte, aber auch zur Verhäuslichung der Lebensweise entscheidend beitrug. In Westdeutschland stieg die Versorgung der Haushalte mit Fernsehgeräten zwischen 1960 und 1974 von 17,6 Prozent auf 80,3 Prozent. 1965, als der *Beat Club* eingeführt wurde, lag der Anteil bei 47,3 Prozent, im Jahre 1968, auf dem Höhepunkt der Studentenbewegung, bei 62,8 Prozent. Meinungsumfragen ergaben, dass das Fernsehen als Leitmedium 1963 seinen Durchbruch hatte, als es in der Beliebtheitsskala den Rundfunk und die Zeitung hinter sich ließ. (…)

Parallel zum Aufstieg des Fernsehens verlief der Niedergang des Kinos: 766 Millionen Kinobesuchen im Jahre 1955 standen 1975 nurmehr 114 Millionen gegenüber. Allerdings waren es hauptsächlich Erwachsene, die das „Pantoffelkino" daheim dem halböffentlichen Raum des Lichtspieltheaters vorzogen. Jugendliche hingegen blieben ihm treu. Stärker noch als das Radio wurde das Kino zu einem speziell von Jugendlichen frequentierten Medium, Es waren, so urteilte Emnid [ein Institut für Meinungsforschung] 1972, „fast nur junge Leute, die im Kino regelmäßig anzutreffen waren." (…)

Musikhören auch, aber nicht nur durch das Radio, nahm als Freizeitbeschäftigung Jugendlicher im Laufe der 60er Jahre immer mehr zu – vorangetrieben von der Möglichkeit, mit dem Transistorradio nun auch über ein eigenes Empfangsgerät zu verfügen, und von neuen populären Stilen, die den grundlegenden Sound der jugendlichen Massenkultur abgaben. (…)

Betrachtet man die Freizeitbeschäftigung „Musikhören" genauer, so wird deutlich, dass die Schallplatte seit Mitte der 60er Jahre erheblich an Bedeutung gewann und sehr schnell das bevorzugte Medium Jugendlicher wurde. Ihr wurde auch vor dem Radio der Vorzug gegeben, weil sie selbstbestimmte Abrufbarkeit der gewünschten Musik ermöglichte. Hinzu kam, dass Platten gesammelt und getauscht werden konnten, sie stifteten sozialen Kontakt und ermöglichten den gezielten Aufbau kultureller Kompetenz. 1966, auf dem Höhepunkt der Beatlemania in der Bundesrepublik, befragt, welcher Freizeitbeschäftigung aus einer vorgegebenen Palette sie bei freier Auswahl den Vorzug geben würden, nannten ein Prozent der Ludwigshafener Volksschulabsolventen das Zeitungslesen,

11 Prozent Radio hören, 15 Prozent Fernsehen, 22 Prozent Bücherlesen, aber 51 Prozent Schallplatten hören.

Siegfried, Detlef: Time is on my side. Konsum und Politik in der westdeutschen Jugendkultur der 60er Jahre, Göttingen 2006, S. 77–82.

Gruppe 3: Bildung und Ausbildung

M 1:
- 1965 gründeten Bund und Länder den Deutschen Bildungsrat, der die Kompetenzen bündelte und 5 Jahre später einen (damals noch nicht so genannten) Masterplan für ein erneuertes Bildungswesen vorlegte.
- Das Gremium empfahl in einer seiner Stellungnahmen Versuche mit Gesamtschulen, die das alte dreigliedrige System ergänzen und die Grenzen zwischen den Schularten durchlässiger machen sollten.
- Die Ausgaben der öffentlichen Hand für Bildung stiegen von 1965 bis 1970 um rund zehn Millionen Mark pro Jahr auf 27,8 (1975 würde dieser Posten fast 57 Milliarden erreichen).
- In den Jahren zwischen 1961 und 1970 nahmen in der Bundesrepublik zehn neue Universitäten ihren Betrieb auf, die bestehenden erhöhten ihre Kapazitäten.
- 1961/62 studierten an den westdeutschen Hochschulen 291 000 junge Menschen, zehn Jahre später waren es 510 000.
- Am Ende des Jahrzehnts gab es an den Gymnasien 526 100 Schüler mehr als zu Beginn.
- Die Zahl der Lehrer erhöhte sich zwischen 1960 und 1970 von 260 000 auf 356 000.
- Anfang der Sechziger unterrichtete ein Lehrer im Schnitt 30,7 Schüler, im Jahre 1970 waren es vier weniger. Die Klassenstärke war also nicht unerheblich gesunken.
- Von den 15- bis 19-Jährigen besuchten 1960 etwa 19 Prozent eine Schule oder Hochschule, 1970 waren es 31 Prozent.

Großkopff, Rudolf: Unsere 60er Jahre. Wie wir wurden, was wir sind, Frankfurt/M. 2007, S. 178.

M 2:
Lehrling gesucht! Eltern, „die mir Sohn od. Tochter zw. Ausbildg. als Einzelhandelskaufmann für sof. oder später in die Lehre geben, (biete ich) eine Zwei-Zimmer-Wohnung mit Bad und Gartenanteil". So warb ein badischer Kaufmann 1961 per Inserat um junge Arbeitskräfte, oder

besser: um deren Eltern, denn die bestimmten noch weitgehend, welche Berufe die Kinder ergriffen. Andere Unternehmer lockten mit bezahlten Ferienreisen, Sparbüchern und ähnlichen Vergünstigungen.

Zit. nach: Großkopff, Rudolf: Unsere 60er Jahre. Wie wir wurden, was wir sind, Frankfurt/M. 2007, S. 71.

Gruppe 4: Lebensentwürfe

M 1:

In dieser Zeit zeigte die Kurve der Geburten in der Bundesrepublik steil nach unten und die des Autos steil nach oben. (…) In der Bundesrepublik kamen 1960 auf 1000 Menschen 17,4 „Lebendgeborene", wie der büro-kratische Fachausdruck heißt. Die Zahl stieg sogar noch etwas auf 17,7 im Jahre 1965 und stürzte dann ab auf 13,4 im Jahre 1970. (…)

Anders als häufig angenommen, ist dieser Rückgang der Zeugungs-freudigkeit nicht vorrangig mit der Pille zu erklären. Im August 1960 kam sie in den USA auf den Markt, ein Jahr später dann in der BRD und 1965 auch in der DDR. Zunächst nahmen die Frauen sie jedoch eher selten, 1968 ließ sich in der Bundesrepublik erst etwa jede siebte Frau im gebärfähigen Alter das Hormonpräparat verschreiben. Die Pille hat mit Sicherheit die Sexualität verändert, die Zahl der Kinder jedoch nicht so beeinflusst, wie es das viel zitierte Wort vom „Pillenknick" suggeriert.

Wichtiger war eine veränderte Beziehung zur Familie und zu Kindern überhaupt. Das lässt sich am Beispiel der Mehr-Kinder-Familien zeigen. In der Bundesrepublik bekamen von 100 Ehepaaren, die einander zwischen 1956 und 1960 das Jawort gegeben hatten, etwa jedes achte vier Kinder, das waren zum größten Teil Wunschkinder, keine ungewollten. Diese Zahl der sogenannten „Kinderreichen" nahm in den Sechzigern schnell ab. Die Paare bekamen ein, allenfalls noch zwei Kinder, eine Drei-Kin-der-Familie wurde zur bestaunten Ausnahme. Der Trend zur Kleinfamilie lief in der DDR ähnlich, ebenso wie in den meisten Industrieländern.

Großkopff, Rudolf: Unsere 60er Jahre. Wie wir wurden, was wir sind, Frankfurt/ M. 2007, S. 55 f.

M 2:

Entscheidend für die allmählich zunehmende Akzeptanz weiblicher Be-rufsarbeit war das wachsende Angebot an Teilzeitarbeitsplätzen in den Sechzigerjahren. Im Oktober 1960 waren lediglich 7,1 Prozent der er-werbstätigen Frauen im abhängigen Beschäftigungsverhältnis in Teil-zeitstellen. Im April 1971 hatte sich ihr Anteil auf 19,3 Prozent nahe-zu verdreifacht. (…)

Die materielle Notwendigkeit zur weiblichen Erwerbstätigkeit, die Wünsche nach verstärkter Teilhabe am Konsum mischten sich in der entstehenden Wohlstandsgesellschaft offenbar immer stärker mit der positiven Besetzung der Berufsarbeit als Zuwachs an außerhäuslicher Erfahrung und Kommunikationsmöglichkeiten. Anders noch als zu Beginn des Jahrzehnts, als die Betreuung der Kinder als Privatangelegenheit angesehen wurde, erhöhte sich die Nachfrage nach Kinderkrippen- und Kindergartenplätzen. Bereits in den Sechzigerjahren deuteten sich längerfristig wirksame Gründe dafür an: Die Scheidungsraten stiegen – trotz gesetzlicher Erschwerung der Ehescheidung 1961 –, die Heiratsneigung der Frauen nahm ab, ebenso die Anzahl der gewünschten Kinder, die 1965 noch bei durchschnittlich 2,5 lag und bis 1975 auf 1,45 sank. Weibliche Lebenspläne veränderten sich zusehends.

Schildt, Axel: Rebellion und Reform. Die Bundesrepublik der Sechzigerjahre, Bundeszentrale für Politische Bildung, Bonn 2005, S. 33.

Gruppe 5: Lust und Liebe

M 1:

Für die heterosexuelle Mehrheit war Oswalt Kolle Ende der Sechzigerjahre der „Prophet der sexuellen Revolution" oder schlicht der „Aufklärer der Nation". (…) Was Wissenschaftler damals in endlosen, oftmals schwer verständlichen Texten über Sexualität zu sagen versuchten, fasste der Journalist Kolle in leicht zugängliche Sätze. In Illustrierten und Kinofilmen klärte er in einer Weise über Liebe und Erotik auf, die vielen Menschen half, ihr Liebesleben ohne schlechtes Gewissen anders zu sehen und möglicherweise zu verändern. Allerdings haben weder er noch andere Aufklärer die sogenannte Sexwelle erfunden, sie haben die Bewegung nur gespürt und verstärkt, die da nicht nur in Sachen Erotik im Gange war. Viele Menschen wollten mehr Freiheit, mehr Selbstbestimmung, mehr Autonomie, mehr Hedonismus, wenn man so will, und dazu gehörte eben auch der Versuch, die Erotik von Konventionen zu befreien. (…)

Freie Liebe, freie Sexualität. Insgesamt sahen angeblich mehr als 140 Millionen Menschen auf der ganzen Welt die sieben Filme des Aufklärungspapstes. Den größten Erfolg erntete der 1968 gestartete Streifen *Das Wunder der Liebe*; acht Millionen Menschen erlebten allein in Mitteleuropa, wie Kolle verschiedene Stellungen im Liebesspiel zeigte. Auf heutige Besucher würde seine Aufklärung hölzern und trocken wirken, für das damalige Publikum waren die Darstellungen sensationell. Nun klinkte sich auch der Staat in die Aufklärung ein. Käte Strobel, SPD-

Gesundheitsministerin der Großen Koalition, ließ einen Film herstellen und vertreiben, dessen Titel genauso wenig wie der Inhalt heute noch jemanden hinter dem Ofen hervor- und in die Kinos locken würde, der damals aber große Beachtung fand. *Helga – Vom Werden des menschlichen Lebens* hatte allein in Deutschland sechs Millionen Zuschauer, 40 Millionen auf der ganzen Welt. (…)

Im Oktober 1968 beschlossen die Kultusminister der Länder, dass auch sie etwas tun müssten. Ergebnis des Nachdenkens war die flächendeckende Einführung des Sexualkundeunterrichts an den Schulen. Konservative Kräfte bestritten den Ministern das Recht, auf diese Weise in das Erziehungsrecht der Eltern einzugreifen, und auch ein Sexualkundeatlas, den die Bundesregierung 1969 veröffentlichte, fand nicht nur Beifall.

Großkopff, Rudolf: Unsere 60er Jahre. Wie wir wurden, was wir sind, Frankfurt/. M 2007, S. 138–140,

M 2:

Ein bedeutender Umbruch in der Diskussion ergab sich 1962: Die Antibabypille kam auch in Deutschland in den Handel. Die Fronten entspannten sich nun ganz gewaltig: Beate Uhse eröffnete noch im gleichen Jahr in Flensburg ihr erstes „Fachgeschäft für Ehe-Hygiene", Oswalt Kolle wird mit Filmen wie „Dein Mann/Deine Frau, das unbekannte Wesen" oder „Das Wunder der Liebe – Sexualität in der Ehe" zum bekanntesten Missionar in Sachen Sexualaufklärung, und der „Kinsey-Report" zum Sexualverhalten der Frau steht in mehr als 100 000 deutschen Haushalten. Das Gespräch über die „schönste Nebensache der Welt" war plötzlich en vogue. Die Rocksäume der Mädchen rutschten immer höher, der „Mini" wurde geboren.

Doch Vorsicht vor falschen Mythen der „freizügigen Sechziger": Die neue Liberalität erreicht noch längst nicht alle Schichten und Altersgruppen der Gesellschaft. Noch immer versuchen viele Erwachsene, das Rad der Zeit zurückzudrehen.

Farin, Klaus: Jugendkulturen in Deutschland 1950–1989, Bundeszentrale für politische Bildung, Bonn 2006, S. 39.

Gruppe 6: Popkultur

M 1

Die kommerzielle Beat-Kultur mit ihren Maschen und Moden, dem Pilzkopf, dem Mini-Rock und der Uni-Sex-Mode, war auch ein Quell „subversiver" Gefühle und ein Katalysator aufmüpfiger Verhaltensweisen. Im Kampf um die Zentimeter der Rocklänge bei den Mädchen und um die

Millimeter der Haarlänge bei den Jungen – erst berührten die Haare, fast zufällig, die Ohren, dann bedeckten sie sie, schließlich fielen sie auf die Schulter – wurden Energien freigesetzt, die ein widerspruchsloses Einverstandensein, ein sich kuschendes Hinnehmen nicht mehr zuließen. Das Tragen langer Haare wurde zu einem Bekenntnis, das (...) durchaus politischen Charakter hatte. Der Beat war nicht nur eine, zweifellos überaus erträgliche Neuerung für die Plattenindustrie, sondern auch eine „Einstiegsdroge für den Trip in die Alternative".

Lindner, Rolf: Jugendkultur – stilisierte Widerstände. In: Deutsches Jugendinstitut (Hg.): Immer diese Jugend!, München 1985, S. 20 f.

M 2:

Der Beat trennte uns von den Eltern, er gab uns Identität, er gab uns Ausdrucksmittel – er machte das UNS. In aller Vereinzelung schaffte der Beat die Gemeinsamkeit, den Zusammenhang, das Wir-Gefühl derer, die die gleiche Musik liebten, die Haare lang trugen, das gleiche feeling hatten, unter der gleichen Verachtung litten. Der Beat wollte nur uns, die Jugendlichen ansprechen, er war nicht für alle, nicht für die Eltern die Alten, die Reaktionäre, die Gefühllosen und auch nicht für die Pfadfinder, die ordentlichen Kinder, die mit ihren Eltern Hausmusik machten, die nicht neugierig waren auf die Wirkung des Alkohols, die Bügelfalten in den Hosen hatten und auf den Köpfen kurze Haare. Der Beat trennte uns von den Alten und den Anderen.

Jaenicke, Dieter: Bewegungen. Versuch, die eigene Geschichte zu begreifen, Berlin 1980, S. 26

M 3:

„Time is on my side", der Titel einer Single der Rolling Stones aus dem Jahre 1964, charakterisierte auf ganz besondere Weise das in den sechziger Jahren auf Aufbruch und Umbruch angelegte optimistische Lebensgefühl vieler Jugendlicher wie auch jüngerer Erwachsener. (...)

Der Kern des neuen Lebensgefühls war der „Hedonismus", ein aus der Antike stammendes philosophisches Konzept, wonach das höchste ethische Prinzip im Streben nach Sinnenfreude und Genuss zu sehen ist. Während die Älteren und Eltern weiterhin das Leben als ernste Aufgabe betrachteten – man lebte, um zu arbeiten –, bestimmte der Wunsch nach Genuss die neue Jugendkultur, auch wenn Leistung keineswegs missachtet wurde: Man arbeitete, um zu leben.

Glaser, Hermann: Die 60er Jahre. Deutschland zwischen 1960 und 1970, Hamburg 2007, S 61.

Aufgaben (für alle Gruppen):

1. *Wir wollen gemeinsam eine Gruppen-Mind-Map zu den 60er Jahren entwickeln. Erarbeitet für euer Teilthema (= Ast) die wichtigsten Merkmale (= Zweige): Ihr solltet euch wegen der besseren Übersichtlichkeit auf vier bis fünf beschränken.*
2. *Nach der Präsentation der Gruppen (= Einzeichnen der Zweige auf der Folie) soll die Mind-Map ein passendes zusammenfassendes Motto für die 60er Jahre erhalten. Ihr könnt aus den folgenden Vorschlägen von Wissenschaftlern, die sich mit diesem Jahrzehnt beschäftigt haben, einen aussuchen oder einen eigenen finden:*
   – *Gesellschaft im Aufbruch*
   – *Wilde Zeiten*
   – *Wendezeit der Republik*
   – *Kulturrevolution*
   – *Dynamische Zeiten*
   Begründet eure Wahl bzw. den eigenen Vorschlag.

Kommentar:

In der Gruppenarbeit soll ein viele Facetten umfassender Blick auf die Dynamik der 60er Jahre geworfen werden, der den wirtschaftlich-sozialen und kulturell-mentalen Wandel fokussiert. Dass dies hauptsächlich auf der Erscheinungsebene abläuft, ist zunächst nicht zu vermeiden .

Die Auswertung der themenverschiedenen Gruppenarbeit läuft so ab, dass in einem ersten Schritt jede Gruppe ihren Ast auf der Folie ausgestaltet. Tipp: Die Lerngruppe schon zu Beginn darauf hinweisen, dass die Mind-Map nicht abgezeichnet werden soll, sondern für alle kopiert wird. Dadurch wird ein konzentriertes Arbeiten gewährleistet.

Es wäre möglich, in einem zweiten Schritt nach Verbindungslinien zwischen Ästen und Zweigen zu suchen (z. B. Kleidung/Lebensstile und Lust/Liebe), und diese mit einer weiteren Farbe einzuzeichnen. Vorteil: Zusammenhänge werden deutlich. Nachteil: Die Mind-Map könnte zu unübersichtlich werden.

Unabhängig von dieser Entscheidung soll abschließend versucht werden, die Gruppenergebnisse zusammen zu führen, indem die Frage aufgeworfen wird, wie denn das Motto/die zentrale Überschrift für die 60er Jahre lauten könnte.

Dieses Motto, auf das sich die Lerngruppe geeinigt hat oder das mehrheitsfähig ist, wird abschließend auf die Folie übertragen.

8. Mai 1945: Tag der Befreiung?[84] (Quellen)

Gruppe 1:
In amerikanischer Kriegsgefangenschaft – Deutschland 1945

Der deutsche Kriegsgefangene Heinz van Kempen:
Nach drei Tagen ununterbrochenem Regen neigen sich unsere körperlichen Reserven dem Ende zu. Wir frieren auch tagsüber in unseren Soldatenmänteln und haben keinen Schutz gegen die Regenflut. Jetzt ersterben die sonst im Lager kaum zu unterdrückenden Gerüchte, Camp 7 ist stumm.

Über Nacht hat der Regen nach mehr als 72 Stunden aufgehört, der Himmel klart auf, und wir alle, 16 000 Mann im Camp 7 des Lagers Kreuznach, sind wie umgewandelt. Es vergeht am frühen Morgen des 5. Mai 1945 kaum eine Stunde, und das erste Gerücht, das diesmal unsere baldige Entlassung prophezeit, umkreist mit Windeseile das Camp. Wir haben uns vorgenommen, bei den sich oft stundenlang hinschleppenden Diskussionen nicht mehr zuzuhören und spitzen dann doch wieder die Ohren. Das Gerücht ist ein gefährliches Gift.

Seit mehr als vier Wochen haben wir keine Verbindung nach draußen. Wir tappen im Dunkeln. Das Abgeschottetsein und der ständig quälende Hunger zerren an unseren Nerven. Wir sind gereizt und kaum zu einem sachlichen Austausch der Gedanken mehr fähig. (...)

Die Nachricht von der Kapitulation löst im Camp keine Reaktion aus. Was sollen wir uns auch darunter vorstellen, denn noch immer schießen amerikanische Posten nachts über das Lager, und noch immer sterben Tag für Tag Kameraden an Hunger und Entbehrung.

Zit. nach: Grix, Rolf/Knöll, Wilhelm: Die Rede zum 8. Mai 1945. Texte zum Erinnern, Verstehen und Weiterdenken, Oldenburg 1987, S. 20

Gruppe 2: Im Sudetenland

Der deutsche Arzt Dr. W. K.:
Ich war am 10.5.1945 aus dem Felde zurückgekehrt und stellte mich dem Krankenhaus in Komotau zur Verfügung als Arzt. Da zur Zeit ein fühlbarer Ärztemangel herrschte, wurde ich ohne Vergütung gegen Verpflegung eingestellt.

---

[84] Konzeption und Teile der Materialien zuerst veröffentlicht in: Adamski, Peter: Niederlage oder Befreiung. Eine Unterrichtseinheit für die Sekundarstufe I, RA-Abits Geschichte, Mai 2008.

Am 10.6.1945 wurde ich am Vormittag verhaftet ohne Angabe des Grundes. Bei meiner Einlieferung ins Polizeigefängnis wurde mir alles, was ich bei mir trug, abgenommen. (…) Ich sollte die Sachen nicht wiedersehen. Nachdem ich drei Tage in einer Zelle des Polizeigefängnisses zugebracht hatte (ich teilte den 2,5 x 2,5 m großen Raum zeitweilig mit 15 anderen Häftlingen, und nachts erschienen öfters tschechische Zivilisten und Uniformierte, um wahllos mit Peitschen und Knüppeln in die Häftlinge einzuschlagen), wurde ich mit zehn anderen Häftlingen, darunter zwei Frauen, in das Konzentrationslager Komotau-Glashütte überführt. Schon der Empfang dort war sehr niederdrückend.

Wir mussten uns alle splitternackt ausziehen und die Taschen entleeren. Wer nur ein Papierfetzchen vergaß, wurde unbarmherzig ausgepeitscht. (…) Als wir wieder angezogen waren, wurden wir in einen Raum 6 x 10 m gejagt. Dieser Raum sollte für die nächsten drei Monate etwa 80 bis 100 Mann als Unterkunft dienen.

Zit. nach: Grix, Rolf/Knöll, Wilhelm: Die Rede zum 8. Mai 1945. Texte zum Erinnern, Verstehen und Weiterdenken, Oldenburg 1987, S. 21

Gruppe 3: In einem Zuchthaus

Der deutsche Physiker Günther Weisenborn:
Und dann war es soweit. Morgens gegen sieben Uhr hörten wir vierzig Außenarbeiter ein wildes, hundertstimmiges Gebrüll von draußen. Aus dem Fenster sahen wir drüben den mächtigen Bau des Zellengebäudes mit den vielen, kleinen vergitterten Zellenfenstern. In den Fensterlöchern drängten sich bleiche Köpfe und weiße Arme, die zum Tor hin winkten wie viele weiße Grashalme des Elends im Wind. Wir überrannten unseren Hauptwachtmeister und hinunter. Auf dem riesigen leeren Zuchthaushof stürzten von allen Seiten einige Gefangene alle der Pforte zu. Und dort stand er.

Ein riesiger Rotarmist mit Lammfellmütze und Maschinenpistole stand auf dem Hof, schrie und winkte. Der Feind? Der Befreier!

Wir waren bald Hunderte von Gefangenen, die sich wie rasend gebärdeten. Sie schluchzten, sie umarmten einander, schrieen und sprangen hin und her. Sie drückten dem Soldaten die Hand und küssten ihn. Einige saßen auf der Erde und weinten. Und immer mehr kamen keuchend angerannt. Der Russe lachte mit weißem Gebiss, ein Bild der Kraft. Dann gingen einzelne Soldaten in die Gebäude, gefolgt von vielen Gefangenen, die schrieen, sangen und lachten.

Zit. nach: Grix, Rolf/Knöll, Wilhelm: Die Rede zum 8. Mai 1945. Texte zum Erinnern, Verstehen und Weiterdenken, Oldenburg 1987, S. 21

Gruppe 4: In einem Konzentrationslager

Der deutsche Häftling Ernst Thape:
Gestern bin ich in langem Spaziergang um das Lager (Buchenwald) herumgegangen. Es war ein beglückendes Gefühl, den singenden Lerchen zuhören zu dürfen, ohne Angst zu haben vor den schimpfenden Posten, die mit dem schußbereiten Karabiner drohen. In der weiten Ebene gehen – einer hier, der andere in großer Entfernung – zwei Bauern hinter ihren Zugtieren her und schreiten gemächlich über das weite Feld. Die Finken fliegen herum und zwitschern, die Sträucher haben einen zarten grünen Schleier übergehängt, und im Gras blühen überall Blumen.

Auf allen Wegen spazieren die Lagerinsassen in Gruppen und einzeln und genießen mit Jubel oder still in sich gekehrt das unglaubliche Glück, noch am Leben zu sein und dazu auch noch in der Freiheit und im schönsten Frühling, den manche, wie ich z. B., seit sechs Jahren zum ersten Male wieder erleben.

Zit. nach: Grix, Rolf/Knöll, Wilhelm: Die Rede zum 8. Mai 1945. Texte zum Erinnern, Verstehen und Weiterdenken, Oldenburg 1987, S. 24.

Gruppe 5: In einer bayerischen Kleinstadt

Eine 20-Jährige aus Aichach:
Nun ist es aus, nun ist Friede, unser schönes Bayerland ist gerettet! Am liebsten wären sich alle um den Hals gefallen. Ich dachte immer nur: Jetzt wird's interessant Und es wurde interessant. An der Brücke nach Ecknach haben Feldgendarmen einen Soldaten aufgehängt wegen Fahnenflucht. Auf dem Markplatz großer Tumult. Sie verprügeln den Ortskommandanten, hieß es, der die Stadt verteidigen will. Vormittags zog die geschlagene deutsche Wehrmacht durch die Stadt, einzeln, müde, abgekämpft, viele ohne Gewehr. Plötzlich große Aufregung. Am Unteren Tor flatterte eine weiße Fahne. Einer forderte den anderen auf, an seinem Haus ebenso zu machen, aber keiner getraute es sich. Eine Stunde ungefähr hing die Fahne oben, dann war sie verschwunden. SS hatte sie entfernt. Um 15.30 Uhr das erste amerikanische Fahrzeug in der Stadt. Und abends kamen sie. Panzer um Panzer und Wagen um Wagen voller Soldaten. Der Krieg ist aus.

Zit. nach: Kriegsende 1945. Das Finale des Weltenbrandes. GEO-EPOCHE, Hamburg 2005, S. 18

Gruppe 6: An der Front in Norwegen

Günter Bartelt, Leitender Ingenieur:
Der schwarze 8. Mai 1945 überraschte uns im Einsatz auf See. Die Norweger hatten plötzlich geflaggt. Sie feierten auf ihre Art das Ende des Krieges. Man hatte keine rechte Vorstellung davon, wie es nun weitergehen sollte. Wir legten zunächst neben einem Leinensucher an und ließen alle wichtigen Schiffsunterlagen mit Ausnahme des Kriegstagebuches im Schiffskessel verbrennen. (…) Die Flakmunition mußte abgegeben und an der Pier gelagert werden. Alle fahrbereiten U-Bootseinheiten zogen sich in einen stillen Seitenfjord zurück. Mit unendlicher Niedergeschlagenheit, aber doch auch in dem Bewußtsein, bis zum letzten Augenblick unsere Pflicht getan zu haben, warteten wir. Soweit noch Lagerbestände vorhanden waren, kleideten wir uns neu in Marineblau ein. Wenn wir uns jetzt schon den Feinden ausliefern mußten, wollten wir es in stolzer Haltung und tadellosem Aussehen tun.
Zit. nach: DIE ZEIT Geschichte: Die Stunde Null. 8. Mai 1945, Teil 2: Lehren aus der Katastrophe, Hamburg 2005, S. 43

Aufgaben für alle Gruppen:
1. *Lest den Text und besprecht in der Gruppe, welches das/die entscheidende(n) Gefühl(e) der Person bei Kriegsende war(en).*
2. *Notiert Ort/Situation und Einstellung/Gefühl auf eine Moderationskarte.*
3. *Stellt im anschließenden Klassengespräch euren „Fall" vor und heftet die Karte an die Moderationswand/Tafel.*

Aufgaben für das Auswertungsgespräch im Klassenplenum:
1. *Versucht die Karten so zu sortieren und umzuhängen, dass ähnliche Erfahrungen gebündelt werden.*
2. *Überlegt, welche Gründe es für solch unterschiedliche Erinnerungen geben könnte.*

Kommentar:
Die Schülerinnen und Schüler lesen in Gruppen die nach dem Zufallsprinzip verteilten Texte M 1 – M 6, die angesichts der relativen Kürze und des erzählenden Charakters leicht zu verstehen und folglich auch im Klassenplenum unproblematisch nachzuerzählen sein sollten. Die strukturierende Aufgabe in den Gruppen besteht darin, Ort bzw. Situation sowie Gefühle/Einstellungen in wenigen Stichworten auf einer Moderationskarte oder einem DIN A 5-Blatt gut lesbar zu notieren

und nach dem kleinen Vortrag im Plenum anschließend an die Moderationswand/Tafel zu heften. Es müssen nicht unbedingt alle sieben Texte ausgeschöpft werden; die Zahl ist lediglich gewählt, um bei einer Gruppengröße von vier Personen hinreichend Material auch für größere Lerngruppen zu haben.

Im Anschluss an alle Kurzvorträge besteht die gemeinsame Aufgabe darin, Zuordnungen zu finden und zu begründen, die sowohl ähnliche als auch fundamental andere Erinnerungen an das Kriegsende aufzeigen. Durch Umhängen der Karten wird sich z. B. sehr schnell zeigen, dass politische Gefangene und KZ-Häftlinge diesen Tag eindeutig als Befreiung empfanden; andererseits, dass Deutsche in besetzten Gebieten sehr schnell die Erfahrung machen mussten, dass sie nunmehr als Feinde betrachtet wurden.

M 7 Auszug aus der Rede des Bundespräsidenten Richard von Weizsäcker zum 8. Mai 1945, gehalten am 8. Mai 1985.

1. Kapitelüberschrift:_____

Viele Völker gedenken heute des Tages, an dem der Zweite Weltkrieg in Europa zu Ende ging. Seinem Schicksal gemäß hat jedes Volk dabei seine eigenen Gefühle. Sieg oder Niederlage, Befreiung von Unrecht und Fremdherrschaft oder Übergang zu neuer Abhängigkeit, Teilung, neue Bündnisse, gewaltige Machtverschiebungen – der 8. Mai 1945 ist ein Datum von entscheidender historischer Bedeutung in Europa.

2. Kapitelüberschrift:_____

Wir Deutsche begehen den Tag unter uns, und das ist notwendig. Wir müssen die Maßstäbe allein finden. Schonung unserer Gefühle durch uns selbst oder durch andere hilft nicht weiter. Wir brauchen und wir haben die Kraft, der Wahrheit, so gut wir es können, ins Auge zu sehen, ohne Beschönigung und ohne Einseitigkeit.

Der 8. Mai ist für uns vor allem ein Tag der Erinnerung an das, was Menschen erleiden mussten. Er ist zugleich ein Tag des Nachdenkens über den Gang unserer Geschichte. Je ehrlicher wir ihn begehen, desto freier sind wir, uns seinen Folgen verantwortlich zu stellen.

3. Kapitelüberschrift:_____

Der 8. Mai ist für uns Deutsche kein Tag zum Feiern. Die Menschen, die ihn bewußt erlebt haben, denken an ganz persönliche und damit ganz unterschiedliche Erfahrungen zurück. Der eine kehrte heim, der andere wurde heimatlos. Dieser wurde befreit, für jenen begann die Gefangenschaft.

Viele waren einfach nur dankbar, daß Bombennächte und Angst vorüber und sie mit dem Leben davon gekommen waren. Andere empfanden Schmerz über die vollständige Niederlage des eigenen Vaterlandes. Verbittert standen Deutsche vor zerrissenen Illusionen, dankbar andere Deutsche für den geschenkten neuen Anfang. Es war schwer, sich alsbald klar zu orientieren. Ungewißheit erfüllte das Land. Die militärische Kapitulation war bedingungslos. (…) Die meisten Deutschen hatten geglaubt, für die gute Sache des eigenen Landes zu kämpfen und zu leiden. Und nun sollte ich herausstellen: Das alles war nicht nur vergeblich und sinnlos, sondern es hatte den unmenschlichen Zielen einer verbrecherischen Führung gedient. (…)

4. Kapitelüberschrift:_____

Der Blick ging zurück in einen dunklen Abgrund der Vergangenheit und nach vorn in eine ungewisse Zukunft.

Und dennoch wurde von Tag zu Tag klarer, was es heute für uns alle gemeinsam zu sagen gilt: Der 8. Mai war ein Tag der Befreiung. Er hat uns alle befreit von dem menschenverachtenden System der nationalsozialistischen Gewaltherrschaft.

Niemand wird um dieser Befreiung willen vergessen, welche schweren Leiden für viele Menschen mit dem 8. Mai erst begannen und danach folgen. Aber wir dürfen nicht im Ende des Krieges die Ursache für Flucht, Vertreibung und Unfreiheit sehen. Sie liegt vielmehr in seinem Anfang und im Beginn jener Gewaltherrschaft, die zum Krieg führte. Wir dürfen den 8. Mai 1945 nicht vom 30. Januar 1933 trennen. (…)

http://www.bundestag.de/geschichte/parlhist/dokumente/dok08

Aufgaben:

1. *Bearbeitet die Rede nach dem Placemat-Verfahren in Vierer-Gruppen.*
2. *Besprecht, in welchem Kapitel der damalige Bundespräsident auf Aspekte eingeht, die ihr in der vorhergehenden Gruppenarbeit kennen gelernt habt.*
3. *Im vierten Kapitel wird ein Vorschlag gemacht, über den wir anschließend diskutieren wollen. Stellt eure Argumente zusammen.*

Kommentar zu M 7:

Angesichts der Komplexität des Textes wird ein kleinschrittiges Vorgehen gewählt: Nach dem Lesen einzelner Abschnitte sind zunächst Kapitelüberschriften zu formulieren – „ins Unreine" auf das Arbeitsblatt, anschließend auf das Placemat (zur Methode Kap. 3, S. 156). Dabei sollte Bekanntes entdeckt werden (zeitgenössische Erinnerungen an das

Kriegsende). Dies dient zum einen einer nochmaligen Sicherung der Ergebnisse der vorherigen Unterrichtsphase, zum anderen der Motivation für die weitere Arbeit. Nachdem alle die Überschriften der anderen gelesen und besprochen haben, wird das Gruppenergebnis in das mittlere Feld geschrieben. Die mittleren Felder aller Gruppen werden ausgeschnitten und nebeneinander an der Tafel/Moderationswand befestigt. So können alle Gruppen ihre Ergebnisse vergleichen. In den nächsten Unterrichtsschritten ist das zentrale Ergebnis zu sichern: Der Bundespräsident spricht von einem Tag der Befreiung. Mit der Frage „Auch aus unserer Sicht?" kann ein abschließendes Unterrichtsgespräch eingeleitet werden.

2.2.2.2 Weitere didaktische Potenziale themenverschiedener Partner- und Gruppenarbeit

Worin sind ansonsten besondere fachdidaktischen Chancen von themenverschiedenen kooperativen Prozessen zu sehen? Kleinere Längsschnitte können gut geeignet sein, um Schülerinnen und Schülern zu verdeutlichen, was unter Historizitätsbewusstsein verstanden wird. Wobei die Betonung auf Längsschnitten liegen sollte – besonders in der Sekundarstufe I – die nicht Epochen übergreifend angelegt sind. Wenn man Kleingruppen zu Kindheit und Jugend z. B. von 1945 bis in die 1990er Jahre arbeiten lässt, wird sich diese Periode deutlich in unterscheidbare Abschnitte aufteilen lassen, die es ermöglichen, dass sich in der Auswertungsphase Dimensionen von Dauer und Wandel abbilden. Da sich solche Wandlungsprozesse im Rahmen grundsätzlich gleicher politisch, gesellschaftlicher und wirtschaftlicher Grundbedingungen vollziehen – die Ausnahmesituation von 1945 einmal ausgeklammert –, kann intensiver darüber reflektiert werden, wie sie zu erklären sind. Das wäre kaum der Fall oder bedürfte erheblich größerer zusätzlicher inhaltlicher Anstrengungen, wenn beispielsweise „Schule" zur Zeit der Römer, der Griechen, im Mittelalter usw. thematisiert würde, so dass es in diesem Fall bei einem sehr oberflächlichen Nebeneinander von Unterschiedlichem und Ähnlichem bliebe – ein geringer Ertrag für historisches Lernen.

Für die Sekundarstufe II könnten diese Längsschnitte anspruchsvollere und komplexere Themen haben: Das Verhältnis von König und Adel im Mittelalter oder von Kaisertum und Papsttum ließe sich sinnvoll sequenzieren und von Gruppen beispielsweise unter der Fragestellung

Gewinner/Verlierer problematisieren. Die Veränderungen der Bündnissysteme nach 1890 und die ihnen zugrunde liegenden oder aus ihnen folgenden Krisen wären ein weiteres lohnendes Feld. Wichtig für die Auswertungsphase bei Längsschnitten ist, dass die Gruppen ihre Ergebnisse der Chronologie folgend vortragen.

Auch Querschnitte sind äußerst sinnvoll für themenverschiedene Gruppenarbeit – allerdings wohl eher für die Sekundarstufe II –, sofern sie sich auf einen gemeinsam zu untersuchenden Problembereich beziehen:

- Formen des Absolutismus in verschiedenen Staaten
- Wege zum Nationalstaat im 18./19. Jahrhundert
- Imperialismus in seinen verschiedenen nationalen Ausprägungen
- Antworten auf die Weltwirtschaftskrise

könnten solche Themenfelder sein. Nach der Bearbeitung eines Prototyps (französischer Absolutismus, Amerikanische Revolution, Imperialismus Englands) im Kursverband, wobei die grundsätzlichen Begriffe, Strukturen, Bedingungen herauszuarbeiten wären, könnten sich die Gruppen anschließend mit ausgewählten Ländern beschäftigen. In der Präsentations- und Reflexionsphase hieße es dann Typisches und Besonderes herauszuarbeiten. Andere Formen von Querschnitten (Alltag in Rom in seinen verschiedenen Facetten; Lebensformen im Mittelalter) scheinen in didaktischer Betrachtung weniger ergiebig.

Um multiperspektivische Sichtweisen kennen zu lernen oder Kontroversität als konstitutives Element von Wissenschaft zu erkennen, sind themenverschiedene kooperative Lernformen geradezu prädestiniert. Kleingruppen bearbeiten jeweils eine Perspektive auf den Bauernkrieg, den Sturm auf die Bastille, den 30. Januar 1933 oder die deutsche Vereinigung 1990. Jede Gruppe erhält Material, das eine Sichtweise darstellt. Im Plenum wird sich abbilden, wie unterschiedlich solche Sichtweisen ausfallen und wie notwendig die multiperspektivische Sichtweise ist, um zu einem differenzierten Urteil zu gelangen; mehr noch, wie schwierig/unmöglich sich die „objektive" Rekonstruktion und Bewertung des Vergangenen zuweilen gestaltet. In Gruppen werden Historikerurteile zur „Kriegsschuldfrage" analysiert. Zum Abschluss einer Unterrichtsreihe „Erster Weltkrieg" können Schülerinnen und Schüler erkennen, wie kontrovers damals wie heute diese Frage diskutiert wird und dass die Pluralität von Auffassungen nicht aus Mangel an Wissen resultiert, sondern aus der unterschiedlichen Gewichtung solcher Wissensbestände. Multiperspektivität und Kontroversität ließe sich natürlich auch im lehrerzentrierten Unterricht anbahnen, allerdings könnte kaum eine solche Breite von Sichtweisen präsentiert werden wie durch kooperative Lehr-/Lernarrangements. Lassen sich nur jeweils zwei Perspektiven auf ein Problem als wirklich sinnfällig identifizieren, wie etwa auf den Konflikt König/Adel im Mittelalter, eignet sich die themenverschiedene Arbeit von Paaren.

Aber auch eine andere Form der „Perspektivität" lässt sich gerade mit Gruppenarbeit buchstäblich „abbilden", nämlich die von Bildquellen. Der didaktische Diskurs zur Arbeit mit Bildquellen hat sich in letzter Zeit erheblich differenziert.[85] In allen Schulbüchern gibt es Lerntipps oder Methodenseiten, die Schülerinnen und Schülern das methodische Handwerkszeug an die Hand geben wollen, um Bilder nicht nur beschreiben, sondern auch analysieren und interpretieren zu lernen. Solche Methodenseiten bleiben dann relativ folgenlos, wenn in anderen Kapiteln nicht darauf zurückgegriffen wird. Zur Schärfung des Blicks und zur Übung von Methodenkompetenz sind für Gruppenarbeit besonders Fotos geeignet, weil sie ein Ereignis aus einer Vielzahl von Perspektiven, in anderen Ausschnitten etc. zeigen, was Geschichtsbücher in dieser Vielfalt gar nicht leisten können. Die Intentionen von Fotografen oder von Bearbeitern der Aufnahmen lässt sich dann leichter oder überhaupt erst begreifen, wenn von einem Ereignis mehrere Fotos existieren, beispielsweise vom „Kniefall" Brandts in Warschau (s. das Unterrichtsbeispiel S. 60–62) Andere Themen ließen sich ähnlich bearbeiten: Währungsreform 1948, Berliner-Blockade.

2.2.2.3 Beispiele für themenverschiedene Gruppenarbeit in der Sekundarstufe II

Historikerurteile über die athenische Demokratie (Darstellungen)

Gruppe 1: Eduard Meyer 1893

Das Mißtrauen gegen die Persönlichkeit, das im tiefsten Wesen der Demokratie und des Gleichheitsprinzips liegt und daher auch alle modernen Staaten immer mehr überwuchert hat, scheint aus der Gestaltung des attischen Staats überall hervor. Der blinde Zufall, nicht irgendwelche Befähigung setzt den Rat (…) zusammen; sie alle haben nur zu

---

85 Zuletzt: Pandel, Hans-Jürgen: Bildinterpretation. Die Bildquelle im Geschichtsunterricht. Bildinterpretation 1, Schwalbach/Ts. 2008.

tun, was jeder beliebige andere, den das Los im nächsten Jahr an ihre Stelle führt, ebenso gut tun kann. Außerdem darf niemand eines dieser Ämter zweimal bekleiden noch dem Rat in seinem Leben öfter als zweimal angehören. Jede Bildung einer Tradition, einer Autorität in Rat und Ämtern ist vollständig ausgeschlossen (…). Selbstständiger stehen nur die Strategen da, und vor allem ihr Oberhaupt. Doch auch dieser vermag nur etwas, solange er das Vertrauen des Volks behauptet; schlägt die Stimmung um, so ist er lahm gelegt, ganz abgesehen davon, daß das Volk ihn jederzeit vom Amt suspendieren kann; in jeder Prytanie wird es befragt, ob es mit der Amtsführung der Strategen einverstanden ist; wird die Frage verneint, dann haben die Gerichte die Entscheidung.

So ist in der Tat in Athen mit der Selbstregierung des Volks so bitterer Ernst gemacht wie niemals vorher oder nachher in der Geschichte. Es gibt in Athen keine Regierung, kein Ministerium, keine Autorität als die Volksversammlung. Jeder Athener hat das Recht, ihr seine Ansicht vorzutragen und zu versuchen, ob seine Ratschläge Gehör finden; aus den Vorschlägen wählt das Volk kraft der ihm innewohnenden Weisheit aus, was ihm am zweckdienlichsten erscheint. Aber um nur so deutlicher zeigt sich, daß die attische Demokratie tatsächlich auf eine Institution zugeschnitten ist, von der die geschriebene Verfassung nichts weiß: auf die Leitung des Staats durch den vom Vertrauen des Volks auf unbegrenzte Zeit an seine Spitze berufenen Demagogen. Ihm die Bahn frei zu machen, haben zuerst Kleisthenes, dann Themistokles ihre Reformen eingeführt; Ephialtes und Perikles haben den letzten Schritt getan, indem sie den letzten Rest einer selbstständigen Autorität beseitigten und zugleich durch die Heranziehung der besitzlosen Menge zum Regiment die neue Ordnung auf die breiteste Basis stellten. Die Massen, und mögen sie noch so oft sich versammeln (…), selbst regieren können sie nicht; irgendeine Einheit aber muß da sein. Einen Überblick über die Lage des Staats, das Finanzwesen, die äußere Politik in Krieg und Frieden kann nur gewinnen, wer die Staatsgeschäfte als seinen Lebensberuf treibt (…) Der attische Staat ohne anerkannten Demagogen war nichts anderes als permanente Anarchie.

Meyer, Eduard: Geschichte des Altertums, Bd. IV/1, 5. Aufl.., Stuttgart 1954, S. 544 ff.

Gruppe 2: Moses I. Finley 1965

Keine Würdigung der athenischen Demokratie kann von Wert sein, wenn sie vier Punkte übersieht, von denen jeder für sich selbstverständlich ist, ohne daß alle vier zusammen, wie ich zu behaupten wage, in modernen

Darstellungen genügend Gewicht bekommen. Erstens: Athen war eine direkte Demokratie, und wenn ein solches System auch vieles Gemeinsame mit der repräsentativen Demokratie haben mag, so unterscheiden sich doch beide in bestimmten grundlegenden Beziehungen. Der zweite Punkt ist die „räumliche Enge" des griechischen Stadtstaates. Der dritte ist, daß die Volksversammlung die Krönung des Systems war, da sie das Recht und die Macht besaß, alle politischen Entscheidungen zu treffen. Schließlich war diese Volksversammlung eine Massenzusammenkunft unter freiem Himmel auf dem Pnyx-Hügel, und der vierte Punkt ist also der, daß wir es mit Problemen des Verhaltens der Masse zu tun haben. (…)

Debatten vor einer Hörerschaft von mehreren tausend Mann unter freiem Himmel mit dem Ziel, Stimmen zu gewinnen: Das bedeutet Redekunst im strengen Wortsinn. (…) Und es gehörte zum athenischen Regierungssystem, daß der Politiker nicht nur ununterbrochen der Kritik der Volksversammlung ausgesetzt war, sondern ebenso unablässig der steten Drohung politischer Prozesse. Wenn ich den psychologischen Gesichtspunkt hervor hebe, so geschieht das, um das gewaltige Maß persönlichen Betroffenseins zu betonen, das die Teilnahme an der athenischen Volksversammlung mit sich brachte.

Der kritische Punkt ist, daß es keine „Regierung" im heutigen Sinne gab. Es gab Posten und Ämter, aber keines davon hatte eine feste Stellung in der Volksversammlung. Allein durch seinen persönlichen und in wirklichem Sinne inoffiziellen Rang in der Volksversammlung selbst war jemand Volksführer. Die Entscheidung darüber, ob er diesen Rang hatte, lag einfach darin, ob die Versammlung so stimmte, wie er wollte, und daher wiederholte sich die Entscheidung mit jedem neuen Antrag.

Das waren die Verhältnisse, denen sich alle Staatsmänner in Athen gegenüber sahen, nicht nur die, die Thukydides und Platon als „Demagogen" abtaten.

Finley, Moses I.: Athenische Demagogen, in: Das Altertum 11, 1965, S. 68 ff.

Gruppe 3: Jochen Bleicken 1988

Die ohne jeden Zweifel größte Leistung der athenischen Demokratie liegt in der *Verwirklichung* einer Gesellschaft von *politisch gleichberechtigten Bürgern*. Mag es schon früher bei den Griechen oder anderen Völkern die Idee der Gleichheit – etwa als Gleichrangigkeit unter Adligen – gegeben haben: Die Organisation der gesamten freien Bewohner einer Stadt als eine politisch gleiche Gesellschaft und ihre praktische Verwirklichung ist die originelle Leistung der Athener. Und es gab nicht nur die Idee, nicht lediglich die schöne Deklaration der Gleichheit, sondern sie wurde institutionell durch Tausende von Regelungen in der öffentlichen Ordnung abgesichert. Jede Behörde der Athener, alle Normen des öffentlichen Zusammenlebens lassen den geradezu fanatischen Willen erkennen, den Gleichheitsgedanken in dem organisatorischen Aufbau der Bürgerschaft zu verankern. Da der Gedanke der politischen Gleichheit mit der Verwirklichung eben dieser Gleichheit in der politischen Praxis eine Einheit bildet, ist gleichzeitig auch die *Verantwortlichkeit* des einzelnen für das Gemeinwohl in ihr enthalten. Politisches Engagement und Gemeinsinn gehören zu dieser Demokratie, und dies ist in einem Ausmaß mit ihr verbunden und in ihr verwirklicht worden, daß sie noch heute und angesichts der politischen Apathie in der Massendemokratie gerade heute Vorbild sein kann. Als ein Ausfluß der Gleichheitsidee ist auch die *Öffentlichkeit* der Politik anzusehen. Was manchen Kritikern der Antike und Moderne so abstoßend, unheimlich oder auch lächerlich erschien, die Betriebsamkeit der Athener, das Gedränge und Gerenne auf dem Markt und der Pnyx, die offenbar unerschöpfliche Energie der Massen, ist vielmehr das der athenischen Demokratie Eigentümliche und eine ihrer herausragendsten Leistungen: Die verantwortliche und offene Austragung des politischen Streits. Mit Ausnahme von ganz wenigen Sitzungen des Rates über außenpolitische Gegenstände, die von ihrer Natur her eine vorläufige Vertraulichkeit erforderten, war alle Politik eine Sache der Öffentlichkeit. Sie galt dabei nicht nur für die Debatten in den Sitzungen der Versammlungen und Gerichte, sondern auch für die privaten politischen Äußerungen der Athener; denn sieht man einmal von einigen Klubs ab, gab es keine Organisationsformen, in denen politische Überlegungen, abgeschirmt von den übrigen Bürgern, hätten angestellt werden können. Ein solches Ausmaß an Öffentlichkeit ist bis auf den heutigen Tag nicht wieder erreicht worden und auch wohl nicht mehr zu verwirklichen.

Bleicken, Jochen: Die athenische Demokratie ,4., völl. überarb. und erw. Aufl., Paderborn u. a. 1995, S. 373 f.

Gruppe 4: Fritz Gschnitzer 1986

Wenn das antike Griechenland im kanonisierten und reduzierten Geschichtsunterricht des heutigen bundesdeutschen Gymnasiums noch einen Platz hat, verdankt es ihn der allgemeinen Überzeugung, daß es die Wiege unserer Demokratie war.

Wie die meisten historischen Glaubenssätze dieser Art steckt auch dieser voller Irrtümer und halber Wahrheiten. Eine ganz wesentliche

Einschränkung versteht sich eigentlich von ganz selbst, ist uns aber nicht immer bewußt: Die griechische Demokratie war eine kurzlebige Schöpfung; sie ist um 500 v. Chr. entstanden und schon in hellenistischer Zeit, etwa im 2. Jh. v. Chr., wieder abgestorben; auf die Nachwelt hat sie nur auf literarischem Weg gewirkt, als Idee und Vorbild, nicht durch das Weiterleben politischer oder gesellschaftlicher Institutionen. Es fehlt also die echte historische Kontinuität; nur das geschriebene Wort, das die Zeiten überspringt, vermittelt einen Zusammenhang zwischen der griechischen und unserer heutigen Demokratie. – Damit ist die Frage nach dem historischen Zusammenhang, nach der genetischen Verwandtschaft zwischen antiker und modernen Demokratie weitgehend negativ beantwortet; wie steht es mit der typologischen Verwandtschaft, wieweit sind sich antike und moderne Demokratie in ihren Erscheinungsformen und in den zugrunde liegenden Strukturen ähnlich? Ich meine, daß im allgemeinen auch in dieser Hinsicht mehr „Verwandtschaft" gesehen wird, als der historischen Wahrheit entspricht: Die alte griechische Demokratie war doch etwas ganz anderes als die Staats- und Gesellschaftsform, in der wir heute leben (…). Die moderne Demokratie entfaltet sich vor allem im Frieden; Krieg wird auch heute, was die Befehls- und Führungsstrukturen betrifft, nicht viel anders geführt als in Zeiten der absoluten Monarchie, und auch die zivile Regierungsgewalt wird im Krieg gestrafft und konzentriert, sie nimmt mehr oder weniger autoritäre Formen an. Und der einzelne Bürger hört, wenn er die Uniform anlegt, weitgehend auf, ein freier Bürger zu sein, er wird zum willenlosen Befehlsempfänger (nicht nur im Krieg!). Im Gegensatz dazu ist altgriechische Demokratie die Lebensordnung einer Kriegergesellschaft. Die grundsätzliche wie die praktische Bedeutung dieses kriegerischen Grundcharakters kann nicht leicht überschätzt werden.

Gschnitzer, Fritz: Von der Fremdartigkeit griechischer Demokratie, in: Informationen für den Geschichts- und Gemeinschaftskundelehrer, H. 31, 1986, S. 46.

Aufgaben für alle Gruppen:

1. Stellen Sie die zentrale These und deren Begründung dar (Folie).
2. Diskutieren Sie, ob Sie die Aussage für plausibel halten bzw. was Sie kritisch sehen.
3. Bereiten Sie sich darauf vor, das Diskussionsergebnis in die Auswertungsphase einzubringen.

Menschenbild und Erziehungsideale des Nationalsozialismus
(Quellen)

Gruppe 1: Die Formung des nationalsozialistischen Menschen

Eine gemeinsame Schulerziehung der Geschlechter widerspricht nationalsozialistischem Erziehungsgeiste. Für Jungen und Mädchen sind daher grundsätzlich getrennte Schulen eingerichtet. (…) Die nationalsozialistische Revolution der Weltanschauung hat an die Stelle des Trugbildes der gebildeten Persönlichkeit die Gestalt des wirklichen, d. h. durch Blut und geschichtliches Schicksal bestimmten deutschen Menschen gesetzt und an die Stelle der humanistischen Bildungsideologie, die bis in die jüngste Vergangenheit fortgelebt hatte, eine Erziehungsordnung aufgebaut, die sich aus der Gemeinschaft des wirklichen Kampfes entwickelt hatte. Nur aus dem Geiste dieser politischen Zucht kann auch echte Bildung als die zentrale Aufgabe der kommenden Schule erwachsen, die die Begeisterungsfähigkeit des jungen Deutschen nicht lähmt sondern steigert und zur Einsatzfähigkeit fortführt. (…)

Alle Erziehungsformen haben ein Ziel: die Formung des nationalsozialistischen Menschen. (…) Deutschland ist arm an Raum und Schätzen des Bodens, sein wahrer Nationalreichtum liegt in der Kraft, in der Gläubigkeit und in der Tüchtigkeit seiner Männer und Frauen. Aufgabe der deutschen Schule ist es darum, Menschen zu erziehen, die in echter Hingabe an Volk und Führer fähig sind, ein deutsches Leben zu führen, ihre geistigen Kräfte zu entfalten und zur höchsten Leistungsfähigkeit zu entwickeln, damit sie an ihrer Stelle die Aufgaben meistern, die Deutschland gestellt sind. (…)

Die naturgegebene Verschiedenheit der Geschlechter prägt sich schon im Kinde und seinem Lebenskreis aus, darum muß die Erziehung des Mädchens zu seiner Verantwortung in Volk und Staat aus eigener Wurzel erwachsen. Das heißt, daß der Unterricht in allen Fächern der Mädchenschulen, nicht nur in den Fächern des Frauenschaffens, ohne Gefühlsschwärmerei von der Natur und der Welt des Weibes ausgehen und das Ziel im Auge behalten muß, das der Führer in dem Satz ausgesprochen hat: „Das Ziel der weiblichen Erziehung hat unverrückbar die kommende Mutter zu sein."

Erziehung und Unterricht in der Höheren Schule. Amtliche Ausgabe des Reichs- und Preußischen Ministeriums für Wissenschaft, Erziehung und Volksbildung, Berlin 1938, S. 2 ff.

Gruppe 2: Hitlers Rede über die Aufgaben der „Hitlerjugend" (HJ) (Nürnberger Parteitag 1934)

Ihr müßt nun das in eure Jugend aufnehmen und lernen, was wir dereinst in ganz Deutschland sehen möchten. Wir wissen, es wird nichts im Völkerleben geschenkt. Alles muß erkämpft und erobert werden. Man wird dereinst nicht beherrschen, was man nicht vorher gelernt und sich anerzogen hat. Wir wollen ein Volk sein, und ihr, meine Jugend, sollt dieses Volk nun werden.

Wir wollen einst keine Klassen und Stände mehr sehen, und ihr dürft schon in euch diesen Klassendünkel nicht groß werden lassen!

Wir wollen einst ein Reich sehen, und ihr müßt euch dafür schon erziehen in einer Organisation!

Wir wollen einst, daß dieses Volk treu ist, und ihr müßt diese Treue lernen!

Wir wollen, daß dieses Volk einst gehorsam ist, und ihr müßt euch in Gehorsam üben!

Wir wollen, daß das Volk friedliebend, aber auch tapfer ist, und ihr müßt daher friedfertig sein und mutig zugleich!

Wir wollen, daß dieses Volk einst nicht verweichlicht wird, sondern daß es hart sei, daß es den Unbilden des menschlichen Lebens Widerstand zu leisten vermag, und ihr müßt euch in der Jugend dafür stählen!

Ihr müßt lernen, hart zu sein, Entbehrungen auf euch zu nehmen, ohne jemals zusammenzubrechen!

Wir wollen, daß dieses Volk dereinst wieder ehrliebend wird, und ihr müßt euch schon in den jüngsten Jahren zu diesem Begriff der Ehre bekennen!

Wir wollen aber, daß ihr einst auch wieder ein stolzes Volk werdet, und ihr müßt in eurer Jugend in einem wehrhaften Stolz leben, müßt stolz sein als Junggenossen eines stolzen Volkes, auf daß dereinst eurer Jugendstolz zum Stolz der Nation wird!

Alles, was wir vom Deutschland der Zukunft fordern, das, Jungen und Mädchen, verlangen wir von euch. Das müßt ihr üben, und das müßt ihr damit der Zukunft geben. Denn was immer wir auch heute schaffen und was wir tun, wir werden vergehen. Aber in euch wird Deutschland weiterleben.

Zit. nach: Klönne, Arnold: Jugend im Dritten Reich. Die Hitler-Jugend und ihre Gegner, München 1995, S. 79.

Gruppe 3: Jutta Rüdiger, BDM-Reichsreferentin:
Selbstbild des BDM 1939 (BDM=„Bund Deutscher Mädel")

Die erste und einzige Jugendbewegung, die erkannt hat, daß der Tod von zwei Millionen Soldaten im Weltkrieg eine Verpflichtung bedeutet, war die Hitler-Jugend; die Verpflichtung bedeutet: der Idee Deutschland zu dienen durch die Tat.

Sie wußte, daß die Jugend nicht das Recht zu Kritik und Opposition besitzt, sondern daß sie die verantwortlichste Aufgabe trägt, die Zukunft des Volkes. (…)

Schon in der Kampfzeit tritt der Unterschied, auch bei den Mädeln, gegenüber den alten Jugendbünden klar hervor. Hier war die Idee zuerst da, die Idee Deutschland, die sie mit einer Notwendigkeit in ihren Bann zwang. (…)

Daß die Hitler-Jugend heute die stärkste Jugendorganisation der Welt ist, ist nur zu verstehen, wenn wir wissen, daß unser Ausgangspunkt Adolf Hitler ist. Wir wissen heute alle, daß Männer und Frauen – und Jungen und Mädel zusammen erst das Volk ausmachen, und daß jeder seine Pflicht seiner Art gemäß im Volk zu erfüllen hat. Die Jungen werden zu politischen Soldaten und die Mädel zu starken und tapferen Frauen erzogen, die diesen politischen Soldaten Kameradinnen sein sollen – und unsere nationalsozialistische Weltanschauung später in ihrer Familie als Frauen und Mütter leben und gestalten – und so wieder großziehen eine neue Generation der Härte und des Stolzes.

Wir wollen darum bewußt politische Mädel formen. Das bedeutet nicht: Frauen, die später in Parlamenten debattieren oder diskutieren, sondern Mädel und Frauen, die um die Lebensnotwendigkeiten des deutschen Volkes wissen und dementsprechend handeln.

Meier-Benneckenstein, Paul: Das Dritte Reich im Aufbau, Bd. 2, Berlin 1939, zit. nach: Klönne Arnold: Jugend im Dritten Reich. Die Hitler-Jugend und ihre Gegner, München 1995, S. 83.

Gruppe 4: Ausbildungsvorschrift für die HJ 1935

Die Erziehung ihrer Mitglieder ist – außerhalb von Schule und Elternhaus – total, d. h. sie erzieht in Übereinstimmung mit der nationalsozialistischen Weltanschauung über die Einheit von Körper, Geist und Seele den ganzen jungen Menschen geistig, seelisch und körperlich. Für sie ist eine weltanschauliche Schulung ohne körperliche Ertüchtigung ebenso unmöglich wie eine körperliche Ertüchtigung ohne weltanschauliche Ausrichtung. Beides gehört untrennbar zusammen. (…) Es darf dem Nationalsozialisten der Zukunft nicht mehr selbst überlassen bleiben, ob er seine Körper schult und pflegt oder nicht. Im nationalsozialistischen Staat hat jeder – vor allem aber die Jugend – gegenüber der Gemeinschaft die Pflicht, seinen Körper gesund und leistungsfähig zu erhalten. (…)

Jeder Hitler-Junge nimmt an dieser körperlichen Ertüchtigung teil und dient damit schon in frühester Jugend freudig und freiwillig seinem Führer und seinem Volk. So ist Hitler-Jugend-Dienst Dienst am Vaterland.

Der Hitler-Jugend-Dienst hat aber nichts mit einer militärischen Ausbildung oder sogar Soldatenspielerei zu tun. Die Waffe ist nicht für den Hitler-Jungen, sondern für den Soldaten da. Der Waffendienst ist nicht Aufgabe der heranwachsenden Jugend, sondern der Armee. Aufgabe der Jugend aber ist es, die körperliche Voraussetzung dafür zu schaffen, daß das heranwachsende Geschlecht den Anforderungen, die der Waffendienst der Nation an den Soldaten stellt, auch gewachsen ist.

So ist das Ziel der körperlichen Ertüchtigung der Hitler-Jugend eine gesunde, leistungsfähige und wehrfähige Jugend.

Das Programm der körperlichen Ertüchtigung umfaßt: die Grundschule in den Leibesübungen, das Luftgewehr- und Kleinkaliberschießen und den Geländesport.

Reichsjugendführung Berlin (Hrsg.): HJ im Dienst. Ausbildungsvorschrift für die Ertüchtigung der deutschen Jugend, Berlin 1935, S. 26ff.

Gruppe 5: Hitler vor Funktionären der NSDAP 1938

Diese Jugend, die lernt ja nichts anderes als deutsch denken, deutsch handeln, und wenn nun diese Knaben, diese Mädchen mit ihren 10 Jahren in unsere Organisationen hineinkommen und dort nun so oft zum ersten Mal überhaupt eine frische Luft bekommen und fühlen, dann kommen sie vier Jahre später vom Jungvolk in die Hitlerjugend, und dort behalten wir sie wieder vier Jahre, und dann geben wir sie erst recht nicht zurück in die Hände unserer alten Klassen- und Standeserzeuger, sondern dann nehmen wir sie sofort in die Partei oder die Arbeitsfront, in die SA oder in die SS, in das NSKK und so weiter. Und wenn sie dort zwei Jahre und anderthalb Jahre sind und noch nicht ganze Nationalsozialisten geworden sein sollten, dann kommen sie in den Arbeitsdienst und werden dort wieder sechs oder sieben Monate geschliffen, alle mit einem Symbol: dem deutschen Spaten.

Und was dann nach sechs oder sieben Monaten noch an Klassenbewußtsein oder Standesdünkel da oder dort noch vorhanden sein sollte, das übernimmt dann die Wehrmacht zur weiteren Behandlung auf zwei Jahre, und wenn sie dann nach zwei oder drei oder vier Jahren zurückkehren, dann nehmen wir sie, damit sie auf keinen Fall rückfällig werden, sofort wieder in SA, SS und so weiter, und sie werden nicht mehr frei ihr ganzes Leben, und sie sind glücklich dabei. Langsam verschwinden aus ihrem ganzen Gesichtsfeld alle diese lächerlichen Vorurteile, unter denen vielleicht ihre Väter noch leiden mögen. Sie sehen sich ganz anders an, sie haben allmählich den Menschen kennengelernt, und wenn nur einer sagt: Ja, aber da werden doch noch welche überbleiben. Der Nationalsozialismus steht nicht am Ende seiner Tage, sondern erst am Anfang.

Zit. nach: Lauf-Immesberger, Karin: Literatur, Schule und Nationalsozialismus. Zum Lektürekanon der höheren Schule im Dritten Reich, St. Ingbert 1987, S. 34 f.

Aufgaben für alle Gruppen
1. Erarbeiten Sie aus Ihrem Text, welches Menschenbild der NS-Ideologie zugrunde liegt und welche Funktion der Erziehung zukommt (Erziehungsziel/Erziehungsmittel)?
2. Formulieren Sie eine aussagekräftige Schlagzeile für Ihren Text, die Sie in die Auswertung einbringen und dort erläutern sollen.

Auswertungsphase:
1. Vorstellen und Vergleich der Ergebnisse.
2. Zuordnung der Schlagzeilen.

Perspektiven der DDR? Novemberreden 1989 (Quellen)

Kommentar:
Die Lage in der DDR musste Anfang November den Zeitgenossen als relativ offene historische Situation erscheinen, die verschiedene Perspektiven beinhaltete: Niederschlagung der oppositionellen Bewegung, Entwicklung eines eigenständigen demokratisch-sozialistischen Systems, Kooperation mit der Bundesrepublik in welchen Formen auch immer. Die anspruchsvolle, aber für historisches Lernen wichtige Aufgabe für die Lernenden besteht darin, sich in die damalige Situation hineinzuversetzen (die Perspektive der Zeitgenossen zu übernehmen), ohne sie bereits vom Ende her (Wiedervereinigung) zu denken.

Dazu gehört, nicht nur die Inhalte der Reden – also die Forderungen – zu erarbeiten, sondern auch die Stimmung, Gefühle, Emotionen zu ergründen, die die Redner unmittelbar oder latent transportierten. Insofern wäre es sinnvoll, wenn nicht unabdingbar, sich die Reden anzuhören, was leicht möglich ist, weil ein großer Teil von ihnen unter der angegebenen Webadresse als Audiodateien zur Verfügung steht. Über den auditiven Zugang werden sie darüber hinaus „miterleben", welche Resonanz die Reden bzw. „ihre" Rede fand.

Informationsgrundlage für alle Gruppen

Nach den bekannten Montagsdemonstrationen vor allem in Leipzig, aber auch an vielen anderen Orten der DDR, erreichte die Massenbewegung Anfang November die Hauptstadt Berlin. Nicht, dass es dort auch schon vorher ähnliche Aktionen in Kirchen oder Stadtteilen gegeben hätte; diese blieben bis dahin aber vergleichsweise klein und wenig bemerkt.

Anders als in Leipzig hatten die Initiatoren diese Großkundgebung vom 4. November – zu der schließlich ca. 1 Million Menschen sich auf dem Alexanderplatz versammelte – angemeldet und auch genehmigt bekommen. Organisiert durch Künstler und Intellektuelle, die den Hauptteil der Redner stellten, traten mit Günter Schabowski, Markus Wolf und Manfred Gerlach auch Vertreter des „Systems" auf. Da die Großkundgebung im DDR-Fernsehen life übertragen wurde, kann davon ausgegangen werden, dass von ihr eine vergleichsweise sehr breite Wirkung ausging.

Gruppe 1: Friedrich Schorlemmer, Theologe, Mitbegründer der Partei „Demokratischer Aufbruch"

Bleibt doch hier! Jetzt brauchen wir buchstäblich jeden und jede.

Es ist wahr, unser Land ist kaputt. Ziemlich kaputt. Es ist wahr, dumpf, geduckt, bevormundet haben wir gelebt, so viele Jahre. Heute sind wir hierher gekommen, offener, aufrechter, selbstbewußter. Wir finden zu uns selbst. Wir werden aus Objekten zu Subjekten des politischen Handelns. Wir können stolz sein. Lebten wir gestern noch in der stickigen Luft der Stagnation, die atemberaubend war, so erleben wir jetzt Veränderungen, die atemberaubend sind. (...)

Wir brauchen eine Koalition der Vernunft, die quer durch die bisherigen Parteien und quer durch die neuen Bewegungen geht.

Aber dazu gehört auch, daß die neuen Bewegungen – alle – zugelassen werden. Der Wandel ist schon unübersehbar, aber noch ist er umkehrbar. Hatten die Herrschenden bisher die Signale unserer gesellschaftlichen Krise nicht gehört, höchstens abgehört, so haben die dramatischen Widersprüche sie jetzt gezwungen, von ihren Tribünen herabzusteigen und den gleichberechtigten Dialog zu beginnen. (...)

Wir brauchen weitere spürbare Ergebnisse des Dialogs. Der Dialog muss zum Normalfall des Umgangs zwischen Volk und Regierung werden. Er darf nicht Notmaßnahme im Krisenfall sein.

Wer gestern noch die scharfe Kralle der Macht zeigte und heute das weiche Pfötchen des Dialogs hinhält, darf sich nicht wundern, daß viele noch die Kralle darunter fürchten.

Wer gestern noch die chinesische Lösung für richtig hielt, muß heute – und zwar verbindlich – erklären, daß dies für die DDR nicht zur Debatte steht. (...)

Und zu uns aus der neuen demokratischen Bewegung möchte ich sagen: Setzen wir an die Stelle der alten Intoleranz nicht neue Intoleranz. Seien wir tolerant und gerecht gegenüber den alten und neuen politischen Konkurrenten, auch einer sich wandelnden SED.

Denken wir daran, welche Befürchtungen der neue erste Mann auslöste und welche neue Bewegung mit ihm schon in Gang gekommen ist.

Ich meine, wir wollen und wir können unser Land jetzt nicht ohne die SED aufbauen. Aber sie muß nicht führen. (…)

Darum: Demokratie jetzt oder nie!

http://dhme.dhm.de/ausstellungen/4november1989/schorl.html

Gruppe 2: Gregor Gysi, SED, einer der wenigen Rechtsanwälte, die Bürgerrechtler und Systemkritiker verteidigten

Vor wenigen Wochen im Deutschen Theater sagte ich, unser Ziel muß sein, daß die Polizei friedliche Demonstrationen schützt und damit den Namen Volkspolizei rechtfertigt. Heute zeigte sich, in welch kurzer Zeit hier ein erheblicher Fortschritt möglich war. Die ungenehmigten Demonstrationen der letzten Wochen haben sicherlich ihren Beitrag zur Wende in unserem Land geleistet. Und wir werden uns hoffentlich an rechtlich genehmigte und geschützte Demonstrationen als Ausdruck politischer Kultur gewöhnen müssen. Aber wir wissen, daß jetzt andere Formen noch wichtiger werden: neue politische Strukturen, wirksame Parlamentsarbeit, neues, ökonomisches Denken und vor allem der Ausbau der Rechtsordnung. (...)

Da ich weiß, daß es viele Diskussionen zur Person von Egon Krenz gibt, will ich zu ihm etwas sagen. Viele haben vor einigen Monaten im ZDF gehört, was Egon Krenz zu den Ereignissen in China gesagt hat und vielen wird dies nicht gefallen haben. Mir auch nicht. Aber ich weiß von meinen Leipziger Kollegen (...), daß Egon Krenz am 9. Oktober 1989 in Leipzig die Hauptverantwortung für die Entscheidung trug: chinesische Lösung oder demokratische Wende. Und er entschied sich für die zweite Alternative, obwohl er noch nicht wußte, ob dies die Billigung der Führung am nächsten Tag finden würde. Damit hat er einen Beitrag zur Rettung dieses Landes geleistet. Diese Tat wiegt für mich schwerer als die früheren Worte, und deshalb, finde ich, verdient er doch eine Chance, und das Maß an Vertrauen, das zur Ausübung seiner Funktion nötig wird.

Allerdings, und das sage ich genauso deutlich, keinen ersten Mann der Partei und des Staates mehr ohne demokratische Kontrolle oder mit absolutistischen Herrschaftsformen und nie wieder mit Zügen von Personenkult. (...)

Die außerordentliche Zeit verlangt außerordentliche Maßnahmen. Noch einen Satz zu unserer Sprache. Wir haben inzwischen viele Anglizismen aufgenommen, wogegen ich nichts habe. Aber von der russischen Sprache haben wir nur das Wort datscha übernommen. Ich finde, es ist Zeit, zwei weitere Worte zu übernehmen: nämlich Perestroika und Glasnost. Und wenn wir dies auch inhaltlich vollziehen, wird es uns gelingen, die Begriffe DDR, Sozialismus, Humanismus, Demokratie und Rechtsstaatlichkeit zu einer untrennbaren Einheit zu verschmelzen.

http://dhme.dhm.de/ausstellungen/4november1989/gysi.html

Gruppe 3: Christa Wolf, Schriftstellerin

Mit dem Wort „Wende" habe ich meine Schwierigkeiten. (...) Ich würde von „revolutionärer Erneuerung" sprechen. Revolutionen gehen von unten aus. „Unten" und „oben" wechseln ihre Plätze in dem Wertesystem, und dieser Wechsel stellt die sozialistische Gesellschaft vom Kopf auf die Füße. Große soziale Bewegungen kommen in Gang.

Soviel wie in diesen Wochen ist in unserem Land noch nie geredet worden, miteinander geredet worden, noch nie mit dieser Leidenschaft, mit soviel Zorn und Trauer und mit soviel Hoffnung. Wir wollen jeden Tag nutzen, wir schlafen nicht oder wenig, wir befreunden uns mit neuen Menschen, und wir zerstreiten uns schmerzhaft mit anderen. Das nennt sich nun „Dialog". Wir haben ihn gefordert, nun können wir das Wort fast nicht mehr hören und haben doch noch nicht wirklich gelernt, was es ausdrücken will. Mißtrauisch starren wir auf manche plötzlich ausgestreckte Hand, in manches vorher so starre Gesicht: „Mißtrauen ist gut, Kontrolle noch besser" – wir drehen alte Losungen um, die uns gedrückt und verletzt haben und geben sie postwendend zurück. Wir fürchten, benutzt zu werden. Und wir fürchten ein ehrlich gemeintes Angebot auszuschlagen. In diesem Zwiespalt befindet sich nun das ganze Land. Wir wissen, wir müssen die Kunst üben, den Zwiespalt nicht in

Konfrontation ausarten zu lassen: Diese Wochen, diese Möglichkeiten werden uns nur einmal gegeben – durch uns selbst. (…)

Ja: Die Sprache springt aus ihrem Ämter- und Zeitungsdeutsch heraus, in das sie eingewickelt war, und erinnert sich ihrer Gefühlswörter. Eines davon ist „Traum". Also träumen wir mit hellwacher Vernunft: Stell dir vor, es ist Sozialismus, und keiner geht weg! Sehen aber die Bilder der immer noch Weggehenden, fragen uns: Was tun? Und hören als Echo die Antwort: Was tun! Das fängt jetzt an, wenn aus den Forderungen Rechte, also Pflichten werden: Untersuchungskommission, Verfassungsgericht, Verwaltungsreform. Viel zu tun, und alles neben der Arbeit. Und dazu noch Zeitung, essen! Zu Huldigungsvorbeizügen, verordneten Manifestationen werden wir keine Zeit mehr haben. Diese ist eine Demo, genehmigt, gewaltlos. Wenn sie so bleibt, bis zum Schluß, wissen wir wieder mehr über das, was wir können, und darauf bestehen wir dann. Vorschlag für den Ersten Mai: Die Führung zieht am Volk vorbei. Unglaubliche Wandlungen. Das „Staatsvolk der DDR" geht auf die Straße, um sich als „Volk" zu erkennen. Und dies ist für mich der wichtigste Satz der letzten Wochen – der tausendfache Ruf: Wir – sind – das – Volk!

Eine schlichte Feststellung. Die wollen wir nicht vergessen.

http://dhme.dhm.de/ausstellungen/4november1989/cwolf.html

Gruppe 4: Christoph Hein, Schriftsteller

Liebe mündig gewordene Mitbürger. Es gibt für uns alle sehr viel zu tun, und wir haben wenig Zeit für diese Arbeit. Die Strukturen dieser Gesellschaft müssen verändert werden, wenn sie demokratisch und sozialistisch werden sollen. Und dazu gibt es keine Alternative. Es ist auch von den schmutzigen Händen, von den schmutzigen Westen zu sprechen. Verfilzung, Korruption, Amtsmißbrauch, Diebstahl von Volkseigentum, das muß aufgeklärt werden, und diese Aufklärung muß auch bei den Spitzen des Staates erfolgen. Sie muß dort beginnen.

Hüten wir uns davor, die Euphorie dieser Tage mit den noch zu leistenden Veränderungen zu verwechseln. Die Begeisterung und die Demonstrationen waren und sind hilfreich und erforderlich, aber sie ersetzen nicht die Arbeit.

Lassen wir uns nicht von unserer eigenen Begeisterung täuschen! Wir haben es noch nicht geschafft. Die Kuh ist noch nicht vom Mist. Und es gibt noch genügend Kräfte, die keine Veränderungen wünschen, die eine neue Gesellschaft fürchten und auch zu fürchten haben. (…)

Schaffen wir eine demokratische Gesellschaft auf einer gesetzlichen Grundlage, die einklagbar ist! Einen Sozialismus, der dieses Wort nicht zu einer Karikatur macht. Eine Gesellschaft, die dem Menschen angemessen ist und ihn nicht der Struktur unterordnet. Das wird für uns alle viel Arbeit geben, auch viel Kleinarbeit, schlimmer als stricken.

Und noch ein Wort. Der Erfolg hat bekanntlich viele Väter. Offenbar glauben viele, die Veränderungen in der DDR sind schon erfolgreich, denn es melden sich jetzt viele Väter des Erfolgs, merkwürdige Väter. Bis hoch in die Spitzen des Staates. Aber ich denke, unser Gedächtnis ist nicht so schlecht, daß wir nicht wissen, wer damit begann, die übermächtigen Strukturen aufzubrechen, wer den Schlaf der Vernunft beendete. Es war die Vernunft der Straße, die Demonstrationen des Volkes. Ohne diese Demonstrationen wäre die Regierung nicht verändert worden, könnte die Arbeit, die gerade beginnt, nicht erfolgen. Und da ist an erster Stelle Leipzig zu nennen.

Ich meine, der Oberbürgermeister unserer Stadt sollte im Namen der Bürger Berlins, da wir alle mal hier zusammenstehen, dem Staatsrat und der Volkskammer vorschlagen, die Stadt Leipzig zur Heldenstadt der DDR zu erklären. (…)

Der Titel wird unseren Dank bekunden. Er wird uns helfen, die Reform unumkehrbar zu machen.

http://dhme.dhm.de/ausstellungen/4november1989/hein.html

Gruppe 5: Günter Schabowski, Mitglied des Zentralkomitees der SED und des Politbüros

Liebe Berlinerinnen und Berliner! Billigen wir einander die Kultur des Dialogs zu! Was bewegt einen Kommunisten in dieser Stunde, im Angesicht und im Blickfeld von Hunderttausenden? Bitteres ist hier gesagt worden. Es geht an unsere, auch an meine Adresse. Nur wer die Mahnung hört und versteht, ist fähig zu neuem Anfang. Wir alle wollen eine DDR, von der jeder sagt: Das ist unser Land! Aus Prag erreichen uns indes wieder bedrückende Nachrichten und Bilder. Viel Mühe wird es kosten, vertanes Vertrauen zurückzugewinnen. Und dennoch, stimmen nicht wir, die wir hier stehen, stimmt nicht das Volk letztlich im Ziel der Erneuerung überein, wenngleich von unterschiedlichen Ausgangspositionen? Auch zwischen Andersdenkenden müssen die Hürden nicht unüberwindlich sein. Die SED bekennt sich zur Umgestaltung. Das kam spät, aber es ist unwiderruflich. Wir sind gewillt und lernen unverdrossen, mit Widerspruch, mit Pfeffer und Salz zu leben. Und wir werden die Produktivität des Widerspruchs nutzen.

Das Zentralkomitee der SED, das am Mittwoch zusammentritt, wird das mit seinem angekündigten Aktionsprogramm meßbar machen. Die Dynamik des Aufbruchs zum Neuen läßt sterilen politischen Nachlaßverwaltern keine Chance. Das ist sicher. Aber ich sage hier offen, ich mag auch nicht die schnellen Scheiterhaufen, auf denen manche alles brennen sehen wollen, was an unbestreitbaren Leistungen in vergangenen Jahrzehnten vom Volk vollbracht wurde. Auch ich wende mich an die Initiatoren und die Organisatoren dieser Kundgebung und bezeuge ihnen meinen Respekt, den Künstlern, den Schriftstellern, den Kulturschaffenden. Wir müssen heute sagen, mit ihrem wachen Gespür für die Stimmung des Volkes haben sie gesellschaftliches Bewußtsein befördert. Sie haben Wichtiges für die politische Gesundheit unseres Landes getan. Liebe Berliner, uns macht hoffnungsvoll der Schulterschluß zwischen Krenz und Gorbatschow! Ich spreche eine Uraltlosung aus: Vorwärts im festen Bund mit unseren sowjetischen Freunden. Gut, wie die neue Zeit auch strapazierten Worten Aufrichtigkeit und neuen Sinn verleiht. Das Begonnene ist unumkehrbar, regen wir heute die Hände für unser Land, für einen Sozialismus, der stark macht, weil die Menschen ihn wollen!

http://dhme.dhm.de/ausstellungen/4november1989/schabo.html

Aufgaben für alle Gruppen:

1. *Recherchieren Sie (als Hausaufgabe oder als Expertenaufgabe für ein Mitglied) genauer die Funktion/Bedeutung der Rednerin/des Redners zur damaligen Zeit.*
2. *Hören Sie sich die Rede an (am besten zweimal). Lassen Sie die Rede beim ersten Mal ohne den Blick auf den abgedruckten Ausschnitt auf sich wirken, beim zweiten Mal mit Blick auf den Text. Befassen Sie sich anschließend genauer mit dem Textauszug.*
3. *Werten Sie die Rede in der Gruppe unter folgenden Gesichtspunkten aus:*
   - *Was lässt sich über die Gefühlslage des Redners und die Reaktionen des Publikums aussagen?*
   - *Wie wird die Situation in der DDR eingeschätzt?*
   - *Welche kurz- oder langfristigen Forderungen/Wünsche/Hoffnungen werden geäußert?*
4. *Fassen Sie Ihre Ergebnisse tabellarisch zusammen und bereiten Sie Erläuterungen für die Auswertungsphase vor.*

Aufgaben für die Auswertung/Präsentation
1. *Vergleichen Sie Ihre Ergebnisse mit denen der anderen Gruppen.*
2. *Diskutieren Sie untereinander, wie die Perspektiven für die DDR*
   zu diesem Zeitpunkt aussehen könnten.

2.2.3 Partner- und Gruppenpuzzle

Das Partner-, besonders aber das Gruppenpuzzle scheinen Verfahren zu sein, bei denen sich Schwächen der beiden anderen Grundformen aufheben lassen: Zunächst bearbeiten Expertenpaare bzw. -gruppen identische Materialien mit gemeinsamen Fragestellungen (themengleiche Partner-, Gruppenarbeit). Anschließend gehen sie in zuvor oder nunmehr gebildete Stammgruppen, in denen Experten für alle Themenaspekte vertreten sind, um den anderen Gruppenmitgliedern ihre Ergebnisse mitzuteilen (themenverschiedene Partner-, Gruppenarbeit) und in ein gemeinsames Gruppenprodukt (z. B. eine Wandzeitung) einzubringen. Der zusätzliche Charme dieser Variante liegt darin, dass die Frage der Gruppenbildung (Freundschafts- oder Zufallsgruppen) – häufig ein konfliktreicher Prozess – relativ uninteressant ist, weil in der Stammgruppenphase ohnehin die Methode, nicht die Lehrkraft, bestimmt, wer mit wem zusammen arbeitet. Soweit die Theorie, die so einleuchtend nachvollziehbar erscheint, dass vor allem das Gruppenpuzzle wohl zu den am meisten verbreiteten Methoden aus dem reichhaltigen Repertoire kooperativen Lernens gehört. Aber – wie so häufig – steckt der Teufel im Detail bzw. führt eine unreflektierte Übernahme des Modells nicht selten zu erheblichen Lernproblematiken, anstatt Lernen zu vertiefen.

Beim Partnerpuzzle bilden jeweils vier Lernende eine Stammgruppe. Sie erhalten unterschiedliche Materialien, z. B. Ausschnitte aus zwei Textquellen, die die Begegnung König Pippins und Papst Stephans im Jahre 754 einmal aus fränkischer, zum anderen aus kirchlicher Sicht schildern (s. Bsp. S. 115) Zunächst werden die entsprechenden Aufgabenstellungen individuell bearbeitet; daraufhin werden Expertenpaare A und B gebildet, in denen beide Partner sich über denselben bearbeiteten Text austauschen, Wissenslücken schließen und sich überlegen, in welcher Form sie das Erarbeitete an die Stammgruppenpartner vermitteln können. Die Bildung der Stammgruppen und Expertenpaare kann von der Lehrkraft vorgegeben, ausgelost werden oder nach Schülerwünschen erfolgen. Anschließend trifft sich die Stammgruppe wieder, und die Schülerinnen und Schüler berichten sich gegenseitig die Ergebnisse, die sie in geeigneter Form festhalten (Notizen, Tabelle, Folie etc.) Zum Abschluss werden die Ergebnisse, hier zwei Perspektiven auf ein Ereignis, im Plenum vorgestellt und diskutiert. Beim Partnerpuzzle ist dringend darauf zu achten, dass die didaktische Funktion – hier Wahrnehmung unterschiedlicher Perspektiven – in einer überschaubaren Zeit innerhalb einer 45-minütigen Stunde erreicht werden kann. Insofern muss von zeitaufwändig zu bearbeitenden Materialien genauso abgeraten werden wie von zu komplexen didaktischen Konstruktionen. Allein die Phasen Einzelarbeit, Expertenaustausch sowie Besprechung mit dem Stammgruppenpartner sollten so geplant werden, dass sie jeweils nicht länger als zehn Minuten beanspruchen. Dann lohnt sich der Aufwand, weil gegen Ende der Unterrichtsstunde sorgfältig ausgewertet werden kann und eine zusätzliche didaktische Perspektivierung möglich ist: Wie sind die unterschiedlichen Sichtweisen zu erklären? Die Phase der Einzelarbeit kann aber sinnvoll in eine Hausaufgabe verlagert werden, indem die Lehrkraft die Quellen nach Zufall verteilt und die Schüler anhält, die Aufgaben für die nächste Stunde schriftlich zu beantworten. Das schafft Zeit für eine gründlichere Arbeit in den Experten- und Stammpaaren.

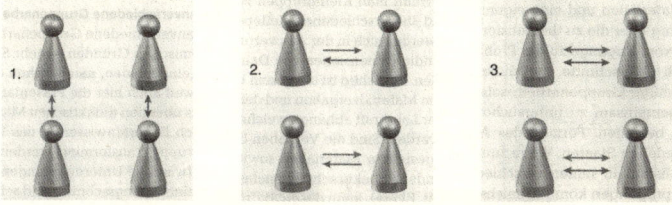

Abb. 5: Partnerpuzzle
Aus: Geschichte lernen, H. 123,2008, S. 7

Das Gruppenpuzzle erweist sich bei näherer Betrachtung als hoch komplexes Lehr-/Lernarrangement.[86] Eine Beobachtung: Bei der Praktikumsvorbereitung erweisen sich Vorstellung und Simulation eines Gruppenpuzzles meistens als „Renner" und werden anschließend in den Schulen oft ausprobiert, manchmal mit frustrierenden Erfahrungen:

– Da dauert die Arbeit an den ausgeteilten Materialien unterschiedlich lange, sodass Unruhe aufkommt.

---

86 Brüning/Saum 2006 (wie Anm. 50), S. 111 ff.

- Manche Schüler verstehen die Texte nicht oder nur teilweise, sodass sie kaum in der Lage sind, den Inhalt an die Gruppenmitglieder weiterzuvermitteln.
- Wenn in den Stammgruppen Expertenreferate gehalten werden, hören die anderen gar nicht zu.
- Das Resultat der Stammgruppenarbeit sieht so aus, dass vier oder fünf Einzelergebnisse untereinander geschrieben werden.
- Nachdem die erste der Stammgruppen referiert hat, sind die anderen enttäuscht, weil bereits alles gesagt ist und es sinnlos erscheint, weitere Ergebnisse vorzustellen.

Die Beispiele zeigen, dass die Vorüberlegungen für ein Gruppenpuzzle sehr sorgfältig sein müssen, damit sich der geplante Lernerfolg einstellt. Zuallererst macht diese Grundform kooperativen Arbeitens dann überhaupt keinen Sinn, wenn die Lerngruppe keine Vorerfahrungen mit Partner- oder Gruppenarbeit oder anderen überschaubareren kooperativen Methoden gesammelt hat und folglich nicht über die Grundvoraussetzungen gemeinsamen Lernens verfügt. Sie ist nicht als Einführung in kooperatives Arbeiten geeignet, sondern als eine anspruchsvolle Hochform. Ist die Entscheidung für ein Gruppenpuzzle aus diesen Vorüberlegungen begründbar, sind bei der Planung besondere „Fallstricke" zu beachten, was an einem Beispiel aufgezeigt werden soll. Eine Abschlussklasse der Sekundarstufe I mit 29 Schülern bearbeitet das Thema „Nonkonformes Verhalten von Jugendlichen in der Zeit des Nationalsozialismus" mit den Themenaspekten: Weiße Rose, Swing-Jugend, Edelweißpiraten, Helmuth-Hübener-Gruppe sowie einer Einzelperson, die beispielsweise Kriegsgefangenen oder Zwangsarbeitern geholfen hat. Für die Gruppenbildung gibt es zwei Varianten: Entweder werden zunächst Stammgruppen gebildet, in denen sich dann Schüler für die Einzelthemen (Experten) entscheiden oder es werden sofort Expertengruppen gebildet, die sich dann später zu Stammgruppen zusammenfinden. Die zweite Möglichkeit kann von Vorteil sein, weil die Vorbereitung der Arbeit in Expertengruppen (Einzelarbeit) als Hausaufgabe erteilt werden kann.

Wie bei jeder themenverschiedenen Gruppenarbeit ist seitens der Lehrkraft darauf zu achten, dass die Bearbeitung der Materialien für alle Expertengruppen eine ähnliche Zeitdauer beanspruchen sollte; beim Gruppenpuzzle kommt aber hinzu, dass die Materialien für die Experten so beschaffen sein sollten, dass sie die Lernenden nicht vor unlösbare oder nur schwer zu bewältigende Aufgaben stellen, denn in den fünf Expertengruppen sollen alle Beteiligten sich so mit den Vorgaben auseinandersetzen können, dass sie in der anschließenden Stammgruppenphase als Lehrende auftreten können. Das ist die Besonderheit des Gruppenpuzzles, aber auch ein möglicher Stolperstein. Da in unserem Beispiel wie in den meisten Fällen in den Expertengruppen eine Position doppelt besetzt ist, können die Stammgruppen von sich aus überlegen, ob ein schwächere Schüler nicht durch einen zweiten aus der Stammgruppe Unterstützung findet, wobei das Grundproblem bestehen bleibt. Eine zweite Überlegung sollte darauf abzielen, für die Arbeit in den Expertengruppen klare Lernstrategien vorzugeben, die als Grundlage für die Vermittlung in den Stammgruppen dienen sollten: schriftliche Gliederung des Erarbeiteten für den Vortrag oder Visualisierung über eine Mindmap, an Hand derer man sehr viel besser in der folgenden Phase die Ergebnisse vermitteln kann. Dies ist auch deshalb notwendig, weil während der Expertenarbeit im Grunde keine Ergebniskontrolle stattfindet. Diese Phase setzt auf hohe Selbstständigkeit der Lernenden und gegenseitige Kontrolle der Experten, nicht aber auf Eingriffe der Lehrkraft. Damit also nicht „Blinde Blinde führen", sollte auf solchen Hilfen bestanden werden.[87]

Für die Stammgruppenphase sind ebenfalls besondere Überlegungen anzustellen: Ihre Funktion liegt darin, dass nicht nur die Einzelergebnisse im Sinne einer Addition zusammengetragen werden, sondern der didaktische Fokus deutlich wird. Insofern ist es zentral, eine Aufgabe zu formulieren, die problemorientiert ist und die einen *Gruppenauftrag* darstellt, der Einzelergebnisse zusammenführt und zugleich von diesen abstrahiert. Wenn sich die Schülerinnen und Schüler mit den erwähnten Jugendgruppen beschäftigen und in den Stammgruppen über deren Aktivitäten, Schicksale etc. berichtet haben, könnte nunmehr reflektiert werden, ob ein solches nonkonformes Verhalten jeweils als „Widerstand" bezeichnet werden kann oder ob Differenzierungen – auch begrifflicher Art – notwendig erscheinen. Damit ist die Möglichkeit gegeben, dass in den Stammgruppen intensiv diskutiert werden kann und eine gemeinsame Vertiefung des Erarbeiteten stattfindet. Zugleich ist damit die Perspektive für die Präsentation und Diskussion der Ergebnisse gegeben, die eben nicht eine Aneinanderreihung desselben sein wird, da nicht davon ausgegangen werden kann, dass alle Stammgruppen identische Einschätzungen zur Differenzierung des Widerstandsbegriffs vorlegen.

---

87 Wahl 2006 (wie Anm. 57), S. 161.

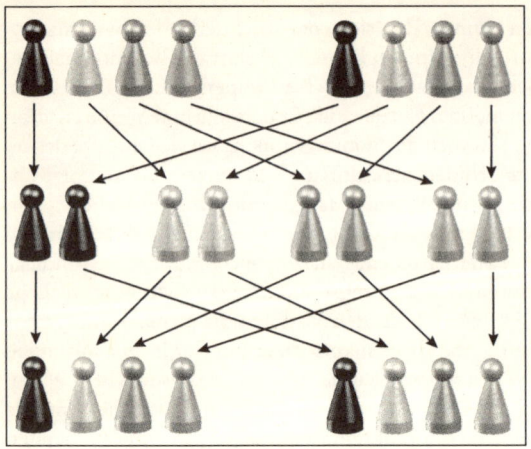

Abb. 6: Gruppenpuzzle
Aus: Geschichte lernen, Nr. 123 (2008), S. 9

Wann sind Partner- und Gruppenpuzzle didaktisch besonders ertragreich?

Mit dem Partnerpuzzle können Lernende vor allem mit der Perspektivität der Betrachtung von geschichtlichen Ereignissen oder Strukturen vertraut gemacht werden und auf einer allerersten Ebene nachvollziehen, wie es um die Objektivität historischer Rekonstruktionen bestellt ist. Sie erfahren beispielsweise über die beiden Darstellungen der Begegnung Pippins mit Stephan, dass offensichtlich die Nähe zum Hofe des Königs oder zur päpstlichen Kurie Begebenheiten anders schildern lässt, einen der Protagonisten schlechter oder besser in das Licht der Öffentlichkeit setzt. Andere sinnvolle Beispiele ließen sich ergänzen: Die christliche oder muslimische Sicht auf die Eroberung Jerusalems, die Perspektive Luthers oder Müntzers auf den Bauernkrieg; um ein Beispiel aus der Zeitgeschichte zu nennen: die beiden entscheidenden Perspektiven auf die Ostpolitik der sozialliberalen Koalition. Es muss aber nicht auf die Quellengattung Texte beschränkt sein. Zwei verschiedene Plakate aus Ost und West zum Marshallplan können Fragen aufwerfen, wie diese Maßnahme durchgeführt wurde, welche Interessen ihr zugrunde lagen und inwiefern diese beiden plakativen Perspektiven plausibel sind – bzw. mehr oder weniger nachvollzogen werden können.

Ein Partnerpuzzle ist zweitens ertragreich, wenn die Kontroversität von wissenschaftlichen Darstellungen fokussiert werden soll. Die sehr unterschiedliche Bewertung des Protestes der Frauen in der Rosenstraße

112

oder der Köln-Ehrenfelder Edelweißpiraten beschränkt sich im Grunde genommen auf zwei Sichtweisen – die Freilassung der Angehörigen als Erfolg des Protestes bzw. als ohnehin vorgesehene Maßnahme hier, Widerständler oder Kriminelle dort. Ohne dies weiter vertiefen zu müssen, kann aufgezeigt werden, dass Wissenschaftler, in Kenntnis desselben Quellenfundus, zu divergierenden Einschätzungen gelangen können. Darstellungen als bewusste Konstruktionen zu erkennen, kann beispielsweise auch sehr gut über den Vergleich von Geschichtskarten gelingen: Nimmt man zwei Karten, die Flucht und Vertreibung nach 1945 abbilden und aus verschiedenen Jahrzehnten stammen, lassen sich z. B. über die Anlage, Farbe und Dicke der Pfeile, die meist von Ost nach West, seltener auch von West nach Ost verlaufen, im Vergleich begründete Aussagen über die Intentionen der Verfasser/Gestalter machen.

Das Gruppenpuzzle ist besonders dann für historisches Lernen geeignet, wenn es sich um komplexere Problematiken handelt, in denen multikausale und kontroverse Sichtweisen aufscheinen, die zu *Gruppenaufträgen* für die Stammgruppenphase werden können:

– Beurteilung der Reformversuche der Gracchen
– Beurteilung des Bauernkriegs
– Lösung der sozialen Frage im 19. Jahrhundert
– Ursachen für das Scheitern der Weimarer Republik
– Reform des § 218

Des Weiteren, wenn in Vergleichen Typisches und Spezifisches herauszuarbeiten ist:

– Hochkulturen in der Antike
– Mittelalterliche Lebenswelten
– Wege zum Nationalstaat
– Wege zur Industrialisierung
– Formen des Imperialismus

Komplizierter wird die Sache, wenn im Gruppenpuzzle diachrone Vergleiche angestellt werden sollen. Wie schon bei der themenverschiedenen Gruppenarbeit erwähnt, ist die Kontextualisierung der Materialien in den Expertengruppen zwar sicherlich möglich, in den Stammgruppen kann es aber kaum zu einer differenzierten Gewichtung kommen, die über die Feststellung von eher formalen Ähnlichkeiten bzw. Unterschieden hinausgeht.

Lohnend kann ein Gruppenpuzzle sein, wenn in den Stammgruppen Hierarchisierungen bzw. Gewichtungen vorgenommen werden müssen, um einem Gesamtbild Bedeutung zuzumessen. Wenn beispielsweise die einzelnen gesellschaftlichen Schichten im Alten Ägypten zunächst in Expertengruppen bearbeitet werden, bekommt die Stammgruppe die Aufgabe, sie in eine Gesellschaftspyramide zu transferieren. Ähnlich ließe sich mit den gesellschaftlichen Gruppen in der mittelalterlichen Stadt verfahren Der virtuelle Stadtrundgang durch das antike Rom hat die Expertengruppen in einem ersten Schritt an verschiedene Gebäude geführt, die auf ihrem Weg lagen. Gemeinsam wird in der Stammgruppe zu klären sein, welche wohl warum die wichtigsten für das politische Rom gewesen sind. Die Lernenden erhalten dadurch nicht nur eine bildhafte Vorstellung von Plätzen, Straßen und Gebäuden, sondern können über deren Funktion Auskunft geben.

2.2.3.1 Partnerpuzzle

2.2.3.1.1 Beispiele für die Sekundarstufe I

Beurteilung der Reformen Solons (Quelle)

Kommentar:
Die Beurteilung der Solonischen Reformen kann in einem kurzen Partnerpuzzle vorgenommen werden, wobei beide Partner denselben Quellenauszug von Aristoteles erhalten. Partner A sollen aus der Perspektive der Bauern eine Überschrift formulieren, Partner B aus der des Adels. Anschließend sollen beide ihre Schlagzeilen gegenseitig begründen und überlegen, ob eine Beurteilung zu finden wäre, die jenseits spezifischer Interessen von Gruppen Solons Maßnahmen einzuschätzen vermag. In der anschließenden Plenumsdiskussion können die Schüler mit dem Satz Kleisthenes' konfrontiert werden: „Solon ist der Vater unserer Demokratie" (nach Plutarch: Solon, 12) – verdeckt auf einen Teil der Tafel geschrieben oder mit einer Folie eingeblendet – und sich damit auseinandersetzen.

Partner A/B: Der griechische Philosoph Aristoteles über die Reformen Solons

Auch waren ihm viele Vornehme feindlich gesinnt wegen der Schuldentilgung, und jede der Parteien hatte ihre Einstellung ihm gegenüber verändert, weil die von ihm gegebene Ordnung ganz anders war, als sie erwartet hatten. Das Volk hatte gemeint, er würde den gesamten Bodenbesitz neu aufteilen, und der Adel, er würde die bisherigen Verhältnisse beibehalten oder doch nur sehr wenig verändern.

Solon aber stellte sich beiden entgegen. Obwohl es ihm möglich gewesen wäre, sich mit der einen oder anderen Partei zu verbinden und Tyrann (Alleinherrscher) zu werden, zog er es vor, sich mit beiden zu verfeinden, das Gemeinwesen zu retten und die bestmöglichen Gesetze zu geben.

Zit. nach: Chambers, Mortimer (Hrsg.): Aristoteles. Der Staat der Athener, Berlin 1990, S. 11 (vereinfacht)

Aufgaben Partner A:
1. *Lest den Text und bezieht das bislang im Unterricht Erarbeitete ein.*
2. *Formuliert aus der Sicht der Bauern Athens eine Überschrift/eine Schlagzeile, die Solons Reformen beurteilt.*

Aufgaben Partner B:
1. *Lest den Text und bezieht das bislang im Unterricht Erarbeitete ein.*
2. *Formuliert aus Sicht des Adels Athens eine Überschrift/eine Schlagzeile, die Solons Reformen beurteilt.*

Aufgaben für den Austausch:
1. *Begründet beide gegenseitig eure Überschriften.*
2. *Versucht anschließend möglicherweise eine Überschrift zu finden, die Solons Wirken für die attische Polis kennzeichnet.*

Die Begegnung König Pippins und Papst Stephans 754 (Quellen)

Paare A: Eine zeitgenössische Quelle aus fränkischer Sicht

In demselben Jahr ertrug Papst Stephan den Druck der Langobarden und den Übermut ihres Königs Aistulf nicht mehr und kam, um persönlich die Hilfe des Königs Pippin anzurufen.

Als Pippin davon hörte, befahl er erfreut seinem erstgeborenen Sohn Karl, ihm entgegenzureisen und ihn ehrenvoll zu sich in die Pfalz von Ponthion zu führen. Dort wurde der Papst vom König Pippin ehrenvoll empfangen. Viele Geschenke spendete er dem König und auch seinen Großen.

Am folgenden Tage warf er sich zusammen mit seinem Gefolge in Sack und Asche auf die Erde und beschwor König Pippin bei der Gnade des allmächtigen Gottes und der Macht der seligen Apostel Petrus und Paulus, daß er ihn selbst und das römische Volk aus der Hand der Langobarden und der Knechtschaft des anmaßenden Königs Aistulf befreie. Und nicht eher wollte er sich von der Erde erheben, als bis ihm König Pippin mit seinen Söhnen und den Großen der Franken die Hand reichte und ihn selbst zum Zeichen des künftigen Bündnisses und der Befreiung von der Erde aufhob.

Zit. nach: Hartmann, Wilfried (Hrsg.): Deutsche Geschichte in Quellen und Darstellung, Bd. 1: Frühes und hohes Mittelalter 750–1250, Stuttgart 1995, S. 35 (vereinfacht)

Paare B: Ein im Auftrag der Kirche verfasstes Werk

Wie aber Pippin die Ankunft des Heiligen Vaters vernahm, zog er ihm eilig entgegen mit seiner Gemahlin, seinen Kindern und den Großen des Reiches. (…)

Am 6. Januar, dem Tage des Erscheinungsfestes, betraten sie den Palast von Ponthion. Da bat nun Papst Stephan alsbald flehentlich den allerchristlichsten König, daß er sich den Schutz des Friedens und die Sache des heiligen Petrus angelegen sein lasse, und der König versprach dem Heiligen Vater eidlich, allen seinen Befehlen und Wünschen mit ganzer Kraft nachzukommen und die Rückgabe des Verwaltungsgebietes von Ravenna und des übrigen Rom zugehörigen Gebietes zu erwirken.

Zit. nach: Hartmann, Wilfried (Hrsg.): Deutsche Geschichte in Quellen und Darstellung, Bd. 1: Frühes und hohes Mittelalter 750–1250, Stuttgart 1995, S. 34 (vereinfacht)

Aufgabe für die Expertenpaare:
Erarbeitet aus dem Text, wie das Ereignis dargestellt wird: Welche Personen handeln wie, und was ist das Ergebnis des Treffens?

Aufgabe für die Austauschphase:
1. Vergleicht beide Darstellungen miteinander und macht euch Notizen zu den Gemeinsamkeiten und Unterschieden?
2. Stellt Vermutungen darüber an, wie die Unterschiede erklärt werden könnten.

Kolumbus' erste Begegnung mit den Indianern[88] (Quellen)

a) Holzschnitt 1493 aus: König, Hans-Joachim, u. a., Die Eroberung einer neuen Welt. 2. Aufl. Schwalbach/Ts. 2008, S. 78

b) Kupferstich 1590, aus: Praxis Geschichte 2/2008; S. 14

Abb. 7: Kolumbus geht an Land: zwei Darstellungen

---

88 Übernommen aus: Kirchhoff, Hans Georg; Lampe; Klaus (Hrsg.): Unterricht Geschichte. Themen – Materialien – Medien, Reihe A, Bd. 7: Entdeckungen und Kolonialismus, Köln 1999, S. 74.

Gemeinsamer Text: Erste Begegnung mit den Indianern

Pietro Martire di Angliera (1472–1526) war Diplomat in spanischen Diensten. Der Auszug stammt aus seinem Werk „Acht Dekaden über die neue Welt" (1516):

Da gingen die Spanier zum erstenmal an Land und sahen Scharen von Eingeborenen, die sich beim Anblick der unbekannten Menschenrasse, welche da ankam, in wilder Flucht – wie ängstliche Hasen vor Jagdhunden – in die dichten Wälder davon machten. Die gelandeten verfolgten die Menge, ergriffen aber nur eine Frau. Diese brachten sie zu ihren Schiffen, gaben ihr von ihren Speisen zu essen und Wein zu trinken und bekleideten sie; denn jenes Volk lebt ohne Unterschied des Geschlechts völlig nackt im Naturzustand. Dann ließen sie die Frau frei. Sobald sie zu ihren Stammesgenossen zurück kam – sie wußte nämlich, wohin jene entflohen waren – und ihnen erklärt hatte, wie merkwürdig die Kleidung und wie erstaunlich die Freigiebigkeit der Fremdlinge sei, kamen jene alle eilends zur Küste in der Meinung, dies Volk sei ihnen vom Himmel geschickt worden. Sie schwammen zu den Schiffen hinaus und brachten etwas von dem Gold mit, das es bei ihnen in geringer Menge gibt. Dies tauschten sie gegen irdene Töpfe und Schüsseln oder Krüge aus Glas. Wenn die Matrosen nur einen Löffel, ein Glöckchen, ein Stück Spiegel oder irgendetwas Ähnliches anboten, gaben sie ihnen soviel Gold dafür, wie jene verlangten.

Zit. nach: Lequenne, Michel: Christoph Kolumbus, Ravensburg 1992, S. 146 f.

Aufgaben für die Expertenpaare

1. *Beschreibt das Bild unter dem Gesichtspunkt, was es über das erste Zusammentreffen mit den Indianern aussagt.*
2. *Vergleicht die Darstellung von Bild und Text. Gibt es mehr Übereinstimmungen oder Unterschiede?*

Aufgaben für die Austauschphase

1. *Stellt euch gegenseitig eure Ergebnisse vor und belegt sie an Bild-/Textteilen.*
2. *Entwickelt Vermutungen, warum es zu solchen Deutungen kommen kann und diskutiert gemeinsam die Frage, was wir über das erste Zusammentreffen wissen.*

Kommentar:

Der Holzschnitt (Bild a) ist ein zeitgenössisches Werk (1493) und stammt als Illustration aus einer Veröffentlichung eines Briefes über die neu gefundenen Inseln: Die unbekleideten Menschen überreichen zwar ein Geschenk, fliehen dann aber verängstigt.

Der Kupferstich (Bild b) wurde von einem belgischen Künstler für die „Historia Americae" hergestellt, die ab 1590 erschien. Er ist die symbolhafte Darstellung der anti-hispanischen hugenottischen Perspektive: Die Einheimischen überreichen reiche Geschenke, die europäischen Arbeiten dieser Zeit entsprechen; andere Menschen fliehen. Die Indianer tragen Lendenschurze, was nicht überliefert ist. In Wirklichkeit gingen sie nackt, z. T. mit bemalter Haut.

Aufklärung: Die Suche nach dem besten Staat (Quellen)

Paare A: John Locke: Die Grenzen der Macht, gedruckt 1689

Locke lehrte an der Universität Oxford, verfasste medizinische, philosophische und politische Schriften und hatte auch Regierungsämter inne. Auszug aus „Über die Regierung":
Das große Ziel, mit dem die Menschen in eine Gesellschaft eintreten, ist der Genuß ihres Eigentums in Frieden und Sicherheit, und das große Werkzeug und Mittel dazu sind die Gesetze. (…)

Zum Ersten muß die gesetzgebende Gewalt nach öffentlich bekannt gemachten festen Gesetzen regieren, die nicht für besondere Fälle geändert werden dürfen, sondern nur ein Maß anlegen für Reich und Arm, für den Günstling bei Hof wie für den Landmann am Pflug.

Zum Zweiten sollten diese Gesetze auf kein anderes letztes Ziel als das Wohl des Volkes ausgerichtet sein.

Zum Dritten darf die gesetzgebende Gewalt keine Steuern auf das Eigentum des Volkes erheben ohne Zustimmung des Volkes. (…)

Zum Vierten darf und kann die Legislative die Gewalt, Gesetze zu geben, nicht auf irgendjemand anderes übertragen, und sie kann sie nirgendwo anders hinlegen als dort, wohin sie das Volk gelegt hat. (…)

Bei der Schwäche der menschlichen Natur, die stets bereit ist, nach der Macht zu greifen, dürfte es jedoch eine zu große Versuchung darstellen, wenn dieselben Personen, die die Macht haben, Gesetze zu geben, auch die Macht in der Hand hätten, sie zu vollstrecken. (…)

In wohlgeordneten Staatswesen wird deshalb die legislative Gewalt in die Hände mehrerer Personen gelegt, welche nach ordnungsgemäßer Versammlung selbst oder mit anderen gemeinsam die Macht haben,

Gesetze zu geben, sobald dieses aber geschehen ist, wieder auseinandergehen und selbst jenen Gesetzen unterworfen sind, die sie geschaffen haben.

Zit. nach: Mayer-Tasch, Cornelius (Hrsg.): Locke, John: Über die Regierung, Stuttgart 1974 (vereinfacht und gekürzt)

Paare B: Charles de Montesquieu: Gewaltenteilung, 1748

Montesquieu war französischer Rechtsgelehrter und Schriftsteller und übernahm verschiedene öffentliche Ämter. Sein Hauptwerk „Vom Geist der Gesetze" schrieb er 1748, 17 Jahre nach einem Englandaufenthalt.

Es gibt in jedem Staat drei Arten von Vollmacht: die gesetzgebende Gewalt, die vollziehende Gewalt in Sachen, die vom Völkerrecht abhängen, und die vollziehende Gewalt, die vom bürgerlichen Recht (Zivilrecht) abhängen.

Aufgrund der ersteren schafft der Herrscher oder Magistrat Gesetze auf Zeit oder für die Dauer, ändert geltende Gesetze oder schafft sie ab. Aufgrund der zweiten stiftet er Frieden oder Krieg, sendet oder empfängt Botschaften, stellt die Sicherheit her, sorgt gegen Einfälle vor.

Aufgrund der dritten bestraft er Verbrechen oder sitzt zu Gericht über die Streitfälle der Einzelpersonen (…).

Sobald in ein und derselben Person oder derselben Beamtenschaft die legislative Befugnis mit der exekutiven verbunden ist, gibt es keine Freiheit. Es wäre nämlich zu befürchten, daß derselbe Monarch oder derselbe Senat tyrannische Gesetze erließe und dann tyrannisch durchführte.

Freiheit gibt es auch nicht, wenn die richterliche Befugnis nicht von der legislativen und von der exekutiven Befugnis geschieden wird. (…).

Alles wäre verloren, wenn ein und derselbe Mann beziehungsweise die gleiche Körperschaft entweder der Mächtigsten oder der Adeligen oder des Volkes folgende drei Machtvollkommenheiten ausübte: Gesetze erlassen, öffentliche Beschlüsse in die Tat umsetzen, Verbrechen und private Streitfälle aburteilen.

Montesquieu, Charles D., Vom Geist der Gesetze, eingel., ausgew. und übers. von Weigang, Kurt, Stuttgart 1994, S. 216f. (vereinfacht)

Aufgaben (Expertenpaare)

1. *Lest den Text und erarbeitet, wessen Macht die beiden Verfasser wie begrenzen möchten.*
2. *Entwickelt ein Schema oder eine Grafik, die dies verdeutlicht.*

2.2.3.1.2 Beispiele für die Sekundarstufe II

Die 12 Artikel der Bauern: Reform oder Revolution? (Darstellungen)

Paare A: Der Historiker Günther Franz

Die Zwölf Artikel sind kein radikales Programm. Sie brachten ernsthaft begründete Reformvorschläge, die durchführbar waren. Von den drei Abhängigkeiten des oberdeutschen Bauern, der Leib-, Grund- und Gerichtsherrschaft, wollten sie nur die erste völlig beseitigen. Die Grundherrschaft blieb unangetastet, nur ihre Erträgnisse wären vermindert worden. Entscheidender war das Vorgehen gegen die Gerichtsherrschaft. Ohne daß es in den Artikeln ausdrücklich gesagt wird, ist ihr Bestreben dennoch, den Gerichtsherren möglichst aus dem bäuerlichen Rechtskreis auszuschalten. Die Bauern wollten nicht nur die Pfarrer, sondern auch die Kirchenpröbste, die das Kirchenvermögen zu verwalten hatten, und die Forstbeamten selbst wählen. Der Einbruch der Gerichtsherrschaft in die örtliche Markgenossenschaft sollte rückgängig gemacht werden, das Gericht sollte nach den alten dörflichen Rechtssätzen, nicht nach herrschaftlicher Willkür oder Geboten urteilen. Die Artikel gliedern sich ein in den Kampf zwischen Landeshoheit und Autonomie, Herrschaft und Genossenschaft, der schon die Bauernbewegungen des 15. Jahrhunderts beherrschte. Sie erstrebten die Wahrung der dörflichen Selbstverwaltung, aber begnügten sich damit auch.

Franz, Günther: Der Deutsche Bauernkrieg, 9. Aufl., Darmstadt 1972, S. 125.

Paare B: Der Historiker Peter Blickle

Die Zwölf Artikel erschöpfen sich nicht in der Negation, in der Abwehr und Zurückdrängung herrschaftlicher Ansprüche, sie waren revolutionär in zweifacher Hinsicht; konkret durch den Leibeigenschafts-, Zehnt- und Pfarrerwahlartikel, grundsätzlich durch die Inanspruchnahme des Evangeliums als gesellschafts- und herrschaftsgestaltendes Prinzip.

Revolutionären Charakter hatte zweifellos – zumindest in weiten Teilen Oberschwabens – die Forderung nach uneingeschränkter Aufhebung der Leibeigenschaft, weil sich die Feudalherrschaft als Dorf- und Ortsobrigkeit in starkem Maße auf die Leibherrschaft stützte, aus der unter Umständen die Steuerhoheit, die Wehrhoheit und die Gerichtshoheit abgeleitet werden konnten. Wenn die Leibherrschaft fiel, brach eine wesentliche, ja in bestimmten Gebieten die entscheidende Stütze adeliger und geistlicher Herrschaft zusammen.

Blickle, Peter: Die Revolution von 1525, 2. Aufl., München, Wien 1981, S. 27.

Aufgaben (Expertenpaare)

1. *Wie beantwortet der Autor die Fragestellung? Notieren Sie seine Argumentationslinie.*
2. *Identifizieren Sie diejenigen Artikel, auf die er sich beruft oder berufen könnte.*
3. *Wägen Sie ab, ob Sie auf dieser Argumentationsbasis seine These für plausibel halten.*

Aufgaben für die Auswertungsphase

1. *Stellen Sie dar, welche These die Autoren vertreten und wie sie diese argumentativ stützen.*
2. *Diskutieren Sie die Plausibilität der Auffassungen (Frage 3 der Expertenpaare) und begründen Sie Ihre Auffassung.*

Folgen der Conquista aus lateinamerikanischer Sicht (Darstellungen)

Paare A: Der uruguayische Journalist und Schriftsteller Eduardo Galeano, der zeitweilig im Exil in Europa lebte

Bestand unsere Geschichte nicht immer in einer als „Entwicklung" verkleideten Verstümmelung und Zerstörung?

Jahrhunderte zuvor verheerten die Eroberer unsere Felder, um ihre Kulturen für die Ausfuhr anzulegen. Sie rotteten die Eingeborenenbevölkerung in den Silberminen und Goldwäschereien aus, um die Nachfrage in Übersee zu befriedigen. Die Ernährung der präkolumbianischen Bevölkerung, soweit sie die Ausrottung überlebte, verschlechterte sich mit dem zunehmenden Wohlstand der anderen.

Heute produziert Peru eiweißreiches Fischmehl für die Kühe Europas und der Vereinigten Staaten, aber der größte Teil der peruanischen Bevölkerung leidet an Eiweißmangel. (...) Brasilien exportiert immer größere Mengen Fleisch – während die brasilianische Bevölkerung kaum noch weiß, wie Fleisch aussieht. (…)

Heute überqueren keine Sklavenschiffe mehr den Atlantischen Ozean, heute sitzen die Sklavenhändler in den Arbeitsministerien. (…) Unsere Niederlage war seit jeher Bestandteil des fremden Sieges; unser Reichtum hat immer unsere Armut hervorgebracht und dazu gedient, den Wohlstand anderer zu nähren: den der Imperien und ihrer einheimischen Aufseher.

Durch die koloniale und neokoloniale Alchemie verwandelt sich das Gold in Alteisen und die Nahrungsmittel in Gift. (…) Die Indianer unterlagen und unterliegen dem Fluch ihres eigenen Reichtums – und hierin liegt eine Zusammenfassung des Dramas von ganz Lateinamerika.

Galeano, Eduardo: Die offenen Adern Lateinamerikas, Wuppertal 1980, S. 11

Paare B: Der mexikanische Diplomat und Schriftsteller Octavio Paz, 1990 mit dem Nobelpreis ausgezeichnet

Ob man nun die *Conquista* aus der Perspektive der Eingeborenen oder aus der der Spanier betrachtet, in jedem Fall ist sie der Ausdruck eines nach Einheit strebenden Willens. Trotz ihrer inneren Widersprüche ist die *Conquista* eine geschichtliche Tatsache, deren Ziel es war, aus der kulturellen und politischen Vielheit der präkortesianischen Welt eine Einheit zu schaffen. Angesichts der verschiedenartigen Rassen, Staatsformen und Tendenzen der vorspanischen Welt forderte Spanien eine einzige Sprache, einen einzigen Glauben, einen einzigen Gott. (…) Die koloniale Gesellschaftsform beruhte auf einer für die Dauer bestimmten Ordnung, die nach rechtlichen, wirtschaftlichen und religiösen Grundsätzen funktionierte. Diese gingen nahtlos ineinander über und stellten eine lebendige und harmonische Beziehung des Ganzen mit den Teilen her. (…) Nachdem die Bande zu ihrer eigentlichen Kultur abgerissen, ihre Götter tot und ihre Städte zerstört waren, fanden die verwaisten Indios durch den katholischen Glauben einen neuen Platz in der Welt. (…) Man sollte nicht vergessen, daß die Zugehörigkeit zum katholischen Glauben einen Platz im Kosmos bedeutete. (…) In dieser Lage ermöglichte allein der Katholizismus den Eingeborenen, Bindungen mit Welt und Jenseits wieder anzuknüpfen, gab somit ihrem Dasein auf dieser Erde wieder einen Sinn, nährte ihre Hoffnung und rechtfertigte ihr Leben und ihren Tod.

Paz, Octavio: Das Labyrinth der Einsamkeit, Frankfurt/M. 1984, S. 102 ff.

Aufgaben (Expertenpaare)
1. *Untersuchen Sie, ob der Autor die Folgen der conquista eher positiv oder negativ sieht. Analysieren Sie, welche Perspektive (Politik, Gesellschaft, Wirtschaft, Ideologie) für ihn entscheidend ist.*
2. *Besprechen Sie untereinander für den Austausch, ob diese Prioritätensetzung Sie überzeugt.*

Aufgaben für den Austausch
1. *Stellen Sie die Argumente der beiden Autoren dar und äußern Sie Ihre eigenen Vorbehalte oder Zustimmung.*
2. *Erörtern Sie vor dem Austausch im Plenum, inwiefern die Argumentationen Sie überzeugen oder nicht.*

Bismarcks Außenpolitik in der historischen Forschung (Darstellungen)

Paare A: Lothar Gall

In der viel zitierten Reichstagsrede vom 11. Januar 1887 zog er *(Bismarck)* (…) vor aller Öffentlichkeit den Schluß: „Mein Rat wird nie dahin gehen, einen Krieg zu führen deshalb, weil er später vielleicht doch geführt werden muß."

Deutschland, so hieß das, gehöre zu den Mächten, die von einem Krieg nichts zu gewinnen, aber alles zu befürchten haben und die daher bestrebt sein müssen, einen Krieg zu verhindern. Das nannte er in der gleichen Rede „unsere Friedenspolitik", freilich in einem sehr nüchternen, streng interessenorientierten Sinn. In ihm schwang noch nichts von jener späteren, die Zusammenhänge verklärenden und zugleich verdunkelnden Deutung mit, es sei ihm um den europäischen Frieden als einen Wert an sich gegangen. Die Erhaltung des Friedens war ihm vielmehr, so kann man zuspitzend sagen, ebenso ein Instrument wie vor 1871 der Krieg. Beides sollte der Macht des eigenen Staates, ihrer Erhaltung und möglichen Steigerung dienen. (…)

Nur der Friede garantierte seiner Auffassung nach dem Reich seine Unabhängigkeit und Machtstellung. Beides verdankte es, wie er immer deutlicher zu sehen glaubte, einer überaus glücklichen Konstellation nach der Jahrhundertmitte bis zu den Siebzigerjahren, die sich seither, nicht zuletzt im weltpolitischen Maßstab, ständig zu seinem Nachteil verschoben hatte.

Gall, Lothar: Bismarck. Der weiße Revolutionär, Frankfurt/M. 1980, S. 637f.

Paare B: Volker Ullrich

Allerdings wäre es zu einfach, zwischen guter Außenpolitik und schlechter Innenpolitik zu unterscheiden. (…) Der Grundgedanke seiner *(Bismarcks)* außenpolitischen Strategie, Spannungen und Konflikte an die Peripherie abzuleiten, erwies sich ab Mitte der Achtzigerjahre zunehmend als illusorisch. Um dem *cochemar des coalitions* zu entgehen, war Bismarck zu immer gewagteren diplomatischen Manövern gezwungen – zuletzt durch den Abschluß des Rückversicherungsvertrages mit Russland 1887, dessen Wert der Kanzler selbst weitgehend zunichte machte, indem er gleichzeitig einen Wirtschaftskrieg gegen das Zarenreich entfesselte und dieses dadurch erst auf die Seite Frankreichs trieb. Und in der Kolonialpolitik 1884/85 setzte Bismarck, wider Willen, Kräfte frei, die er nicht mehr bannen konnte. Die Dynamik des expandierenden Industriekapitalismus unterlief gleichsam die offizielle Außenpolitik und ließ „die relativ statische Vorstellung deutscher Saturiertheit als unangemessene Metapher" erscheinen. Bismarck war mit seiner Politik an eine Grenze gelangt. Seine Nachfolger sollten diese Grenze überschreiten.

Ullrich, Volker: Die nervöse Großmacht 1871–1918, Frankfurt/M. 1997, S. 123

Aufgaben (Expertenpaare):

1. Erarbeiten Sie aus Ihrem Text, wie der Autor die Bismarcksche Außenpolitik bewertet.

2. Stellen Sie besonders heraus, wie das Verhältnis der persönlichen Rolle und der politischen und wirtschaftlichen Zeitumstände gewichtet werden.

Aufgaben für den Austausch:

1. Stellen Sie sich gegenseitig die Kernaussagen der Texte vor.

2. Besprechen Sie miteinander, ob ihnen beide Interpretationen plausibel erscheinen oder ob Sie die eine oder die andere eher überzeugt.

2.2.3.2 Gruppenpuzzle

Alle Beispiele zur themenverschiedenen Gruppenarbeit können, da sie jeweils übergreifende Fragestellungen aufweisen, leicht auch für ein Gruppenpuzzle genutzt werden. Dies bedeutet zwar einen größeren zeitlichen Aufwand, hat aber den Vorteil, dass bereits in den Stammgruppen, nicht erst im Plenum, intensiv diskutiert werden kann.

Deshalb beschränken sich die speziellen Themen für das Gruppenpuzzle in der Sekundarstufe I und II nur auf wenige Beispiele.

2.2.3.2.1 Beispiele für die Sekundarstufe I

Frauenleben im Mittelalter (Quellen und Darstellungen)

Kommentar:
Die modernen Geschichtsbücher geben dem Alltagsleben im Mittelalter inzwischen den gebührenden Platz und gehen ebenfalls auf die besondere Situation von Frauen ein, auch wenn dies zuweilen als Appen-
dix erscheint. Das vorgeschlagene Gruppenpuzzle setzt insofern einen
anderen Akzent, als in einem Querschnitt die Lebenswelten auf dem
Land, in der Stadt, auf der Burg, im Kloster und als Herrscherin erarbeitet und verglichen werden sollen. Dies hat die Funktion, die Lebenswelten unmittelbar in Beziehung setzen zu können und einen ganzheit-
lichen Blick auf „Frauenwelten" im Mittelalter zu gewinnen. Da die
Geschichtsbücher in der Regel ausreichende Informationen enthalten,
wird hier auf den Abdruck von Materialien verzichtet.

In den Expertengruppen geht es zunächst um die Erarbeitung der je
eigenen Lebenswelt oder der Lebenswelten, sofern sozial differenziert
werden muss (Bäuerin/Magd; Frau eines Handwerkers/eines Patriziers;
Nonne/Äbtissin). Ergänzende – über das Buch hinausgehende – Materialien (vor allem Illustrationen) können als Hausarbeit recherchiert
werden. In den Stammgruppen werden die Ergebnisse zusammen ge-
tragen und – als übergreifende Fragestellung – besprochen, wie die
Lebenswelten in eine Struktur gebracht werden können, die erkennen
lässt, in welchen Welten die meisten bzw. die wenigsten Frauen im Mittelalter gelebt haben.

Die Präsentation kann als Folge von Wandzeitungen erfolgen oder –
wenn man ein zeitaufwändigeres, aber der Kreativität größeren Spiel-
raum lassendes Verfahren wählt – als Zeitung erscheinen. In beiden
Fällen können die Ergebnisse allen Schülerinnen und Schülern zur
Verfügung gestellt werden.

Lebenswelten von Frauen im Mittelalter:
– auf dem Land
– in der Stadt
– auf der Burg

- im Kloster
- als Herrscherin (Königin)

Aufgaben (Expertengruppen)
1. *Teilt in den Stammgruppen Expertinnen und Experten für die jeweiligen Lebenswelten ein.*
2. *Erarbeitet mit den Materialien eures Schulbuchs und durch Recherche zu Hause, wie das Leben von Frauen im Mittelalter aussah. Wenn ihr zu der Ansicht kommt, dass Unterscheidungen, z. B. nach sozialer Stellung, notwendig sind, teilt euch die Arbeit auf.*
3. *Sucht (Hausarbeit) nach Bildern (Internet) oder kopiert solche aus dem Schulbuch, um eure Aussagen zu veranschaulichen.*

Aufgaben (Stammgruppen)
1. *Tragt die Ergebnisse nacheinander vor.*
2. *Die Präsentationsform soll eine Wandzeitung/eine Zeitungsseite sein. Sie soll so aufgebaut werden, dass zunächst die Welt von Frauen dargestellt werden, in der die meisten lebten, bis hin zu der, in der die wenigsten lebten.*

Die „Kriegsschuldfrage" 1914 aus der Sicht von Historikern[89] (Darstellungen)

Gruppe 1: Thomas Nipperdey (1992)

Die deutsche Regierung hat (...) ihren erheblichen Anteil am Kriegsausbruch gehabt. Ihre Planungen und Aktionen haben, vom „Blankoscheck" angefangen, das Kriegsrisiko von vornherein einkalkuliert und insoweit schon objektiv die Zuspitzung der Krise zum Krieg mitbewirkt: Aus der Möglichkeit, wenn es sie denn gab, die Krise durch Vermittlung friedlich zu lösen, ist auch wegen des Verhaltens der deutschen Regierung nichts geworden. Sodann gilt (...): Die Reichsleitung ist nicht der alleinige Urheber des Weltkrieges gewesen, nicht auch der Hauptverantwortliche. Die russische Mobilmachung ist so entscheidend wie der Blankoscheck.

Nipperdey, Thomas: Deutsche Geschichte 1866–1918, Bd. 2, München 1992. S. 695 ff.

---

89 Die Grundidee und Teile der Materialien wurden übernommen aus: Adamski, Peter: Die Kriegsschuldfrage 1914 – ein Tribunal, RAAbits Geschichte, August 2008.

Gruppe 2: Sönke Neitzel (2002)

Nachdem sich im Sommer 1914 (...) der Handlungsspielraum des Deutschen Reiches weiter verringert hatte, war der Mord von Sarajewo das Signal zu einer Risikopolitik (...). Wenngleich die deutsche und die österreichisch-ungarische Politik in der Juli-Krise einer defensiven Grundhaltung entsprangen, trugen sie doch die Hauptverantwortung für den Ausbruch des ersten Weltkriegs. Gewiss darf die Rolle der anderen Mächte, insbesondere diejenige Russlands, nicht außer Acht gelassen werden. Tatsache bleibt jedoch, dass Berlin und Wien gleichermaßen zum Krieg drängten. Für den heutigen Betrachter mutet ihr Handeln, in Kenntnis der Folgen, als unverantwortlich an. In der Tat muss der entscheidende Vorwurf lauten, dass sich weder der österreichische Ministerrat noch die deutsche Reichsleitung ausreichende Gedanken zur Gestalt eines großen Krieges gemacht haben.

Neitzel, Sönke: Kriegsausbruch. Deutschlands Weg in die Katastrophe 1900–1914, München und Zürich 2002, S. 196 f.

Gruppe 3: Michael Fröhlich (1997)

Europa hatte die Nerven verloren, die seit Jahren bestehende Kriegsbereitschaft (hatte) ein auslösendes Moment gefunden. Ihre Ursachen waren vielfältig. Ohne Zweifel zählte auf fast allen Seiten Prestigesucht dazu, aber eben auch eine grundsätzliche Konfliktbereitschaft, die seit den Tagen von Agadir beständig zugenommen hatte. Die Antagonismen (= Gegensätze) zwischen den einzelnen Staaten hatten eine lange Geschichte und erzeugten eine Eigendynamik, die in dem permanenten Spannungszustand vor Kriegsausbruch erst recht zum Tragen kam. Hinzu gesellte sich die Tatsache, daß die europäischen Kabinette bereit waren, sich der Automatik militärischer Planungen hinzugeben und sich damit selbst der Handlungsfreiheit zu berauben. Alle diese Faktoren trafen im Juli 1914 zusammen und bieten einen Erklärungsansatz für die Entwicklung, die Europa in eine Orgie der Gewalt stürzte.

Fröhlich, Michael: Imperialismus, Deutsche Kolonial- und Weltpolitik 1880–1914, 2. Aufl,. München 1997, S. 136 f.

Gruppe 4: Imanuel Geiss (1967)

Der größte Teil der Verantwortung liegt bei der Macht, die zumindest den lokalen Krieg wollte. Diese Macht war eindeutig das Deutsche Reich. Es mag gewiß keinen Weltkrieg unter allen Umständen gewollt haben, aber es drängte ein zögerndes und seiner selbst nicht sicheres Österreich zum Krieg gegen Serbien. Deutschland war außerdem die einzige Macht, die einem Kontinentalkrieg kühl entgegensah, den es glaubte gewinnen zu können, solange England neutral blieb. Österreich wollte natürlich den lokalen Krieg, fürchtete aber den Kontinentalkrieg. Seine Führung hoffte, die deutsche Rückendeckung allein schon würde ausreichen, um Russland von der Intervention zum Schutz Serbiens abzuschrecken. Russland, Frankreich und England bemühten sich, den lokalen wie den kontinentalen Krieg zu vermeiden.

Geiss, Imanuel: Die Kriegsschuldfrage – Das Ende eines Tabus, in: Aus Politik und Zeitgeschichte, B 25/1967. S. 24

Gruppe 5: David Fromkin (2005)

War es die Bereitschaft Deutschlands, einem Verbündeten bedingungslos beizustehen, die 1914 zum Zusammenbruch der europäischen Ordnung führte? Das wäre möglich gewesen, aber in Wirklichkeit verhielt es sich anders: Deutschland stützte nicht blindlings Österreich bei seinem aggressiven Vorgehen; es trieb im Gegenteil Österreich erst zu seinem aggressiven Kurs und drängte die Donaumonarchie dazu, immer weiterzugehen (...). Häufig wurde behauptet, Russlands Entscheidung zur Mobilmachung habe zum Krieg geführt. Das wäre möglicherweise unter anderen Umständen der Fall gewesen. Im Sommer 1914 traf es nicht zu. Die deutsche Regierung hatte sich zum Krieg entschlossen, *bevor* Russland seine Streitkräfte mobilmachte. (...) Darüber hinaus hatten die deutschen Staatsführer geradezu darauf gewartet und gehofft, dass Russland die Mobilmachung erklärte: Dies lieferte ihnen den gewünschten Vorwand und ermöglichte ihnen, die Unterstützung der Bevölkerung zu gewinnen.

Fromkin, David: Europas letzter Sommer. Die scheinbar friedlichen Wochen vor dem Ersten Weltkrieg, München 2005, S. 329 f.

Aufgaben (Expertengruppen)
1. *Lest die Texte und markiert diejenigen Stellen, die für die These des Autors zur Kriegsschuldfrage entscheidend sind.*
2. *Einigt euch darüber, was in die Tabelle zu übertragen ist.*

Aufgaben (Stammgruppen)
1. *Stellt die Ergebnisse aus den Expertengruppen vor und vervollständigt die Übersicht.*

2. Besprecht, welche Auffassung euch am ehesten und am wenigsten überzeugt und notiert für die Auswertung die wichtigsten Argumente.

Tabelle:

Historiker	Hauptverantwortlich	Mitverantwortlich
Nipperdey		
Neitzel		
Fröhlich		
Geiss		
Tomkin		

Kommentar:
Das Gruppenpuzzle kann vor Beginn der Behandlung der Julikrise oder danach durchgeführt werden: Geschieht es vorher, kann damit die Sensibilität für die chronologischen Abläufe und die Aktionen/Reaktionen der beteiligten Mächte erhöht werden; wird es im Anschluss eingesetzt, sind die Schülerinnen und Schüler gefordert, noch einmal die längerfristigen Voraussetzungen für den Ersten Weltkrieg Revue passieren zu lassen (Veränderung der Bündnissysteme) und sind zugleich aufgefordert, die Julikrise selbst als mögliche Ursache für den Krieg zu reflektieren.

Die tabellarisch strukturierte Zusammenfassung allein sichert noch keine Gruppendiskussion, wohl aber die Hierarchisierung innerhalb der Stammgruppen. Insofern hat die tabellarische Übersicht für die Präsentation der Ergebnisse die wichtige Funktion, als Bezugspunkt für die inhaltliche Diskussion zu dienen.

2.2.3.2.2 Beispiele für die Sekundarstufe II

Deutung/Beurteilung der Gracchischen Reformen aus zeitgenössischer und moderner Sicht[90] (Quellen und Darstellungen)

Kommentar:
Historisch relativ offene Situationen und kontrovers geführte Debatten sind besonders geeignete Gegenstände, an denen historisches Lernen

---

90 Idee und Teile der Materialien zuerst veröffentlicht in: Adamski, Peter: Die Reformen des Tiberius Gracchus – Planspiel und Gruppenpuzzle (S II.), RAAbits Geschichte, Mai 2003.

im Sinne der Anwendung quellenkritischer Verfahren sowie der Dekonstruktion von Darstellungen entwickelt werden kann. Dafür ist das Reformprojekt der Gracchen hervorragend geeignet, weil es sowohl in der zeitnahen Geschichtsschreibung als auch in der geschichtswissenschaftlichen Diskussion der Moderne ganz unterschiedliche Positionen gibt. In Auseinandersetzung mit diesen Deutungen können die Lernenden einen Komplexitätszuwachs in Sachen historischer Urteilsbildung gewinnen, ihre eigenen Vorstellungen modifizieren, argumentativ verstärken oder auch revidieren. Fünf Textauszüge sind ausgewählt, die zunächst in Expertengruppen bearbeitet werden. Die Stammgruppen sollen anschließend eine Synopse mit vorgegebenen Kategorien erstellen. Dadurch soll gesichert werden, dass ein übergreifender Gruppenauftrag erfüllt wird und nicht nur die Einzelergebnisse addiert werden.

Gruppe 1: Plutarch

Der griechische Gelehrte Plutarch wurde um 46 n. Ch. geboren. Er hielt sich häufig in Rom auf, wo er Moralphilosophie lehrte.
Sein Bruder Gaius hat in einem Büchlein geschrieben, Tiberius habe, als er auf der Reise nach Numantia durch Etrurien kam und die Öde des Landes beobachtete, und daß die Ackersleute und Hirten vom Ausland eingeschleppte Sklaven waren, damals zuerst die Politik, die ihnen ein solches Maß von Leiden brachte, ins Auge gefaßt. Am meisten aber entfachte das Volk seinen Eifer und seinen Ehrgeiz, indem es ihm durch Inschriften in Hallen, an Wänden und Denkmälern aufforderte, den Armen das Staatsland wiederzugewinnen.

Übrigens entwarf er den Gesetzesantrag nicht ganz auf eigene Hand, sondern bediente sich des Rates ausgezeichneter und hochangesehener Bürger, unter denen sich der Pontifex Maximus Crassus, der Rechtsgelehrte Mucius Scaevola, damals Konsul, und Appius Claudius, der Schwiegervater des Tiberius, befand, und tatsächlich ist wohl niemals gegen soviel Unrecht und Habsucht ein milderes und schonenderes Gesetz beantragt worden. Denn den Leuten, welche eigentlich eine Strafe für ihren Ungehorsam erleiden und das Land, das sie entgegen den Gesetzen nützten, unter Erlegung einer Buße hätten herausgeben müssen, erlegte es nur auf, das zu Unrecht Besessene gegen Empfang einer Entschädigung zu räumen und es die hilfsbedürftigen Bürger in Besitz nehmen zu lassen. Aber obwohl der Reformvorschlag so gemäßigt war, war das Volk doch bereit, das Geschehene geschehen zu lassen, wenn ihm nur fortan nicht weiter Unrecht geschehe. Aber die Reichen und Gutsbesitzer waren aus Habsucht gegen das Gesetz und aus Zorn und

Neid gegen den Gesetzgeber erbittert und suchten das Volk von ihm abzuziehen durch die Behauptung, Tiberius strebe eine Landaufteilung an, um den Staat zu stürzen, und sei auf eine allgemeine Revolution aus. Aber sie schafften damit nichts. Denn Tiberius, der für eine gute und gerechte Sache mit einer Beredsamkeit kämpfte, die auch einer schlechteren Sache den Schein des Rechtes hätte geben können, war stark und unwiderleglich, wenn er, während das Volk die Rednerbühne umringte, auftrat und solche Worte über die Armen sagte: „Die Tiere in Italien haben ihre Gruben, jedes von ihnen hat seine Lagerstätte, seinen Unterschlupf; aber die Menschen, die für Italien kämpfen und sterben, haben wohl an Luft und Licht, aber an sonst nichts Anteil. Ohne Haus und ohne Wohnsitz streichen sie mit ihren Kindern und Frauen herum, und die Feldherren lügen, wenn sie in den Schlachten die Soldaten ermahnen, für ihre Gräber und Heiligtümer gegen die Feinde den Kampf zu führen, denn keiner von so vielen Römern hat einen vom Vater ererbten Altar, ein Grabmal der Ahnen, sondern für die Völlerei und den Reichtum anderer ziehen sie in den Krieg und sterben. Herren der Erde werden sie genannt, aber nicht eine Scholle haben sie zu eigen."

Plutarch: Tiberius Gracchus, 8–9. Übersetzt von Konrat Ziegler, in: Plutarch. Auswahl und Einleitung von Konrat Ziegler, Frankfurt/M 1957, S 209 f.

Gruppe 2: Appian

Der Grieche (geb. zwischen 90/95 n. Chr.) war ein Geschichtsschreiber aus Alexandria. Er schrieb u. a. eine Römische Geschichte, die von den Anfängen bis ins 2. Jahrhundert reicht.
Tiberius sprach mit feierlichem Ernst von dem Italikerstamme, seiner großen Kriegstüchtigkeit und seiner Verwandtschaft mit den Römern, wie er nach und nach herabsinke in Armut und Menschenmangel und gar keine Hoffnung auf Abhilfe haben könne. Er sprach voller Empörung über den Sklavenstand, der zum Kriege nicht zu gebrauchen sei und keine Treue gegen seine Herren kenne, wobei er anführte, was erst vor kurzem den Herren in Sizilien von ihren Sklaven widerfahren sei, wo auch die Zahl der Sklaven infolge ihrer Verwendung als Landarbeiter allzu stark angeschwollen sei; und der Krieg der Römer gegen sie sei weder leicht noch von geringer Dauer gewesen, sondern habe sich auf eine lange Zeit hingezogen und mancherlei gefährliche Wendungen mit sich gebracht. Nach dieser Rede erneuerte er das Gesetz, kein römischer Bürger solle mehr als 500 Joch (vom ager publicus) zu eigen haben. Über das alte Gesetz hinaus legte er für die Söhne noch jeweils 250 Joch dazu, was aber darüber hinaus ginge, sollten drei all-

jährlich gewählte Männer unter die Besitzlosen verteilen. Dieser letzte Punkt nun war es, der den Reichen am meisten Beschwerde machte, da sie mit Rücksicht auf diese Dreimänner nicht mehr wie früher das Gesetz mißachten noch Land, das anderen zugefallen war, aufkaufen konnten; denn Gracchus hatte in weiser Voraussicht den Verkauf von Land verboten. So traten denn die Reichen in Gruppen zusammen, wehklagten und hielten den Armen die Aufwendungen vor, die sie seit langer Zeit für Feldbestellung, Anpflanzungen und Gebäude gemacht hätten; andere wiesen auf die Kaufsumme hin, die sie an die Nachbarn gezahlt hatten, ob sie auch die zusammen mit dem Grundstück einbü-ßen sollten; andere erwähnten die dort befindlichen Gräber ihrer Vä-ter (...), andere die Mitgift ihrer Frauen, die sie in diese Grundstücke gesteckt hätten, oder auch, das Land sei ihren Kindern als Aussteuer gegeben worden; die Gläubiger wiesen auf die Schuldtitel hin, die auf diesem Lande hafteten; so herrschte überall nichts als Unordnung, Jam-mer und Empörung in einem. Auf der anderen Seite klagten die Ar-men, sie würden aus Wohlstand in die schlimmste Armut gestürzt und dadurch wieder zu Kinderlosigkeit verurteilt, weil sie nicht imstande seien, ihre Kinder aufzuziehen. Dazu zählten sie alle Feldzüge auf, die sie bei der Gewinnung des Landes mitgemacht hätten, und murrten, daß sie um ihren Anteil an dem Gemeinbesitz gebracht werden soll-ten. (...) Während beide Parteien solche Klagen vorbrachten und sich gegenseitig Vorwürfe machten, kam noch die Menge all der Leute hin-zu, die in den Siedlungsstädten (colonia) und den freien Landstädten (municipium) Italiens oder sonstwie an diesem Lande Anteil genom-men hatte und jetzt für ihren Anteil fürchten mußte, und verteilte sich auf die beiden Parteien. Im Vertrauen auf ihre große Zahl wurden sie ausfällig, zettelten erbitterte Aufstände an und warteten auf die Ent-scheidung über das Gesetz. (...) Was aber Gracchus mit seinem Gesetz beabsichtigt hatte, war nicht Wohlstand, sondern eine gesunde Bevöl-kerung zu schaffen. Begeistert von dem Nutzen seines Vorhabens, dem Besten und Herrlichsten, was Italien je geschehen könne, bedachte er in keiner Weise die damit verbundenen Schwierigkeiten.

Appian, Die Bürgerkriege, Buch I, 9 – 11. Übersetzt von Walter Arend, in: Geschichte in Quellen, Bd. I, 2. Aufl., München 1975, S 470 f.

Gruppe 3: Jochen Bleicken

Die Gründe, die Ti. Gracchus zu der rigorosen Methode der Durch-setzung seines Gesetzes trieben, lagen nicht nur in der Sorge um die wirtschaftliche Not des Bauernstandes, sondern vor allem auch in der durch sie verursachten Schwächung des Milizwesens. Denn da der Soldat sich selbst ausrüsten mußte, war der Militärdienst an ein gewisses Vermögen – in der Regel ein Bauernhof mittlerer Größe – gebunden, und dieses hatten, wie die Vergangenheit lehrte, immer weniger Römer aufweisen können. Sein politisches Ziel war daher durchaus nicht revolutionärer Art. Er wollte lediglich dem Bauernstand wieder seine alte Stärke zurückgeben und mit ihm dem Instrument, auf dem die römische Macht ruhte, dem Heer, die alte Rekrutierungsbasis erhalten. Auch nahm er niemandem ein Stück Eigentum weg, mochten auch viele Nobiles das von ihnen okkupierte Land schon als etwas ihnen Gehöriges angesehen haben. Und doch war er ein Revolutionär. Er hatte nämlich, da er sich nicht anders durchsetzen konnte und er sein Ansiedlungsgesetz andererseits für den Bestand des Staates als unabdingbar ansah, durch die Absetzung des interzedierenden Kollegen dem Senat die politische Entscheidungsgewalt genommen und sie auf die Volksversammlung oder genauer – da die Volksversammlung passiv war, nur auf Anträge des sie leitenden Magistrats reagieren, also nicht agieren konnte – auf den die Volksversammlung leitenden Beamten übertragen. Damit war ein zweites politisches Entscheidungszentrum neben dem Senat geschaffen und also das jahrhundertealte sozialpolitische Gefüge in Frage gestellt worden.

Bleicken, Jochen: Geschichte der Römischen Republik, 2. Aufl. München – Wien 1982, S 65 f.

Gruppe 4: Karl Christ

Der Gesetzesantrag, für den Ti. Gracchus mit so ungewöhnlicher Leidenschaft warb, war indessen außerordentlich umsichtig aufgebaut und sehr sorgfältig auf alle abgestimmt, die von den Problemen berührt wurden. Man wird wohl nicht fehlgehen, wenn man zumindest hinter den Grundlinien des Reformprogrammes den Rat der kundigen Juristen seines Kreises vermutet. Es war schon von vornherein ein sehr geschickter Schachzug des Ti. Gracchus, daß er keine umstürzenden Neuregelungen für den *ager publicus* forderte, sondern daß er lediglich die Wiederinkraftsetzung der alten Höchstgrenzen verlangte, wobei er den Okkupanten sogar noch entgegenkam, indem er die Besitzgrenzen in bestimmten Fällen erweiterte. Denn Ti. Gracchus wollte in seinem Ackergesetz zwar die bisherige Höchstgrenze für den Besitz an *ager publicus* im Umfang von 500 jugera als Norm wieder einführen. Hatte der betreffende Besitzer aber Kinder, so konnte der Umfang je Kind um weitere 250 jugera vergrößert werden, doch sind die Einzelheiten für diese Berücksichtigung der Kinder umstritten. Dabei blieb das fruchtbarste Gebiet Italiens, der sogenannte *ager campanus*, von der Reform ausgenommen. (...)

Der Gesetzentwurf, den Ti. Gracchus selbstverständlich schon vor der entscheidenden Abstimmung in der Volksversammlung propagierte, löste eine lebhafte Diskussion aus, und in allen Bevölkerungsteilen wurden jetzt lange aufgestaute Gefühle, Wünsche oder Befürchtungen wach. Daß die Mehrzahl der Kleinbauern und Plebejer für das Gesetz eintrat, war vorauszusehen, wohl kaum dagegen die völlig kompromißlose und geschlossene Ablehnung des Reformvorschlages durch die Senatoren und Grundbesitzer. Denn die Vorlage hob zwar einerseits alte Gewohnheitsrechte wieder auf, andererseits bot sie den bisherigen Okkupanten aber doch auch eine gewisse Kompensation, denn das okkupierte Land sollte in beträchtlichem Umfang nunmehr in ihr endgültiges Eigentum übergehen. (...)

Der Haupteinwand der Nobilität war indessen die Tatsache, daß hier im Prinzip das Kleinbauerntum auf Kosten der Nobilität gestärkt werden sollte. Es war zudem überhaupt eine offene Frage, ob die inzwischen nach Rom übergesiedelten, ehemaligen freien Bauern und die übrigen Proletarier wirklich noch einmal zu einem lebensfähigen Bauerntum formiert werden konnten. Im Endergebnis sind solche Zweifel nur allzusehr bestätigt worden. Denn in vielen Fällen haben die Neusiedler ihre kleinen Höfe später wieder verkauft, sobald sie dazu nur ein Recht und die Möglichkeit hatten.

Schließlich sind auch jene Bedenken nicht völlig zu zerstreuen, die sich gegen den Weg richteten, den Ti. Gracchus damals einschlug. Denn der übliche Weg für einen solchen Gesetzesantrag sah doch wohl zunächst die Vorberatung im Senat vor. Nach den Vorgängen unter Laelius hat Ti. Gracchus diesen Weg aber gar nicht erst in Erwägung gezogen, sondern den Antrag sofort vor das Volk gebracht, so wie das rund 100 Jahre vor ihm auch C. Flaminius mit seinem Siedlungsgesetz getan hatte. Damit war der Gesetzesantrag des Ti. Gracchus in eine ganz bestimmte Tradition gestellt und von allem Anfang an zu einer Kampfvorlage geworden.

Christ, Karl: Krise und Untergang der römischen Republik, 2. Aufl, Darmstadt 1984, S 123 ff.

Gruppe 5: Siegfried Lauffer

Was die gelehrten Kritiker als Rechtsfrage beurteilen, war in Wirklichkeit eine Machtfrage. Die Masse des Stadtproletariats und des Landvolks stand hinter Gracchus, weil sie in ihm den entschlossenen Vorkämpfer sah und in seinem Auftreten erstmals eine reale Chance zur Änderung der Machtverhältnisse witterte. Auf der Gegenseite begriff die herrschende Nobilität ebenso rasch, daß Gracchus den „Pöbel beschwor" und an das Fundament der bestehenden Ordnung rührte. Daß zunächst nicht dagegen anzukommen war, verstärkte die Erbitterung.

Es war ein weiterer Affront, daß das Volk nach Annahme des Gesetzes eine Dreierkommission zur Durchführung wählte, die aus Tiberius, seinem Bruder Gaius und einem ihrer Verwandten bestand. Nicht die Tatsache war neu, daß eine Sippe gemeinsame Sache machte – der Clan als politischer Faktor –, sondern daß sich eine solche Gentilpolitik gegen das herrschende Interesse richtete. Der Senat, der als Finanzbehörde auch noch die Mittel für das in Kraft getretene Gesetz bereitzustellen hatte, bewilligte in ohnmächtiger Reaktion das Minimum an Diäten für die Kommissionsmitglieder – sie wurden als Tagelöhner eingestuft – und lehnte die Beschaffung eines Zeltes für die Arbeit der Landvermessung sogar ab. Eine tragikomische Episode, wie sie die Geschichte am Rande großer Ereignisse bisweilen liebt.

Die Kommission mußte bald erkennen, daß die bodenrechtlichen Verhältnisse, wie von den Schwarzsehern vorausgesagt, äußerst verworren waren, sozusagen ein gordischer Knoten. (...) Tiberius war gezwungen – um den Fortgang des Werks zu sichern –, seine Wiederwahl als Tribun für das nächste Jahr zu betreiben, was wiederum Verfassungsschwierigkeiten erwarten ließ. (...)

Es war folgerichtig, daß Tiberius Gracchus von seinen Gegnern jetzt bezichtigt wurde, er strebe nach einer monarchischen Stellung. Gewiß wollte er das nicht, aber der Zwang der Dinge wies in diese Richtung. Die Lösung der Probleme verlangte in der Tat mehr langfristige Planung, mehr Persönlichkeiten in dauerhafter Position. Das sollte sich in der Folgezeit, bei Marius, Sulla, Pompeius, Caesar, Augustus in zunehmendem Maße erweisen. Gerade darin war die Senatsoligarchie auch besonders hellhörig. Daß sie den Sinn der gracchischen Reformidee wirklich wahrnahm, den Strukturwandel in Staat und Gesellschaft überhaupt sah, muß man bezweifeln, aber daß sie die Bedrohung ihrer Existenz durch das Aufkommen personaler Machttendenzen instinktiv erfaßte, ist außer Zweifel.

Nur aus dieser Existenzangst der Herrschenden ist die plötzliche Zuspitzung der Lage zu erklären, als Tiberius auf ein zweites Tribunatsjahr zusteuerte. Eine irrationale, panikartige Reaktion der Opponenten im Senat war die Folge. Sie griffen zu einem verzweifelten Mittel: der Ermordung des Gracchus.

Lauffer, Siegfried: Tiberius und Gaius Gracchus, in: Die Großen der Weltgeschichte, Bd. I, hrsg. von Kurt Fassmann, Zürich 1971, S 824 ff.

Aufgaben für die Expertengruppen

1. Welche Begebenheiten, Hintergründe und Motive werden von den Autoren genannt, die die Reformen und ihr Scheitern verständlich machen?
2. An welchen Stellen der Texte wird deutlich, ob und/oder wie die Autoren das Vorhaben des Tiberius Gracchus beurteilen?

Aufgabenstellung für die Stammgruppen:

Ihre Aufgabe besteht darin, aus den unterschiedlichen Deutungen der Reformen der Gracchen eine Synopse zu erstellen, die von folgenden Fragestellungen ausgeht:

1. Steht der jeweilige Autor den Vorhaben positiv, negativ oder relativ neutral gegenüber?
2. Wie werden die geplanten Maßnahmen und ihre Wirkung charakterisiert?
   Als Revolution = gründliche Änderung der Machtverhältnisse?
   Als Reform = bescheidene Veränderung der Verhältnisse?
   Als Wiederherstellung von alten Verhältnissen?
   Sichten Sie unter diesen Fragestellungen die Ergebnisse der Experten und tragen Sie in die Synopse die notwendigen Begriffe ein.
   Bereiten Sie sich darauf vor, in der Auswertung z. B. mit Textverweisen die Stichworte zu erläutern.

Synopse	positiv	negativ	neutral	Charakter der Veränderung
Appian				
Plutarch				
Bleicken				
Christ				
Lauffer				

Wahlergebnisse in Weimar: Arbeit mit Diagrammen[91] (Darstellungen)

Kommentar:

Eigentlich sollen Diagramme quantitativ messbare, klar zu definierende und errechenbare Werte oder Größeverhältnisse *leicht überblickbar veranschaulichen.* Das fällt den Gestaltern nicht immer leicht, weil sie entscheiden müssen, wie in verantwortlicher Weise Parameter zu reduzieren sind, ohne die Komplexität zu vernachlässigen. Den Didaktikern fällt es ähnlich schwer zu entscheiden, inwiefern solche Schaubilder oder Grafiken für die Lernenden eher offen oder gelenkt angelegt werden sollen. Die Schülerinnen und Schüler stehen in der Regel vor der Problematik, solche Diagramme – inklusive ihres mehr oder weniger umfänglichen Anmerkungsapparates – überhaupt zu verstehen.

Der Vorschlag für das Gruppenpuzzle fokussiert auf das „klassische" Diagramm und reduziert zugleich die zentrale Frage darauf, wie mit Beginn der Präsidialkabinette (1930) die Republik bzw. die die Republik tragenden Kräfte eine parlamentarische Mehrheit sichern können. Dazu werden den Lernenden unterschiedliche Variationen der Veranschaulichung angeboten: unterschiedliche Formen von Linien- und Säulendiagrammen (S. 138–141).

Die Lernenden sind aufgefordert, ihre Tauglichkeit für den Einsatz im Unterricht zu untersuchen. Damit sind sie zugleich angehalten, fachdidaktische Medienkompetenz zu reflektieren.

---

91 Die Idee wurde entwickelt nach: Mayer, Ulrich: Das Diagramm – am Beispiel der Weimarer Republik, in: Pandel, Hans-Jürgen/Schneider, Gerhard (Hrsg.): Handbuch Medien im Geschichtsunterricht, 4. Aufl., Schwalbach/Ts. 2007, S. 146–169.

Gruppe 1: a: Liniendiagramm

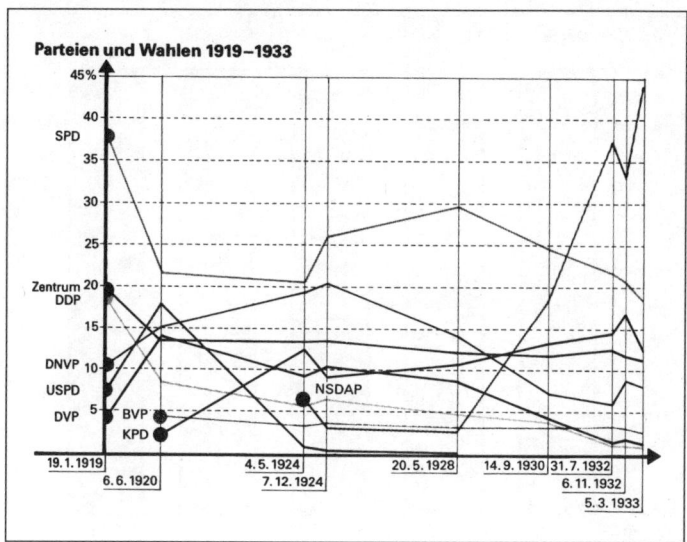

Parteien und Wahlen 1919–1933

Gruppe 2: b: Liniendiagramm

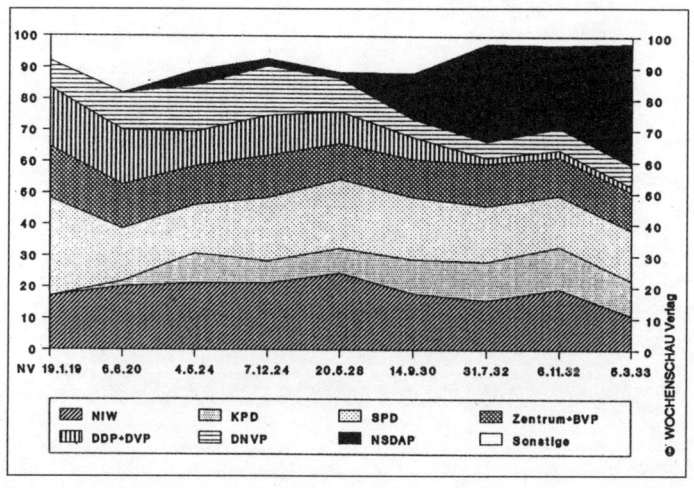

Stimmenanteile bei den Reichstagswahlen

Gruppe 3: c: Säulendiagramm

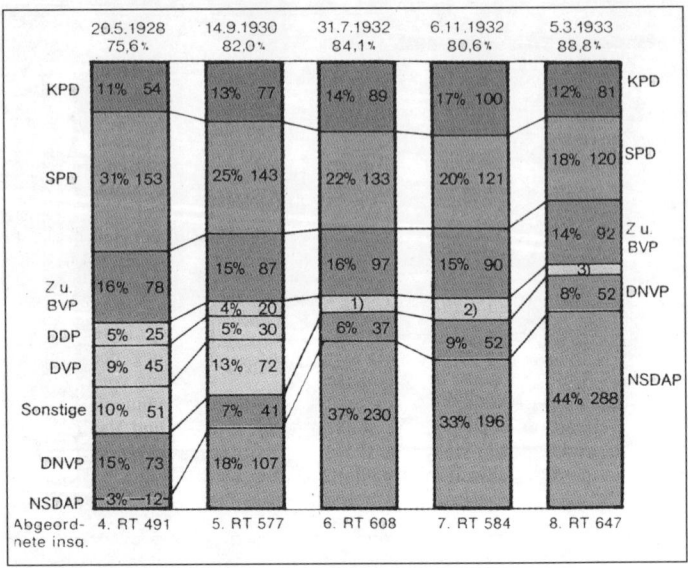

Die wechselnde Stärke der Parteien in den Reichstagen

Gruppe 4: d: Säulendiagramm

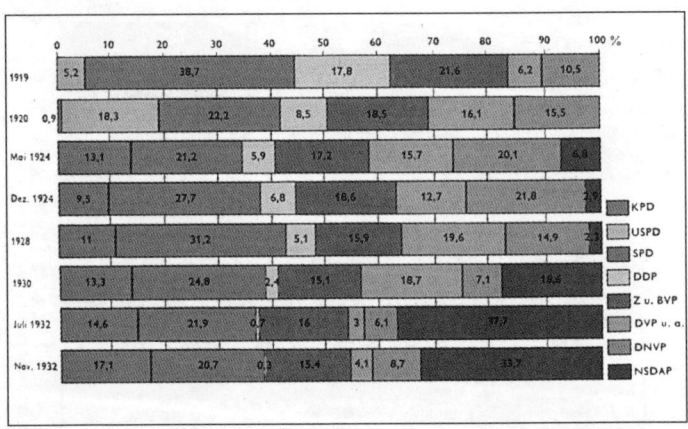

Die Wahlergebnisse 1919–1932 in Prozent der Abgeordnetensitze

Gruppe 5: e: Säulendiagramm

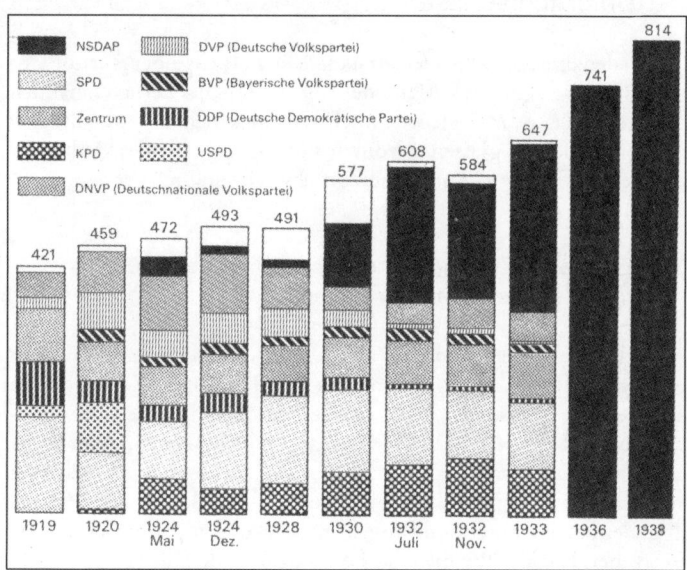

Parteienentwicklung in der Weimarer Republik, abgegebene Stimmen in Prozent

Abb. 8 a–e: Diagramme zu „Parteien und Wahlen in der Weimarer Republik"
Alle aus: Pandel, Hans-Jürgen/Schneider, Gerhard: Handbuch Medien im Geschichts-unterricht, 4. Aufl. Schwalbach/Ts. 2007, S. 152–156

Aufgaben (für die Expertengruppen)
Sie haben die Aufgabe, für ein Geschichtsbuch ein passendes Dia-gramm für die politischen Verhältnisse in der Weimarer Republik ab 1930 auszuwählen.
1. Sehen Sie sich das vorliegende Diagramm an: Besprechen Sie, ob Sie das vorliegende eher für geeignet, bedingt geeignet oder völlig ungeeignet halten.
2. Begründen Sie Ihre Position und entwickeln Sie Forderungen an eine angemessene mediale Darstellung.

Aufgaben (für die Stammgruppen)
1. Erklären und erläutern Sie Ihre Ergebnisse.
2. Entwickeln Sie eine Grafik oder übernehmen Sie eine solche, die Ihren Erwartungen am ehesten entgegen kommt.

3. Methoden kooperativen Arbeitens in einzelnen Unterrichtsphasen

Neben den drei Grundformen kooperativen Lernens gibt es für alle Unterrichtsphasen geeignete Methoden, die historisches Lernen inhaltlich zielgerichteter und mit einem deutlicheren didaktischen Fokus initiieren können. Gleichzeitig lassen sich durch die Möglichkeiten des Methodenwechsels die Unterrichtsarrangements abwechslungsreicher gestalten.

3.1 Einstiege: Zugänge und Voraussetzungen für historisches Lernen erfassen

Nicht bei allen Themen, die das Curriculum des Faches ausmachen, ist es möglich die Vorkenntnisse und Voreinstellungen der Lernenden zu ermitteln, im Gegenteil: Es wird sich auf eine relativ überschaubare Anzahl beschränken, nämlich vornehmlich auf solche, die entweder in der Geschichtskultur stark präsent sind oder aber auf besondere Faszination vor allem bei jüngeren Schülern stoßen, z. B. das Alte Ägypten, Römer und Germanen, Ritter und Burgen, Entdeckungen und Eroberungen. In solchen Fällen sollte die Chance genutzt werden, um einerseits die Unterrichtsreihen besser auf die Kenntnisse der Lernenden abstimmen zu können oder Einzelnen wie Partnern die Möglichkeit zu eröffnen, über ein Referat diese Spezialinteressen fruchtbar für den Unterricht einbringen zu können.

3.1.1 Brainwriting

Ein Brainstorming zu einem Schülerinnen und Schüler im Geschichtsunterricht interessierenden Thema (z. B. „Jugend im Nationalsozialismus") ließe sich relativ unaufwändig durchführen, wenn die Lehrkraft nach Nennung des Themas beispielsweise drei Minuten Wortbeiträge sammelte, diese dann strukturiert an die Tafel schriebe und damit den Verlauf der Unterrichtsreihe skizzierte. Sie könnte – als Variante – auch die Wortbeiträge stichwortartig sofort unsortiert an die Tafel schreiben und im Folgenden gemeinsam mit der Lerngruppe daraus eine Struktur entwickeln. Beide Verfahren haben einen entscheidenden Nachteil: Es werden die mehr wissenden, schnelleren, wortgewandteren und damit immer nur dieselben Teile der Klasse sein, die ihre Beiträge wieder finden – die im Übrigen zunächst spontan und damit unreflektiert geäußert werden.

Das Verfahren „Brainwriting" versucht, einen größeren Teil der Lernenden einzubinden und reflektierter – auch präziser – Vorkenntnisse/ Interessen einzubringen. Es ist besonders geeignet für offene, zunächst noch überhaupt nicht strukturierte Einstiege in ein Thema.

Je nach Größe der Lerngruppe erhalten Zweier- bis Vierergruppen Moderationskarten (oder verschieden farbige A5-Blätter), deren Anzahl jedoch begrenzt sein sollte (fünf bis sechs), damit das Brainstorming nicht die Hälfte der Zeit der Unterrichtseinheit beansprucht. Auf diese Karten soll präzise, gut lesbar und in nur wenigen Stichworten jeweils nur eine Idee bzw. ein thematischer Aspekt geschrieben werden. Das bedeutet: Die Gruppen haben angesichts begrenzter Kartenzahl zu diskutieren und zu entscheiden, welche Aspekte/Ideen ihnen besonders wichtig erscheinen, was etwa für eine Gruppe so aussehen könnte:

- Karte 1: Uniformierung
- Karte 2: Hitlerjugend
- Karte 3: Weiße Rose
- Karte 4: Zwang/Gehorsam
- Karte 5: geregelte Freizeit
- Karte 6: Ausschluss jüdischer Schüler.

Bei einer zweiten Gruppe:
- Karte 1: HJ/BDM/Pimpfe
- Karte 2: Lieder, marschieren, Kleidung
- Karte 3: Widerstand (Sophie Scholl)
- Karte 4: werden in den Krieg eingezogen
- Karte 5: kein Einfluss der Eltern
- Karte 6: viel schulfrei.

Anschließend werden die Karten der Gruppen vorgelesen und zunächst ohne jeden Kommentar von der Lehrkraft oder der Gruppe selbst an die Tafel/Moderationswand geheftet. Fragen sind lediglich hinsichtlich des Verständnisses zugelassen (z. B.: Was meint ihr mit „in den Krieg eingezogen"?). Durch dieses Verbot eines inhaltlichen Kommentars soll gewährleistet werden, dass die Lernenden auch Ungefiltertes oder Unpräzises oder gar politisch Unkorrektes aufschreiben und ins Gespräch bringen können – weil es ja später inhaltlich aufgearbeitet wird.

Im nächsten Schritt entwickelt die gesamte Lerngruppe eine inhaltliche Struktur, ein thematisches Cluster. Diese zeitaufwändige Prozedur kann so variiert werden, dass eine der Gruppen einen Vorschlag macht, der dann gemeinsam besprochen, u. U. ergänzt bzw. korrigiert werden kann. In dem vorliegenden Beispiel wäre „HJ" etwa ein Oberbegriff, der sich auffächern ließe in „Schule", „Freizeit", „Organisation" etc., ein anderer „Widerstand" usw.

Beispiel für die Grundstruktur eines Clusters

Jugend im Nationalsozialismus

Hitlerjugend	Gegner/Widerstand	Ausgeschlossen
Reglementierte Freizeit	Weiße Rose	Jüdische Schüler
Uniformierung	Edelweißpiraten	Gegner?
Pimpfe, BDM		
Schulfrei		

Aus diesem Cluster können dann die Themenschwerpunkte und die Reihenfolge ihrer Behandlung festgelegt werden – wenn man will, auch durch eine Punktabfrage, bei der jede Schülerin, jeder Schüler z. B. fünf farbige Punkte erhält, die als einzelne oder kumuliert auf die thematischen Aspekte geklebt werden, die sie/ihn am meisten interessieren. Das Cluster sollte als „Kontrollzettel" in der Klasse verbleiben oder allen zur Verfügung gestellt werden (Foto mit der Digitalkamera und Kopien für alle), um den Gang des Unterrichts und den Wissensfortschritt sichtbar zu machen.

Das Brainwriting als kooperative Methode für einen Einstieg in eine Unterrichtseinheit geht auf die Interessen der Schüler (genauer: einer größeren Zahl) ein, kann dadurch und durch die Transparenz des Vorgehens die Lernmotivation erhöhen und macht am Schluss sichtbar, zu welchen Ergebnissen die Klasse gekommen ist, die das Ausgangswissen ergänzt, vertieft und differenziert haben.

3.1.2 Graffiti[92]

Graffiti ist ein – im Vergleich zum Brainwriting – gezielteres und strukturierteres Verfahren, das gemeinsames Lernen in den Mittelpunkt stellt, ohne die individuellen Kenntnisse hintan zu stellen. Es beschreibt den Weg, aus individuellen Wissensbeständen zunächst für eine Kleingruppe, anschließend für die gesamte Lerngruppe Vorkenntnisse und Voreinstellungen zu sammeln, sie zu strukturieren und schließlich zu präsentieren. Es bietet folgende Möglichkeiten:

– Schülerinnen und Schüler werden dazu motiviert und aufgefordert, Einzelinformationen zu bündeln und zu strukturieren.

– Die Kleingruppe wird als Möglichkeit angeboten und genutzt, Kenntnisse, Vorwissen und Voreinstellungen einer ersten Qualitätskontrolle zu unterziehen: In der Kleingruppe kann und sollte bereits diskutiert werden, was als wichtig, abseitig oder gar falsch erkannt wird.

– Kleingruppen bekommen die Verantwortung übertragen, erste Ergebnisse zu diskutieren und zu präsentieren.

– Die Lehrkraft erhält einen sehr genauen Überblick, an welchen Vorkenntnissen und Voreinstellungen (Stereotypen) angeknüpft werden muss, um für genau diese Lerngruppe ein Lehr-/Lernarrangement zu entwickeln, das weder überfordernd noch unterfordernd ist. Im Zweifelsfall, wenn sich äußerst heterogene Strukturen abbilden: Wie angemessene differenzierte Lernprozesse zu organisieren sind.

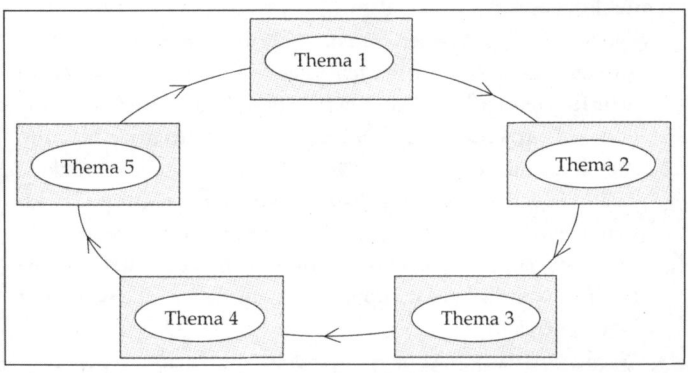

Abb. 9: Graffiti

Aus: Weidner, Margit: Kooperatives Lernen im Unterricht, Seelze-Velber 2003, S. 158

---

92 In Teilen übernommen aus: Adamski, Peter: Graffiti im Geschichtsunterricht; in RAAbits Geschichte, Mai 2004

Ablauf

Vorbereitungen

– Falls die Lerngruppe nicht ohnehin an Gruppentischen arbeitet, werden zunächst solche nach Zahl der zu bildenden Kleingruppen im Klassenraum zusammengestellt. Anschließend werden die Arbeitsgruppen gebildet (nicht mehr als 4–5 Schülerinnen und Schüler pro Gruppe), die sich an die Gruppentische setzen.

– Auf jeden Gruppentisch wird ein großer Papierbogen gelegt (mindestens im Format A 1; Rückseite von Plakaten, Tapetenrollen, Restbögen von Zeitungsdruckrollen) sowie eine ausreichende Zahl von dicken, verschieden farbigen Filzstiften. Die Papierbögen sind so gestaltet, dass sie den jeweiligen Themenaspekt fokussieren, genügend Platz für Notizen der Schülerinnen und Schüler lassen und in der Mitte des Bogens in Form eines Kreises oder Rechtecks den Raum für das spätere Strukturbild (Cluster) frei lassen.

Tipp: Es ist wichtig, dass die Aufgabenstellung für das Gruppenthema zweifelsfrei formuliert ist, damit die Kleingruppe weiß, auf welche Frage sie antworten soll.

Durchführung

– Die Kleingruppen haben nun die Aufgabe, innerhalb einer festgesetzten Zeit, z. B. 5 Minuten, alles zu notieren, was ihnen zu dem Themenaspekt einfällt; zunächst ohne weitere Strukturierung und egal, an welcher Stelle des Raumes für Notizen sie dies tun. Allerdings mit der Auflage, sich auf Stichworte zu beschränken. Anschließend wandert das Blatt an den nächsten Gruppentisch weiter, wo die folgende Gruppe das Thema weiter bearbeitet, d. h. Ergänzungen zu dem bereits Geschriebenen notiert, während die am Tisch verbliebene Gruppe zu einem neuen Themenaspekt Notizen ergänzt.

– Wiederum nach 5 Minuten wandern die Kleingruppen oder der Papierbogen zum nächsten Tisch usw., bis schließlich alle Kleingruppen wieder ihren ursprünglichen Themenbogen zurück erhalten.

Tipp: Nach meiner Erfahrung sollten die Zeitabstände, in denen die Themen weiter gereicht werden, nicht gleich sein, sondern ständig kürzer werden. Den letzten Gruppen wird so viel Neues nicht mehr einfallen; wenn sie immer noch 5 Minuten Zeit haben, werden sie sich langweilen oder eher unsinnige Einträge machen bzw. Unruhe in die Klasse tragen.

Der Zeitplan sollte insgesamt so aussehen, dass diese erste Phase nach ca. 15 bis 20 Minuten abgeschlossen ist.

Auswertung
– Anschließend haben die jeweiligen Kleingruppen die Aufgabe, die Notizen auf den Papierbögen in eine sinnvolle Struktur zu bringen. Diese kann etwa auf einem gesonderten Blatt oder einer Folie festgehalten werden. Noch günstiger ist m. E. aber die hier vorgestellte Variante, die schon auf dem Ausgangsbogen hinreichend Platz lässt für ein Cluster. Anschließend kann dieses Cluster ausgeschnitten und im Klassenraum aufgehängt werden. So kann Schritt für Schritt in der folgenden inhaltlichen Aufarbeitung der Themen nachvollzogen werden, was noch zu den Aspekten zu ergänzen, zu vertiefen oder aber auch zu korrigieren ist.

Beispiel: Graffiti im Anfangsunterricht zum Thema „Das alte Ägypten" (1 Unterrichtsstunde)
In einem ersten Schritt sind die einzelnen Themenaspekte zu formulieren, die dann in den Kleingruppen über Graffiti zu bearbeiten sind. Diese könnten z. B. sein:
1. Pyramiden
2. Mumien
3. Schrift
4. Pharao
5. Leben am Nil

Für die Arbeit mit Graffiti ist es unerheblich, ob gleichgewichtige Themenaspekte ausgewählt werden. Bei unserem Beispiel wird es vermutlich so sein, dass zu den ersten drei Themenaspekten relativ viel, zu den zwei folgenden vielleicht weniger Notizen auf den Plakaten zu finden sein werden. Dies gibt aber nur Auskunft über die Facetten des Themas, die in der Geschichtskultur besonders hervorgehoben werden und damit Schülerinnen und Schülern eher bekannt sind. Es ist zweitens unwichtig, ob es zwischen einzelnen Themenaspekten Überschneidungen gibt (wie hier bei 1, 4), solange die grundsätzlichen Unterschiede noch sichtbar sind.

Die Gruppe „Pyramiden"

Die Ausgangsgruppe hat sich zunächst intensiver mit ihrer Fragestellung beschäftigt: „Was fällt euch zu Pyramiden ein?" Wie schon erwähnt, sollen die Aufträge für die Gruppenarbeit so eindeutig gestellt sein, dass eine zusätzliche Hilfe durch die Lehrkraft nicht notwendig ist. So genannte W-Fragen eignen sich dafür am besten. In diesem Fall ist bewusst nicht die Frage gestellt worden: „Was wisst Ihr über Pyramiden?", weil Raum gegeben werden soll für Unausgegorenes, Spekulatives, Imaginatives. In der Gruppe hat man sich nach einem kurzen Gespräch auf folgende Notizen geeinigt: Geheimnis, Grabkammer, König, Ägypten, Höhlenmalerei, groß, dreieckig. Nach 5 Minuten wandert der Bogen an die nächste Gruppe weiter, die sich das bislang Notierte anschaut, neue Aspekte überlegt und schließlich ergänzt: geometrisch, Sklaven, Steine, Seile, Rampen, Gizeh, Sphinx, Azteken. Diese Gruppe hat Angaben zur Form ergänzt, sich primär aber mit dem Bau der Pyramiden beschäftigt und sich auch an Namen erinnert. Einer Schülerin war eingefallen, dass es nicht nur im alten Ägypten Pyramiden gab. Die dritte Gruppe hat vornehmlich versucht, das bislang Geschriebene zu differenzieren. Ihre Bemerkungen sehen so aus: Der „König" ist durch den korrekten Begriff Pharao ersetzt worden, die Funktion der Pyramiden wird auch im Religiösen gesehen (Religion, Leben nach dem Tod), und sie hat sich darauf geeinigt, den Begriff Höhlenmalerei zu streichen („klingt zu sehr nach Steinzeit") und durch „bemalte Wände" zu ersetzen. Am Ende des Verfahrens ist ein buntes und differenziertes Graffito entstanden. Die Aufgabe der Lehrerin bzw. des Lehrers besteht lediglich darin, die Zeiten für den Wechsel anzugeben und für bestimmte Rückfragen zur Verfügung zu stehen, wobei nur Fragen zur Methode, nicht zur sachlichen Richtigkeit von Notizen beantwortet werden.

Informationen strukturieren – ein Cluster entwerfen

Jede Stammgruppe hat nun die Aufgabe, die Notizen in eine sinnvolle Gliederung zu bringen. Alle Stichworte sind zu berücksichtigen, nur jene auszusortieren, die offenkundig nichts mit dem Thema zu tun haben oder mit denen die Gruppe nichts anfangen kann. Wenn die Gruppe der Meinung ist, eine Notiz sei sachlich falsch, wird diese zwar aufgenommen, allerdings mit einem roten Filzstift durchgestrichen; hat eine andere Gruppe Begriffe durchgestrichen (wie in unserem Beispiel „Höhlenmalerei") wird genauso verfahren. Ähnliches gilt für Stichworte, bei denen sich die Gruppe nicht sicher ist, ob sie inhaltlich stimmen: Sie werden mit einem roten Fragezeichen versehen.

Die Pyramidengruppe hat folgendes Cluster entwickelt:

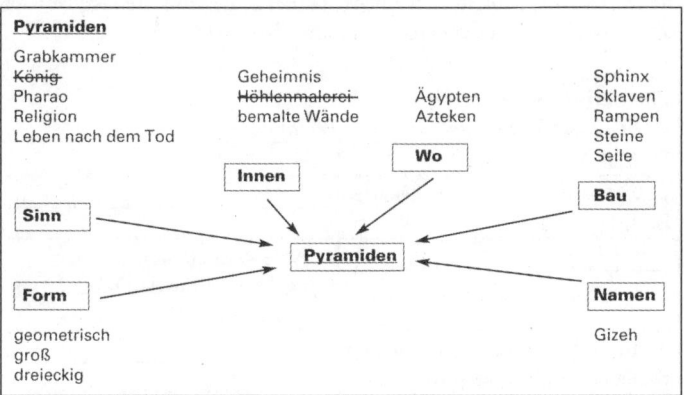

Abb. 10: Beispiel für ein Cluster
Aus: RAAbits Geschichte, Mai 2004, S. 7

Dieses Cluster wird ausgeschnitten und zusammen mit den Strukturbildern der anderen Gruppen im Klassenraum aufgehängt. Die Gruppen erläutern kurz ihren Vorschlag. Wenn man will, können diese Vorschläge auch noch mit der gesamten Lerngruppe diskutiert werden. Dies ist meiner Erfahrung nach aber nur dann sinnvoll, wenn eine oder mehrere Gruppen ganz unsinnige Vorschläge gemacht haben und/oder einzelne Schülerinnen und Schüler unbedingt darauf bestehen. Ansonsten ist es gerade der Sinn solcher Gliederungsversuche zu erkennen, dass es nicht immer nur *einen* sinnvollen Vorschlag geben kann, und der vorhandene folglich als ein *möglicher* akzeptiert wird.

In der sich anschließenden Unterrichtsreihe „Ägyptische Hochkultur" – egal, ob sie in traditioneller Form abläuft oder die Gruppen ihren Themenaspekt eigenständig vertiefen – bleiben die Cluster im Klassenraum hängen und dienen als Gradmesser/Qualitätskontrolle des Wissensstandes/des Lernfortschritts: Was hat sich von vornherein als richtig herausgestellt, was musste differenziert werden, was war nachweislich falsch?

3.1.3 Partnerinterview

Das Partnerinterview ist eine relativ strukturierte Variante, individuelles und gemeinsames Vorwissen zu eruieren sowie die besonderen Interessen an einem Thema zu artikulieren. Den nach Sitzordnung oder Zufall gebildeten Paaren wird ein von der Lehrkraft konzipiertes Arbeitsblatt vorgelegt, das Fragen zu der anstehenden Thematik enthält, die wechselweise von jeweils einem Schüler zu beantworten ist, wonach anschließend der andere ergänzen kann. Beispiel:

Partnerinterview *Der Fall der Mauer und die Wiedervereinigung*	
Partner A	Partner B
1. Was weißt du über den Fall der Berliner Mauer?	
	2. Wie verhielt sich die Bevölkerung der DDR in den Wochen vor dem Mauerfall?
3. In welchen gesellschaftlichen Bereichen gab es die stärkste Opposition gegen die SED?	
	4. Wie standen die Parteien in der Bundesrepublik zur Wiedervereinigung?
5. Was hielt das Ausland von der Vereinigung beider deutscher Staaten?	
	6. Warum wurde gerade der 3. Oktober als Feiertag ausgewählt?
Welche Fragen interessieren euch am meisten bei diesem Thema?	

Dies kann – wie in diesem Fall – so geschehen, dass Partner A zunächst alle Fragen mit geraden, Partner B alle mit ungeraden Zahlen beantwortet. Anschließend bringen die Paare ihre Antworten ins Plenum ein. Dort können sie weiter besprochen und Unklarheiten beseitigt werden. Damit die Auswertung nicht zeitlich ausufert, bietet es sich an, dass jeweils ein Paar eine Frage beantwortet, die anderen ergänzen, dann ein anderes Paar die nächste Frage usw. Die Interessen können von einem

Protokollführer gesammelt und in der folgenden Stunde an alle Schülerinnen und Schüler ausgeteilt werden.

Bei dieser kooperativen Arbeitsform kommen potenziell alle Lernenden in einen Dialog und können dabei gleichermaßen zum Ergebnis beitragen. Dabei ist es nicht relevant, dass alle Fragen beantwortet werden müssen. Entscheidend ist vielmehr, dass im gegebenen Zeitrahmen die Paare ihr Arbeitstempo selbst bestimmen können und sich mit einzelnen Fragen so lange befassen sollen, wie sie möchten.

Weitere Beispiele:

Partnerinterview	
Leben im Alten Rom	
1. Welche sozialen Schichten sind dir bekannt?	
	2. Was weißt du darüber, welche Kleidung die Menschen trugen?
3. Weißt du etwas darüber, wie die Römer wohnten?	
	4. Welchen Beschäftigungen gingen sie in ihrer Freizeit nach?
5. Sind dir wichtige Gebäude im Römischen Stadtzentrum bekannt?	
	6. Was sagt dir der Ausdruck „Brot und Spiele"?
Notiert, was euch sonst noch zu dem Thema einfällt.	

In diesem Beispiel wird einerseits auf allgemeine Vorkenntnisse aus dem Unterricht (Frage 1) zurückgegriffen und bei den folgenden Fragen (2, 3, 4) die Möglichkeit eröffnet, sich differenzierter (z. B. unter schichtenspezifischen Aspekten) zu äußern. Andererseits soll Raum gegeben werden für Kenntnisse, die z. B. aus Kindersachbüchern oder Comics wie „Asterix und Obelix" etc. „hängen geblieben" sind, was u. U. Aufschluss darüber geben kann, inwiefern dort auch differenziertere Einsichten in den römischen Alltag gegeben werden. In der folgenden Unterrichtseinheit kann an dieses Vorwissen angeknüpft werden und z. B. sowohl in der „Kleidungsfrage" wie in der „Wohnungsfrage" ein der Schichtenproblematik angemessenes Bild vermittelt werden.

3.1.4 Vier Ecken

Die Vier-Ecken-Methode ist ein problemorientierter Einstieg in eine Unterrichtsreihe, der das Meinungsspektrum in der Lerngruppe visualisiert. Sie sollte in den Fällen genutzt werden, in denen es im Geschichtsunterricht um eine Thematik geht, die entweder auf der Ebene der Zeitgenossen multiperspektivisch betrachtet worden ist bzw. werden kann oder in der Wissenschaft kontrovers behandelt wird – wiederum unter der Voraussetzung, dass bei den Lernenden gewisse Vorstellungen vermutet werden können. Dies wird in der Regel wohl eher auf Themen der neueren und neuesten Geschichte zutreffen: Kriegsschuldfrage 1914, 8. Mai 1945, Bundesrepublik/DDR 1990.

Die Lehrkraft bereitet vier Plakate vor, auf denen in knapper, zugespitzter Form jeweils eine These oder Sichtweise zu einer Thematik formuliert wird. Die Plakate werden in den vier Ecken des Klassenzimmers aufgehängt und laut vorgelesen. Die Schüler sollten aufgefordert werden nachzufragen, wenn sie die ein oder andere Formulierung nicht verstanden haben. Anschließend gehen die Schülerinnen und Schüler zu dem Thesenplakat, das ihnen von ihrem Vorwissen her am ehesten plausibel erscheint. Sie können sich auch zwischen Thesen positionieren oder – wenn sie keine Meinung haben – in die Schnittstelle aller Plakate stellen. Einige Begründungen für den jeweiligen Standpunkt werden ausgetauscht und dann im Plenum kurz vorgestellt. Danach haben die Lernenden die Möglichkeit, u. U. noch einmal ihre Position zu verändern. Das Gesamtbild zeigt das Meinungsspektrum vor Beginn der Unterrichtseinheit. Man kann die Methode, die nicht viel Aufwand erfordert, am Ende der Einheit wiederholen, um ggf. Veränderungen von Meinungen sichtbar zu machen.

Beispiel 1
Wer trägt die Hauptverantwortung für den Ausbruch des Ersten Weltkriegs?

Plakat 1: Deutschland und Russland

Plakat 2: Deutschland und Österreich-Ungarn

Plakat 3: Alle europäischen Großmächte

Plakat 4: Deutschland

Erfahrungen: Die Vier-Ecken-Methode gibt den historisch interessierten Schülerinnen und Schülern die Möglichkeit, ihr Vorwissen und die Begründung für ihre Auffassungen einbringen zu können; es schafft aber auch die Möglichkeit, dass Interessierte und über Kenntnis Verfügende besser als in einem klassischen Brainstorming – in dem immer nur dieselben sich einbringen – in ihrer Interessiertheit gefragt sind. Unangestrengt eingebracht desavouiert es aber auch nicht diejenigen, die sich bislang mit dieser Frage noch nicht befasst haben.

Beispiel 2
Was – glaubt ihr – wussten die Deutschen vom Holocaust?

Ecke 1: Nichts
Ecke 2: Nur von den Judenverfolgungen in Deutschland
Ecke 3: An der Ostfront alle Soldaten
Ecke 4: Sie wollten es nicht wissen

Man kann die Methode aber auch dann durchführen, wenn im Rahmen einer Unterrichtseinheit eine historische Konfliktsituation ansteht, die gelöst werden muss. Die Lernenden sind aufgefordert, den weiteren Verlauf und den Ausgang des Konfliktes zu prognostizieren, also – sofern der eine oder andere nicht ohnehin das Ergebnis kennt – eine begründete Vermutung zu äußern, die darüber Auskunft geben kann, in wiefern die historische Konstellation und die Funktion der Handelnden verstanden worden ist.

Beispiel 3
Wer gewinnt? – Der Beginn des Investiturstreits

Ecke 1: Der Papst
Ecke 2: Der Kaiser
Ecke 3: Es gibt einen Kompromiss
Ecke 4: Die deutschen Fürsten

3.2 Erarbeitung neuer Inhalte/Problemlösungen

Mit „Runder Tisch" und „Placemat" („Tischdeckchen") liegen zwei ähnliche Methoden vor, um Inhalte intensiv zu erarbeiten bzw. Probleme gründlich auf ihre Lösung hin zu diskutieren.

Sie haben ihre besondere didaktische Funktion dann, wenn es sich um zentrale Fragen historischen Lernens oder wichtige inhaltliche Gelenkstellen der behandelten Thematik handelt, die möglichst intensiv durchdacht und von möglichst vielen Schülerinnen und Schülern in ihrer Bedeutung verstanden werden sollen.

Dies kann z. B. immer dann der Fall sein, wenn zentrale historische Quellen Unterrichtsgegenstand sind oder sich konfliktreiche historische Situationen entwickelt haben, die nach einer Lösung suchen.

Der Begriff „Strukturierte Kontroverse" deutet bereits an, dass es um mehrperspektivische bzw. kontroverse Blicke auf die Vergangenheit geht.

3.2.1 Runder Tisch

Beim „Runden Tisch" rotiert ein Blatt Papier vom ersten bis zum letzten Gruppenmitglied. Jeder schreibt mit einem andersfarbigen Stift sein Ergebnis in die entsprechende Spalte der Vorlage; anschließend werden die Vorschläge gemeinsam gesichtet und besprochen, woraus sich ein Gruppenergebnis ergeben kann – aber nicht muss. Beispiel:

Stellt Vermutungen darüber an, welche Wirkungen die 12 Artikel der Bauern bei a) den adeligen Grundherren, b) Martin Luther auslösten?

Antwort Person 1: _____

Antwort Person 2: _____

Antwort Person 3: _____

Antwort Person 4: _____

Ergebnis des Vergleichs und Stellungnahme der Gruppe: _____
_____

Jedes Gruppenmitglied hat zunächst für sich selbst zu durchdenken, welche Folgen die 12 Artikel, die zuvor natürlich gründlich inhaltlich besprochen sein müssen, für den Verlauf des Bauernkrieges haben könnten, d. h. sie/er hat sich den historischen Kontext in Erinnerung zu rufen, die grundsätzliche Position von Grundherren gegenüber Bauern zu vergegenwärtigen und das Verhältnis von religiöser und gesellschaftlicher Reform zu bedenken. Im Austausch werden die Aussagen der Einzelnen verglichen, d. h. die identischen bzw. abweichenden Meinungen gemeinsam auf ihre Überzeugungskraft und Schlüssigkeit überprüft.

Will man verhindern oder besteht die Gefahr, dass der leistungsstärkste Schüler jeweils als erster antwortet und die anderen sich nur anschließen, sollten vier identische Blätter an die Gruppe verteilt werden, die dann nach vorgegebenen Zeiten reihum weiter gegeben werden, was im Grunde schon das Grundprinzip von „Placemat" ausmacht. „Runder Tisch" kann natürlich ebenfalls als Partnerarbeit konzipiert werden, was zuweilen sogar zu einem intensiveren Austausch der Paare führt.

Besonders ergiebig ist das Verfahren dann, wenn aus historischen Situationen Schlussfolgerungen gezogen werden sollen, Entscheidungen/ Prozesse zu bewerten sind oder Geschichte plausibel weiter erzählt werden soll. Ähnliches gilt für die Lösung von Dilemma-Situationen.

Weitere Beispiele:
- Reformen der Gracchen: Tiberius hat sich erneut zum Volkstribunen wählen lassen. Überlegt, was diese Maßnahme auf dem Hintergrund der römischen Verfassung bedeutet und stellt Vermutungen an, wie die Geschichte weitergeht.
- Griechische Kolonisation: Sucht nach einer „gerechten" Lösung und notiert sie.
- Gang nach Canossa: Stellt Vermutungen an, wie der Konflikt zwischen Papst und Kaiser ausgehen wird?
- Kommunale Bewegung: Überlegt, wie der Konflikt zwischen Patriziern und Zünften um die Beteiligung an der Stadtherrschaft weitergehen kann.

3.2.2 Placemat

Ähnlich wie beim „Runden Tisch" geht es bei „Placemat" um die individuelle Bearbeitung der Aufgabenstellung, die die Gruppenmitglieder gleichzeitig erledigen. Sie erhalten ein gemeinsames Arbeitsplakat, auf dem jeder sein „Platzdeckchen" hat. Sind die einzelnen Ergebnisse eingetragen, geht das Plakat so lange reihum, bis schließlich jeder wieder sein Ergebnis vor Augen hat. Beim Rotieren nehmen die Gruppenmitglieder die Ergebnisse der anderen zur Kenntnis, können diese aber auch korrigieren oder ergänzen. Es empfiehlt sich, dass die Einzelnen verschieden farbige Stifte benutzen, damit schnell erkennbar wird, von wem ggf. Ergänzungen angebracht wurden. Im Anschluss werden die Lösungen verglichen, besprochen und schließlich ein Gruppenergebnis in die frei gehaltene Mitte des Placemat geschrieben – bei Platzmangel auf eine Folie. Diese können ausgeschnitten und präsentiert werden.

Dieses Verfahren ist aus meiner Sicht didaktisch besonders dann geeignet,

– wenn Quellen (seien es Texte oder Bilder) besonders gründlich erschlossen werden sollen, weil sie eine entscheidende Grundlage für das Verständnis des jeweiligen Themas haben, und zu vermuten ist, dass der Charakter der Quelle bzw. ihre Komplexität (z. B. Vertragstexte oder Karikaturen) sich nicht in einem schnellen Zugriff erschließen, sondern sorgfältiger Betrachtung und Analyse bedürfen, die von acht Augen besser zu leisten ist als von zweien (siehe das folgende Beispiel, S. 157);

– wenn es um die gezielte Einübung fachspezifischer Methoden geht: Eine Methodenseite im Geschichtsbuch (z. B. Umgang mit historischen Karten) durchzuarbeiten wird nicht genügen, um die Lernenden methodensicher zu machen. Bei sich bietender Gelegenheit kann an einem weiteren thematischen Beispiel mit Placemat auf die noch vorhandenen, sicherlich unterschiedlich tiefen Wissensbestände zurückgegriffen, diese noch einmal in Erinnerung gerufen und auf den neuen Inhalt transferiert werden. Da Methodenkompetenz sich sukzessive entwickelt und im Austausch mit den Gruppenmitgliedern besser festigt bzw. dort erst Lücken erkennen lässt, unterstützt das Verfahren gezielt diesen sorgfältigen diskursiven Prozess;

– wenn die Sicherung des Verständnisses eines Sachverhalts dadurch überprüft und intensiver verankert werden soll, dass das Ausgangsergebnis in eine andere Wissensstruktur umgeformt werden soll: das schriftliche Ergebnis visualisieren (z. B. in Form einer Grafik, eines Schau- oder Strukturbilds; ein Verfassungsschema oder eine Statistik verbalisieren bzw. verschriftlichen – was ebenfalls die Entwicklung von fachspezifischer Methodenkenntnis unterstützt *(vgl. dieBeispiele für themengleiche Partner- und Gruppenarbeit in Kap. 2).*

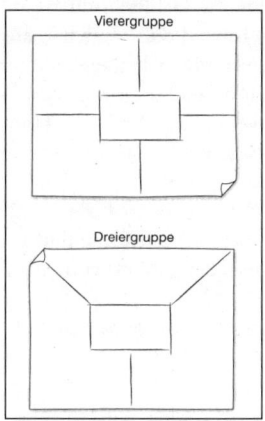

Abb. 11: Placemat
Aus: Geschichte lernen, H. 123, 2008, S. 9

Beispiel :
Die Gründung der Stadt Freiburg 1120 durch Herzog Konrad von Zähringen (Quelle)
Allen lebenden und zukünftigen Geschlechtern sei bekannt, daß ich, Konrad, auf meinem eigenen Besitz Freiburg einen Markt errichtet habe im Jahre des Herrn 1120. Nachdem ich Kaufleute der Umgebung zusammengerufen habe, habe ich beschlossen, diesen Markt zu begründen und einzurichten. Jedem Kaufmann habe ich ein Grundstück zum Bau eines eigenen Hauses gegeben und bestimmt, daß von jedem dieser Hausgrundstücke jährlich am St.-Martins-Tag mir und meinen Nachfolgern ein Schilling Zins gezahlt werden soll. (…) Es sei bekannt, was ich nach den Wünschen und Bitten der Kaufleute festgelegt habe:
1. Ich verspreche all jenen, die zu meinem Markt kommen, Frieden und Schutz. Wenn einer in diesem Bereich beraubt worden ist und er nennt den Räuber, soll er den Schaden ersetzt bekommen.
2. Wenn einer meiner Bürger stirbt, soll seine Frau mit seinen Kindern alles besitzen ohne jeden Einspruch, was er hinterlassen hat.
3. Allen Kaufleuten der Stadt erlasse ich den Zoll.
4. Meinen Bürgern will ich keinen anderen Vogt und Priester geben, außer den, welchen sie selbst gewählt haben.

5. Wenn ein Streit unter den Bürgern entsteht, soll nicht von mir oder meinem Richter darüber entschieden werden, sondern nach Gewohnheit und Recht aller Kaufleute.
6. Jeder, der in diese Stadt kommt, darf sich hier frei niederlassen, wenn er nicht der Leibeigene irgendeines Herrn ist und diesen auch anerkennt als seinen Herrn. Der Herr aber kann seinen Leibeigenen in der Stadt wohnen lassen oder aus der Stadt holen lassen wie er will. Wenn aber ein Leibeigener seinen Herrn verleugnet, kann der Herr mit sieben Zeugen beweisen, daß der Leibeigene ihm gehört. Dann soll der Leibeigene ihm gehorchen.

Wer aber über Jahr und Tag in der Stadt gewohnt hat, ohne daß irgendein Herr ihn als Leibeigenen gefordert hat, der genießt von da an sicher die Freiheit.

De Buhr, Hermann: Sozialgefüge und Wirtschaft des Mittelalters am Beispiel der Stadt, Frankfurt/M. 1973, S. 17.

Die vorliegende Textquelle kann als typische Urkunde einer Gründerstadt gelten und besitzt für historisches Lernen exemplarischen Charakter, um Motive für die Anlage von Städten und deren wesentlichen Merkmale zu erkennen. Insofern ist es wichtig, Inhalt und Bedeutung sorgfältig zu erarbeiten.

In einem ersten Durchgang (im Klassenplenum) sollte zunächst ein erstes Verständnis davon gesichert werden, worum es überhaupt geht. Zweitens können im Unterrichtsgespräch Begriffe geklärt bzw. in Erinnerung gerufen werden, die in anderem Zusammenhang bereits aufgetaucht waren (Vogt, Leibeigene) – und deren Kenntnis zum Verständnis nicht unwesentlich beitragen. Es empfiehlt sich darüber hinaus – falls nicht ohnehin danach gefragt wird – zu erläutern, dass es sich bei dem Zins von einem Schilling eher um einen symbolischen Wert gehandelt hat.

Mit dem Placemat-Verfahren wird anschließend der Inhalt gründlicher erfasst. Eine erste Aufgabe sollte darauf zielen, welche Vorteile sich der Herzog von der Gründung versprach; eine zweite, für welche Bevölkerungsgruppen es nach Wortlaut der Urkunde attraktiv war, sich in der Stadt anzusiedeln. Bezogen auf beide Fragestellungen lohnt sich ein intensiveres Eingehen auf die Quelle: Eigene Interessen macht Konrad von Zähringen ja explizit gar nicht geltend, sie müssen von den Lernenden erst erschlossen werden. Bei der zweiten Frage sind die Vorteile für Kaufleute augenscheinlich und bedürfen nur der vollständigen Auflistung; die möglichen Vorteile für Leibeigene („Stadtluft macht frei') mögen bei nur einem Durchgang im Klassenverband schnell überlesen werden.

Durch das Rotieren des Placemat erkennen die Schülerinnen und Schüler, was sie möglicherweise vergessen oder übersehen haben oder welche Einfälle (zu Aufgabe 1) die Mitschüler haben – was anschließend in der Vierergruppe besprochen und als Gruppenergebnis in das mittlere Feld geschrieben werden kann.

Gerade sperrige oder spröde Quellen, die aber einen zentralen Stellenwert für historisches Lernen haben, eignen sich für Placemat in besonderem Maße. Um nur wenige andere Beispiele aus Mittelalter und früher Neuzeit zu nennen:

- die Königserhebung Ottos I.
- die Goldene Bulle
- die 12 Artikel der Bauern
- der Augsburger Religionsfriede

Es muss aber nicht immer so sein, dass die Quellenanalyse in einen umfänglichen Stichwortkatalog münden muss. Zuweilen kann es auch genügen, relevante Textabschnitte durch Zwischenüberschriften zu kennzeichnen und diese anschließend gemeinsam zu erörtern *(vgl. Beispiel 8. Mai 1945, S. 88/89)*

3.2.3 Strukturierte Kontroverse

Diese Methode kooperativen Lernens eignet sich für den Geschichtsunterricht dann besonders gut, wenn es um kontroverse Deutungen von Ereignissen, Strukturen oder auch der Bedeutung von historischen Persönlichkeiten handelt, wobei zwei solcher Urteile gegenübergestellt werden, die jeweils von Paaren bearbeitet werden. Sie steht meistens am Ende einer Unterrichtssequenz, weil die unterschiedlichen Positionen mit Argumenten zu unterfüttern sind. Sie kann aber auch als Einstieg in eine Unterrichtseinheit gewählt werden, um Neugier auf das kommende Thema zu wecken und sich möglicherweise motivierter mit den folgenden Inhalten auseinanderzusetzen. Dann bleibt es zunächst beim Austausch der Positionen, die am Ende der Unterrichtssequenz wieder aufgegriffen und nunmehr differenzierter erörtert werden können.

Bei der strukturierten Kontroverse steht nicht so sehr ein bestimmtes Lernprodukt im Vordergrund, sondern das wechselseitige Erfassen und Durchdringen der Problematik, das gegenseitige Vermitteln der

Argumente für die ein oder andere Position sowie die Diskussion der Triftigkeit der Argumente – ohne dass sich die Paare auf ein Ergebnis einigen müssen. Die Besonderheit für die jeweiligen Partnergruppen besteht darin, dass sie sich nicht eine Position aussuchen dürfen, sondern diese entweder zugeteilt oder zugelost bekommen.

Idealtypischer Ablauf:

1. Die Thematik wird bekannt gegeben und Vierergruppen gebildet; in den Vierergruppen bearbeitet ein Paar Urteil A, das andere Urteil B.

2. In Einzelarbeit wird zunächst das Unterrichtsmaterial bearbeitet, anschließend bereiten die Expertenpaare ihre Argumentation für die These vor und überlegen sich ggf., welche die Gegenseite vorbringen könnte. Die Paare sollten dabei ihre Begründungen notieren oder für sich visuell strukturieren, damit sie vertieft angeeignet werden können.

3. Die Paare stellen sich gegenseitig die These und ihre Begründung vor, stellen ggf. Rückfragen und diskutieren anschließend das Pro und Kontra, wobei sie allerdings ihre Position beibehalten[93]; es besteht darüber hinaus die Möglichkeit, dass nunmehr ein Perspektivenwechsel vorgenommen wird und Paar A die Position von B und umgekehrt wiederholt: Dies dient zur Festigung und soll verhindern, dass nur die jeweilige Expertenposition behalten bleibt, ist allerdings sehr zeitaufwändig und wird von den Lernenden oftmals als unnötige Verlängerung der Arbeit erlebt.

4. Im Plenum kann anschließend ein Feed-Back zur Methode erfolgen und nunmehr frei diskutiert werden, welches Urteil den Lernenden insgesamt plausibler bzw. eher mehrheitsfähig erscheint.

Tipp: Spätestens hier sollten unbedingt die „Fesseln", eine zugewiesene Position argumentativ zu vertreten, aufgelöst werden, damit die Lernenden die für sie stimmigere ausgiebig diskutieren können, was z. B. durch eine Pro-und-Kontra-Debatte erreicht werden kann (*s. u. S. 172 ff.*) Ansonsten nähme die stark formalisierte Methode die Chance, sich losgelöst von der Rolle intensiv einbringen zu können.

---

93 Brüning, Ludger/Saum Tobias: Erfolgreich unterrichten durch Kooperatives Lernen 2. Neue Strategien zur Schüleraktivierung. Individualisierung – Leistungsbeurteilung – Schulentwicklung, Essen 2009, S. 30.

Beispiele für die Sekundarstufe I und II

Für die folgenden Beispiele sind keine gesonderten Aufgabenstellungen formuliert worden, weil sie im Prinzip immer identisch sind:

1. Welche These(n) formuliert der Autor, und wie belegt er sie?
2. Stellt Euch gegenseitig die beiden Auffassungen vor und diskutiert sie.

Alexander, ein „Großer"? (S I) (Quellen)
Paare A: Der griechische Geschichtsschreiber Diodor, der 200 Jahre nach Alexander lebte

In kurzer Zeit hat dieser König große Taten vollbracht. Dank seiner eigenen Klugheit und Tapferkeit übertraf er an Größe der Leistungen alle Könige, von denen die Erinnerung weiß. In nur zwölf Jahren hatte er nämlich nicht wenig von Europa und fast ganz Asien unterworfen und damit zu Recht weit reichenden Ruhm erworben, der ihn den alten Heroen und Halbgöttern gleich stellte.

Gehrke, Hans-Joachim: Alexander der Große, München 1996, S. 9.

Paare B: Der römische Politiker und Philosoph Seneca im 1. Jh. n. Chr.

Den unglücklichen Alexander trieb seine Zerstörungswut sogar ins Unerhörte. Oder hältst Du jemanden für geistig gesund, der mit der Unterwerfung Griechenlands beginnt, wo er doch seine Erziehung erhalten hat? (…) Nicht zufrieden mit der Katastrophe so vieler Staaten, die sein Vater Philipp besiegt oder gekauft hatte, wirft er die einen hier, die anderen dort nieder und trägt seine Waffen durch die ganze Welt. Und nirgends macht seine Grausamkeit erschöpft halt, nach Art wilder Tiere, die mehr reißen, als ihr Hunger verlangt.

Gehrke, Hans-Joachim: Alexander der Große, München 1996, S. 100.

Alexander, ein „Großer"? (S II) (Darstellungen)
Paar A: Der Historiker John Keegan

Er zerstörte viel und schuf wenig oder nichts. Das Persische Reich – ein Ordnungsfaktor in der antiken Welt – überdauerte Alexanders Eroberungen nicht. Nach seinem Tod wurde es durch die Streitigkeiten seiner Nachfolger, der Diadochen, innerhalb einer Generation zerstückelt. Die Eroberung selbst bescherte vielen unermeßliches Leid – nicht nur den Persern, die sich dem makedonischen Einmarsch widersetzten, sondern auch den mannigfaltigen Völkern des Reiches, die auf die Zerrüttung ihres Lebens, von Alexanders Standpunkt aus betrachtet, mit Aufruhr und Rebellion reagierten. Einer seiner scharfsichtigsten Biographen (…) verzeichnet neben seinen guten auch seine schlechten Eigenschaften: „(…) seinen maßlosen Ehrgeiz, seinen gnadenlosen Willen, seine leidenschaftliche Hingabe an ungezügelte Emotionen, seine Bereitschaft, im Kampf, im Affekt und kaltblütig zu töten und rebellische Gemeinden zerstören zu lassen." (…)

Und das ist vielleicht der „wahre" Alexander, der sich hinter der Maske der Befehlsgewalt verbirgt. Er besaß den Edelmut, sich in seinem Leben selbst zu vergessen: Er vergaß Gefahr, Erschöpfung, Hunger und Durst und Verwundungen. Aber er vergaß sie mit der Amnesie (…) der Wildheit, der alle, die ihm Widerstand leisteten, ausgesetzt waren. Sein schreckliches Vermächtnis bestand darin, Wildheit im Namen des Ruhmes zu veredeln und ein Herrschaftsmodell zu hinterlassen, das in den kommenden Jahrhunderten zu viele ehrgeizige Männer zu verwirklichen suchten.

Keegan, John: Die Maske des Feldherrn, Weinheim und Basel 1997, S. 136

Paar B: Der Historiker Siegfried Lauffer

Die Beurteilung der geschichtlichen Bedeutung Alexanders hat davon auszugehen, daß sein Werk in jeder Hinsicht unvollendet blieb. Das umfassende Reich, das er beherrschen wollte, hatte weder seine äußeren Grenzen erreicht, noch war es im Innern einheitlich defensiv organisiert. (…) Die Zusammenführung und „Gemeinsamkeit" der Völker war erst in Ansätzen verwirklicht. Nach Alexanders frühem Tod brach sogar dieser halbfertige Bau in den Kämpfen der Diadochen zusammen. So war er doch in erster Linie der „große Weltbezwinger", der Eroberer und Zerstörer. Dennoch hat das ganze Eroberungs- und Zerstörungswerk auch einen positiven Aspekt, wie dies im Wesen solcher geschichtlichen Ereignisse oft selbst begründet ist. Sie schaffen Raum für neue, andere Verhältnisse, die sich schon vorbereitet hatten. (…) In diesem Sinn war Alexander zugleich der große Vollstrecker seiner Zeit, der die Bahn für die Ausbreitung der griechischen Kultur, für die Epoche des „Hellenismus" frei machte. Darin liegt seine Epoche machende Bedeutung.

Lauffer, Siegfried: Alexander der Große, 3. Aufl., München 1993, S. 213

Augustus: Retter oder Zerstörer der Republik? (S. II)
(Darstellungen)

Paare A: Der Historiker Jochen Bleicken

Die Gruppe, von deren Herrschaft er den Staat angeblich befreit hatte, war die des Antonius, des rechtmäßigen Konsuls und danach ordentlichen Statthalters! Und was war das für eine Freiheit, die er dem Staat bewahrt haben wollte? Diese Heldentat konnte er doch nur als Verbündeter Ciceros und dessen Gesinnungsgenossen, denen die Freiheit etwas galt, vollbracht haben. (…) Ferner war die Aufstellung eines Heeres aus privaten Mitteln, mit dem Augustus den Staat (…) gerettet haben will, gleichbedeutend mit Hochverrat. Glaubte Augustus wirklich, daß niemand mehr wußte, daß ein Heer nicht von einem Privatmann, sondern ausschließlich vom Senat aufgestellt und ausgerüstet werden durfte? Die Aufnahme der politischen Nullität, die der junge Adoptivsohn Caesars damals darstellte, in den höchsten Rang des Senats war ein weiterer, bis dahin niemals vorgekommener Bruch der Rechtsordnung der Republik ebenso wie die Legalisierung des usurpierten militärischen Kommandos.

Bleicken, Jochen: Augustus, 3. Aufl. Berlin 1999, S. 510.

Paare B: Der Historiker Christian Meier

Er gab vor, die Republik wiederherzustellen. Nur widerwillig, so schien es, ließ er sich mit besonderen Aufgaben zunächst mit der Sicherung der Grenzprovinzen betrauen. Damit war der Oberbefehl über fast alle Truppen Roms verbunden. Aber in Rom selbst spielte er den ersten Bürger, und alle größeren Vollmachten und Aufträge waren auf bestimmte Fristen bemessen. (…) Die Republik war nur zu besiegen, wenn man sie wiederherstellte. Ruhe und Ordnung, die Garantie des Eigentums, Rechtssicherheit, Gewährleistung effizienter Verwaltung und notwendiger Reform und anderes, was Augustus leistete, waren sehr wichtig, aber sie waren gleichsam nur die Pfeiler der Brücke zum Prinzipat. Die Brücke selbst mußte im Namen der Republik gelegt werden.

Augustus gewann die Herrschaft über die Verhältnisse also nur, indem er die Macht in den Verhältnissen bewußt zurückhaltend ausübte.

Meier, Christian: Caesar, München 2004, S. 584 f.

Wirkungen der Französischen Revolution auf Europa (S. II)
(Darstellungen)
Paare A: Rolf E. Reichardt

Überall wirkte die Revolution bei unzufriedenen Gruppen als Anstoß, überfällige Reformen und Veränderungen im jeweils eigenen Land energischer zu betreiben. Überall löste sie eine Welle politischer Publizistik von neuer Radikalität und sozialer Reichweite aus, welche die revolutionären Grundvorstellungen und Schlagworte verbreitete. Überall verband sich damit sowohl eine neuartige Klubkultur als auch eine internationale Freiheits- und Gleichheitssymbolik – beides nach französischem Vorbild. Überall wurden durch die so bewirkten Akkulturationsprozesse neue soziale Gruppen und Schichten an die Politik herangeführt beziehungsweise zusätzlich politisiert, überall erkämpften sich diese Gruppen unter Rekurs auf die Revolution Zugang zum Politischen: die Intellektuellen auf der Appeninhalbinsel, das mittlere Bürgertum im Alten Reich, die kleinen Leute auf den britischen Inseln. Überall bildeten sich in Auseinandersetzung mit der Revolution deutlicher als zuvor gegensätzliche politische Lager heraus. So hat die Französische Revolution, wie unterschiedlich sie auch vordergründig auf einzelne Länder einwirkte, letztlich wichtige Impulse zur Herausbildung einer gemeinsamen, tendenziell demokratischen politischen Kultur Europas gegeben.

Reichardt, Rolf E.: Das Blut der Freiheit. Französische Revolution und demokratische Kultur, 3. Aufl. Frankfurt/M. 2002, S. 331.

Paare B: Hans Fenske

Die Eruption in Frankreich gab dem Konservatismus außerordentlich viel Nahrung. Er existierte schon vor 1789, aber jetzt kräftigte er sich nachhaltig und wurde auch entschlossener. Der konservative, im Dienst Wiens stehende Publizist Friedrich von Gentz brachte das Ende 1805 in einem Brief an den Historiker Johannes von Müller in wenige Sätze. Zwei Prinzipien konstituierten die Welt, so schrieb er: das des immerwährenden Fortschritts und das der notwendigen Beschränkung des Fortschritts. Die besten Zeiten seien diejenigen, in denen sich beide Tendenzen im Gleichgewicht befänden. Wenn aber, „wie in unserem Jahrhundert, Zerstörung alles Alten die herrschende, die überwiegende Tendenz wird, so müssen die ausgezeichneten Menschen bis zur Halsstarrigkeit altgläubig werden". So wie Gentz dachten viele. Es ist zu vermuten, dass sich die Erfolgsaussichten der vielen reformwilligen

Persönlichkeiten unter dem Eindruck der Entwicklung in Frankreich wenigstens ab 1792 verschlechterten, dass ihr Weg schwieriger wurde. Genau messen lässt sich das nicht, aber es ist doch erwägenswert, ob die europäischen Staaten 1815 ohne die Französische Revolution nicht auch dort gestanden hätten, wo sie tatsächlich waren. Es ist sogar denkbar, dass sie auf dem Wege zum modernen Verfassungsstaat schon weiter vorangekommen wären.

Fenske, Hans: Staatsformen im Zeitalter der Revolutionen, in: Gallus, Alexander, Jesse, Eckhard (Hrsg.): Staatsformen von der Antike bis zur Gegenwart. Ein Handbuch, 2. Aufl. Köln 2007, S. 185

Braucht Deutschland Kolonien? (S I) (Quellen)
Paar A: Aus dem Gründungsaufruf der „Gesellschaft für Deutsche Kolonisation"

Die Deutsche Nation ist bei der Verteilung der Erde, wie sie vom Ausgang des 15. Jahrhunderts bis auf unsere Tage hin stattgefunden hat, leer ausgegangen. Alle übrigen Kulturvölker Europas besitzen auch außerhalb unseres Erdteils Stätten, wo ihre Sprache und Art feste Wurzel fassen und sich entfalten kann. Der deutsche Auswanderer, sobald er die Grenzen des Reiches hinter sich gelassen hat, ist ein Fremdling auf ausländischem Grund und Boden (…).

Der große Strom deutscher Auswanderung taucht seit Jahrhunderten in fremde Rassen ein, um in ihnen zu verschwinden. Das Deutschtum außerhalb Europas verfällt fortdauernd nationalem Untergang (…).

Der deutsche Import von Produkten tropischer Zonen geht von ausländischen Niederlassungen aus, wodurch jährlich viele Millionen deutschen Kapitals an fremde Nationen verloren gehen! Der deutsche Export ist abhängig von der Willkür fremdländischer Zollpolitik. Ein unter allen Umständen sicherer Absatzmarkt fehlt unserer Industrie, weil eigene Kolonien unserem Volke fehlen. (…)

Jacob, E.A., Deutsche Kolonialpolitik in Dokumenten. Gedanken und Gestalten der letzten fünfzig Jahre, Leipzig 1938, S. 85 f.

Paar B: Der Sozialdemokrat August Bebel 1885 im Reichstag

Fragen wir uns ruhig: Was wird mit der so genannten Kolonialpolitik denn eigentlich bezweckt? Wenn wir auf den Grund gehen, so wird als der Zweck hingestellt: die Überproduktion und die Überbevölkerung zu steuern. Aber was ist denn Überproduktion und was ist Überbevölkerung? Das sind doch sehr relative Begriffe. Ist Deutschland etwa überbevölkert? Gerade die dichtest bevölkerten Gegenden in Deutschland liefern für die Auswanderung das geringste Kontingent, die dünnest bevölkerten liefern das stärkste (…). Die „Überbevölkerung" liegt eben darin, daß wir mangelhafte soziale und wirtschaftliche Einrichtungen haben.

Und gerade so ist es mit der Überproduktion. Da klagen unsere Fabrikanten, dass ihre Produkte keinen Absatz finden. Ja, meine Herren, warum haben sie keinen Absatz? Weil das Volk nicht kaufen kann – abermals eine Folge unserer mangelhaften sozialen Verhältnisse (…). Sie exportieren einfach die soziale Frage. Sie zaubern vor die Augen des Volkes eine Art Fata Morgana auf dem Sande und auf den Sümpfen Afrikas (…).

Im Lande selbst kann allein die soziale Frage gelöst werden, niemals durch Kolonialpolitik in der Ferne.

Helbig, Ludwig (Hrsg.): Imperialismus – Das deutsche Beispiel, Frankfurt/M. 1976, S. 70f.

Osteuropa 1989/1990: Eine Revolution? (S II) (Darstellungen)
Paar A: Der Historiker Charles Tilly

Sind nun die Ereignisse von 1989 in Osteuropa (…) Revolutionen gewesen? (…) Erstens, die Frage ist nicht so bedeutsam, wie es zunächst scheinen mag, denn in jedem betroffenen Land hatten die Ereignisse der Jahre 1989-1992 offenbar etwas Revolutionäres an sich. Zweitens müssen wir unbedingt zwischen revolutionären Situationen und revolutionären Ergebnissen unterscheiden. Wenn wir das nicht tun, werden uns die Veränderungen in Osteuropa nur verwirren. Drittens, fast überall in Osteuropa waren die Ergebnisse der Ereignisse von 1989 entschieden revolutionär, denn fast überall haben neue Regierungskonstellationen die Macht übernommen. Im Grunde geht es um das Ausmaß der revolutionären Situationen. Viertens, einige dieser Ereignisse waren Revolutionen, einige waren es nicht.

Tilly, Charles: Die europäischen Revolutionen, München 1993, S. 335f.

Paar B: Der Historiker Eric Hobsbawm

Vor allem im Hinblick auf das zweihundertjährige Jubiläum von 1789 schien es ganz selbstverständlich, die Umbrüche in den Jahren 1989 und 1990 als osteuropäische Revolutionen darzustellen. Zwar wirkt dieser Begriff durchaus angemessen, da Ereignisse, die zum endgültigen Sturz von Regimen führen, revolutionär sind, aber es ist irreführend. Denn keines der osteuropäischen Regime wurde gestürzt. Außer in Polen hatte es in keinem Land eine organisierte oder auch nur nichtorganisierte interne Kraft gegeben, die eine ernsthafte Bedrohung dargestellt hätte. (…) Die unmittelbarste Bedrohung der Regime im sowjetischen Orbit war Moskau selbst, nachdem von dort der klare Bescheid gekommen war, daß man nicht mehr wie 1956 und 1968 mit einer militärischen Rettungsaktion herbeieilen würde.

Hobsbawm, Eric: Das Zeitalter der Extreme. Weltgeschichte des 20. Jahrhunderts, München/Wien 1995, S. 603

3.3 Präsentation/Auswertung von Ergebnissen

Der Präsentation der Ergebnisse kommt bei kooperativen Lehr-/Lernarrangements eine zentrale Bedeutung zu, nicht nur, weil sich erst in ihr letztlich abbildet, inwiefern die Paare oder Kleingruppen inhaltlich korrekt und problemorientiert gearbeitet haben, sondern auch, weil die Präsentation im Grunde genommen Ausdruck *ihrer* mentalen Repräsentation von historischem Erkenntniswissen ist – *ihre* narrative Kompetenz spiegelt. Hinzu kommt, dass oftmals erst in dieser Phase der didaktische Ertrag fruchtbar gemacht werden kann und historisches Lernen vertieft stattfindet.

Zwei Grundformen können unterschieden werden:

1. Die sich selbst erklärende oder „stand-alone-presentation" etwa in Form einer Ausstellung der Gruppenergebnisse. Wandzeitungen oder Ausstellungstafeln als Ergebnis einer themenverschiedenen Partner- oder Gruppenarbeit sind so zu gestalten, dass der Leser/Betrachter ohne zusätzliche Erklärungen der Gruppenmitglieder die Aussagen erfassen kann. Einmal abgesehen davon, dass dies nicht nur für „Amateurhistoriker" wie Schülerinnen und Schüler kein leichtes Unterfangen ist, bleibt in der Regel der zusätzliche Nachteil, dass solche Präsentationen keine Fragen aufwerfen, also nicht zum Nachdenken, sondern eher zum Konsum der Ergebnisse anhalten.

2. Präsentationsformen, bei denen die benutzten Medien die Funktion haben, einerseits die Vermittlung der Ergebnisse zu strukturieren und zu veranschaulichen, andererseits aber Fragen/Probleme aufwerfen, die diskursiv im Klassenverband zu erörtern sind. Darin unterscheiden sie sich nicht nur von den „stand-alone-presentations", sondern auch von herkömmlichen Referaten oder Vorträgen. „Bei Präsentationen handelt es sich um ein gezielt strukturiertes Verarbeiten, mediengestütztes Vermitteln und adressaten- und situationsbezogenes

Darstellen von Inhalten. Präsentationen sollen darüber hinaus die Lerngruppe aktiv mit einbeziehen, d. h., sie zu Nachfragen animieren, statt sie in eine Rezipientenrolle zu versetzen; sie zu Stellungnahmen provozieren, statt sie mit fertigen Ergebnissen zu konfrontieren."[94] Die Palette der Formen ist sehr breit, sie reicht von Thesenpapieren, Handouts, Wandzeitungen, Lernplakaten, Strukturbildern und Modellen bis hin zu Rollenspielen, Streitgesprächen und Reportagen.

Des Weiteren kann unterschieden werden zwischen Präsentationen, die im Klassenverband erfolgen und solchen, die zunächst dezentral in kooperativen Formen durchgeführt werden, um anschließend im Plenum ausgewertet zu werden. Keine der beiden Varianten hat per se eindeutige Vorteile: Während die Präsentation im Plenum sicherlich die Möglichkeit schafft, gezielter die Ergebnisse zusammenzufassen und auf historisches Lernen zu fokussieren, kann sie aber gleichzeitig bedeuten, dass ein intensiveres Auseinandersetzen möglichst vieler Schülerinnen und Schüler mit den Ergebnissen vernachlässigt wird. Dies gelingt eher durch die dezentrale Präsentation, bei der eine gründliche Auseinandersetzung mit allen Teilergebnissen angebahnt wird; hier liegt die Schwierigkeit eher darin, dass die Bündelung und Perspektivierung der Einzelergebnisse anschließend im Klassenverband eher mühsam geraten kann, weil die Lernenden sie oftmals als Doppelung begreifen und deshalb wenig motiviert sind.

3.3.1 Präsentationsmöglichkeiten für themenverschiedene Partner- und Gruppenarbeiten im Klassenverband

Während bei themengleichen kooperativen Arbeitsformen in der Regel schon durch die Kurzvorträge der Gruppen oder die Visualisierung der Ergebnisse mithilfe von Folien oder kleinerer Lernplakate die Unterschiede bei Erfassung der Inhalte, ihrer Problematisierung oder Deutung sichtbar werden und im anschließenden Auswertungsgespräch aufgegriffen werden können, sollte für themenverschiedenes Arbeiten mehr Sorgfalt verwendet und folglich mehr Zeit für Präsentation und Auswertung eingeräumt werden. Die Paare oder Gruppen haben zwar zu Themenaspekten gearbeitet, die inhaltlich zusammenhängen, die aber in ihrer Bedeutung für das Gesamtthema erst noch erschlossen werden müssen.

---

94 Adamski, Peter: Präsentationen im Geschichtsunterricht, in: GWU 57, 2006, S. 665–674, hier S. 665.

Liegt der didaktische Fokus auf der Erkenntnis von Multiperspektivität oder Kontroversität, bieten sich Formen von Streitgesprächen als Präsentation an; liegt er auf strukturellen Vergleichen in Form von Querschnitten, sind Schau- und Strukturbilder eine adäquate Präsentationsform. Soll aus verschiedenen Themenaspekten ein Gesamtbild erstellt werden, das auf einen Blick die Komplexität des Geschehens oder der Struktur zeigt, sind besonders Mind-Maps und Word Webs geeignet.

3.3.1.1 Streitgespräche

Für die Auswertung einer themenverschiedenen Gruppenarbeit, die ein breites Spektrum unterschiedlicher Positionen zu einem historischen Problem aufgegriffen hat, bieten sich als Streitgespräch zwei ähnliche Formen an: Podiumsdiskussion und Fishbowl („Aquarium"). Bei der Pro-und-Kontra-Debatte geht es um die argumentative Auseinandersetzung mit zwei kontroversen Auffassungen, wie sie bei themenverschiedener Partnerarbeit oder der strukturierten Kontroverse vorliegen.

3.3.1.1.1 Podiumsdiskussion

Ein in der Regel facettenreiches und kontroverses Thema wird von verschiedenen Seiten beleuchtet. Auf dem Podium sind Experten unterschiedlicher Standorte und Sichtweisen versammelt, um eine gemeinsame Fragestellung zu diskutieren. Ein Moderator (die Lehrkraft oder eine Schülerin/ein Schüler) führt in die Problematik ein und leitet die Veranstaltung. In einer ersten Runde geben die Experten ein jeweils zeitlich begrenztes Statement zu ihrer inhaltlichen Position ab. Anschließend wird das Gespräch eröffnet. Einerseits können die Teilnehmer auf dem Podium sich gegenseitig Fragen stellen bzw. kann der Moderator versuchen, bei unklaren Äußerungen einzelner Vertreter durch Fragen zuzuspitzen und nachzuhaken; andererseits wird das Publikum durch die Möglichkeit, Fragen an einzelne Vertreter zu stellen oder kritische Einwände gegenüber Statements zu formulieren, mitbeteiligt.

Die Podiumsdiskussion ist zeitlich begrenzt; sie endet entweder mit einem Resümee des Moderators oder mit einem abschließenden „Blitzlicht" der Teilnehmer.

Beispiel: Die Stalin-Note von 1952: Eine verpasste Chance zur Wiedervereinigung?

An der Podiumsdiskussion nimmt jeweils ein Sprecher/eine Sprecherin folgender Gruppen teil: USA, Großbritannien, Frankreich, Sowjetunion, Adenauer/CDU, SPD, SED. Die zu erörternde Frage ist, ob über den Inhalt der Stalin-Note, also konkret über einen Friedensvertrag mit Deutschland, in Verhandlungen eingetreten werden soll oder nicht. Moderator der Diskussion sollte in diesem Fall die Lehrkraft sein, weil die Moderation, über das bloße Einhalten der Regeln hinaus, die inhaltliche Kenntnis aller auf dem Podium vertretenen Positionen bedingt und situativ flexible Entscheidungen erforderlich sind (z. B. Fragen zu bündeln, darauf hinzuarbeiten, dass alle Positionen in der Runde deutlich werden können). Der Rest der Lerngruppe wird als Pressevertreter der unterschiedlichen Gruppierungen in der zweiten Runde in die Diskussion einbezogen. Das Streitgespräch endet mit einem Blitzlicht: „Verhandeln oder nicht?"

Neben dem grundlegenden Ziel historischen Lernens werden von den Schülerinnen und Schülern in solchen Streitgesprächen *Kompetenzen* erworben und geübt, die unerlässlich für eine problemorientierte, auf reflektierte politische Teilhabe zielende historisch-politische Bildung sind:

– Sie lernen, historische Positionen/politische Interessen zu artikulieren und argumentativ zu verteidigen.
– Sie lernen andere Positionen kennen, üben, diese mit ihren eigenen Meinungen zu verknüpfen und flexibel argumentierend darauf zu reagieren.

3.3.1.1.2 Fishbowl

Bei „Fishbowl" sind die Möglichkeiten für historisches Lernen dieselben, die Grundstruktur ist leicht modifiziert: Jeweils eine Vertreterin/ein Vertreter einer Interessengruppe oder einer solchen, die eine bestimmte wissenschaftliche Position zu vertreten hat, setzt sich in einen Innenkreis. Die übrigen Lernenden sitzen als Beobachter außerhalb. Die Lehrkraft moderiert die Diskussion, die zunächst von den Gruppensprechern/innen bestritten wird. Ein oder zwei Stühle im Innenkreis bleiben frei. Nach dem ersten Durchgang der Diskussion, nach dem alle Auffassungen einmal zu Wort kamen, können sich Teilnehmer von außen auf diese Stühle setzen, was signalisiert, dass sie eine Frage haben oder einen Diskussionsbeitrag leisten wollen. Haben sie ihr Statement abgegeben oder ein oder mehrere Beteiligte zu einer Stellungnahme oder zu einer Beantwortung einer Frage aufgefordert, verlassen sie wieder die Plätze, um ggf. weiteren Teilnehmern aus der Klasse Möglichkeiten der Einbeziehung in das Geschehen zu geben.

Dieses strukturierte Verfahren gibt den Arbeitsgruppen von vornherein die Möglichkeit, dass nicht nur die Sprecher alle Argumente vortragen, sondern bestimmte Argumentationslinien in der Gruppe verteilt werden, die dann nach und nach in das Streitgespräch eingebracht werden können. Insofern stehen die Gruppensprecher auch nicht unter dem Druck, schon beim ersten Statement „ihr gesamtes Pulver verschießen" zu müssen und können sich stärker auf die differenzierte Vertretung der eigenen Sichtweise konzentrieren.

Nach einer verabredeten Zeit geht die Diskussion zu Ende. Anschließend erhalten die Teilnehmer im Innenkreis eine Rückmeldung durch das Plenum.

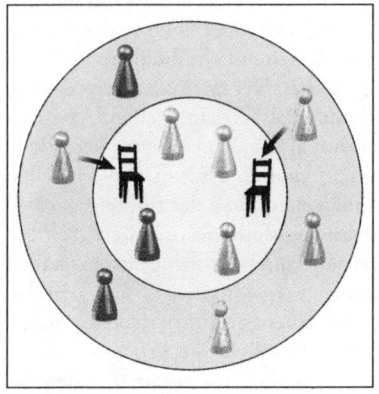

Abb. 12: Fisbowl
Aus: Geschichte lernen, H. 123, 2008, S. 11

Beispiel: Wie ist die soziale Frage im 19. Jahrhundert zu lösen?
Im „Aquarium" sitzen die Vertreter der Sozialdemokratie, der Kirchen (oder mehrere kirchliche Vertreter), der Regierung, der Unternehmer (oder eines patriarchalisch orientierten sowie eines „klassischen" Unternehmers). Sie werden in einer ersten Runde ihre grundsätzlichen Vorstellungen austauschen. Bevor es zu einer zweiten Austauschrunde kommt, in der sie nun z. B. auf Vorstellungen der anderen kritisch eingehen, können sich Beteiligte von außen einmischen, die etwa an

den patriarchalischen Unternehmer die Frage stellen, ob er nur aus uneigennützigen sozialen Motiven handele, wenn er beispielsweise Werkswohnungen einrichte; eine andere/ein anderer könnte an den Vertreter der Sozialdemokratie die Frage richten, wie er denn glaube, in einem Staat wie dem existierenden seine Forderungen durchsetzen zu können. So kann sich ein facettenreiches Gespräch nicht nur über die damaligen Vorstellungen entwickeln, sondern eines, das auch die Interessen und Motive verdeutlichen kann, die den Lösungsvorschlägen zugrunde liegen, das u. U. sogar so weit führen kann, die grundsätzlichen Interessenskonflikte in einer kapitalistisch verfassten Gesellschaft zu thematisieren.

3.3.1.1.3 Pro-und-Kontra-Debatte

Diese Form des Streitgesprächs ist besonders geeignet, wenn es um den Abschluss einer „strukturierten Kontroverse" geht. Man kann sie auch führen lassen, wenn in einem Partnerpuzzle oder in einer themenverschiedenen Partnerarbeit zwei Perspektiven auf ein Problem oder zwei konträre Positionen zu diskutieren waren. Der zweite Fall setzt freilich voraus, dass die Lehrkraft aus Gründen der Vertiefung einer Urteilsbildung nach der Partnerarbeit noch einmal zwei Expertengruppen bilden lässt, die sich intensiv austauschen und auf die Diskussion vorbereiten können – was schon aus Zeitgründen eher selten der Fall sein wird.

Die Debatte ist eine sehr formalisierte Methode, orientiert an strengen Regeln, die für historisches Lernen dann fruchtbar gemacht werden kann, wenn es um die Begründung eines historischen Urteils geht. Insofern sind Stegreifdiskussionen nach einer „strukturierten Kontroverse" wenig ergiebig und bleiben meistens schnell stecken bzw. werden redundant. Für die Debatte ist es erforderlich, die gegensätzlichen Positionen möglichst umfassend zu erarbeiten, sie plausibel zu begründen und vergleichend gegenüberzustellen. Der besondere spielerische Reiz liegt darin, die Mehrheit von der eigenen Auffassung zu überzeugen, weshalb der Vermittlung, vor allem der sprachlich-rhetorischen Kompetenz, eine nicht unbedeutende Funktion zukommt. Immerhin soll es letztendlich zu einer Abstimmung kommen, bei der die Mehrheit von der eigenen Position überzeugt werden soll. Dies ist zwar nicht der Kern historischen Lernens, aber Motivation, die Sache so gut wie möglich zu machen. „Die Pro-Contra-Debatte kann sowohl zu den nicht simulativen Unterrichtsmethoden gehören, wenn Schülerinnen und Schüler ihre eigene Position begründet vorstellen und nach bestimmten Regeln darüber debattieren; sie kann aber auch zum simulativen Handeln gerechnet werden, wenn Schülerinnen und Schüler in der Debatte gleichzeitig Rollen übernehmen und die Positionen der Rollenträger versuchen zu rechtfertigen."[95] Im Geschichtsunterricht ist die zweite Variante sicherlich die häufigere.

Die Klasse wird in zwei Gruppen geteilt, die sich auf ihre Argumentation vorbereiten. Eine Gruppe beginnt, die andere antwortet, bis keine neuen Argumente mehr auftauchen. Dann wird der Gesprächsleiter – im Regelfall die Lehrkraft – die Debatte beenden und die Abstimmung durchführen lassen.

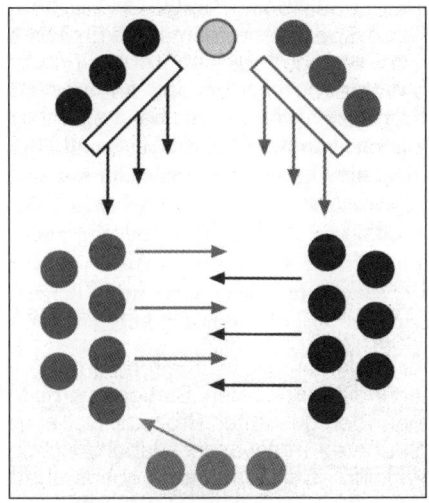

Abb. 13: Pro- und Kontra-Debatte
Aus: Mattes, Wolfgang (Hrsg.), Methoden für den Unterricht, Braunschweig/Paderborn/Darmstadt 2007, S. 55

Beispiel: Kriegsschuldfrage Erster Weltkrieg.
Von vornherein werden Expertenpositionen festgelegt: Eine Schülerin/ein Schüler ist Experte für die „Julikrise", andere für die Bündniskonstellationen nach Bismarck, die Marokkokrisen, die Balkankrise, für die Aufrüstung der Großmächte, für die grundlegenden strategischen Überlegungen der Mächte. Die/der Gruppensprecher(in) könnte im Verlauf

---

95 Kuhn, Hans-Werner/Massing, Peter (Hrsg.): Lexikon der politischen Bildung, Bd. 3: Methoden und Arbeitstechniken, Schwalbach/Ts. 2000, S. 135.

der Debatte die Experten aufrufen und ihre Perspektiven entwickeln lassen. Der Vorteil: Sehr viel mehr Lernende wären *verantwortlich* in das Geschehen eingebunden. Der Nachteil: Nicht alle Lernenden verfügen über die inhaltlichen wie rhetorischen Fähigkeiten, eine überzeugende Vorstellung abzuliefern. Da es darauf im Kern nicht ankommt, wenngleich bei der Abstimmung zu Buche schlagen kann, bleibt die Entscheidung für diese Variante in der Hand der Lehrkraft, die die Lerngruppe am besten kennt.

Beispiel: Soll die Türkei in die EU aufgenommen werden?
Die Kontrahenten machen sich in einem ersten Schritt mit den unterschiedlichen Auffassungen sowie mit dem Kontext vertraut, in dem das Problem zu entscheiden ist: den „Kopenhagener Kriterien", einem Abriss zur türkischen Geschichte, den Bedingungen, die an den Beitritt seitens der EU gestellt werden etc. In einem zweiten Schritt versuchen sie, die ihnen zugewiesene Position plausibel zu begründen (simulatives Handeln). Es wird sinnvoll sein, die Argumente für die zu vertretende Auffassung in der Gruppe zu verteilen bzw. sich Argumente zu überlegen, wie die alternative Position entkräftet oder in Zweifel gezogen werden kann. Anschließend kann die Debatte beginnen. Am Ende steht die Abstimmung, die allerdings einer sorgfältigen Auswertung/Reflexion bedarf bzw. von vornherein seitens der Lehrkraft in ihrer Funktion bestimmt werden muss, um mögliche Missverständnisse bei er Lerngruppe zu verhindern oder – vorsichtiger formuliert – zu minimieren: Geht es um die Überzeugungskraft der Argumente oder um die eigene Meinung (nicht simulatives Handeln)? Hierin liegt die Crux der Pro-und-Kontra-Debatte, weil beide Perspektiven nicht wirklich durch ein Abstimmungsbild zu differenzieren sind. Insofern bietet es sich an, bezüglich der (ersten) Abstimmung hauptsächlich darauf abzuheben und die Entscheidung so anzulegen, dass sie die Überzeugungskraft der Argumente spiegelt, also nicht in erster Linie einen historisch plausiblen Diskurs abbildet. Sie fokussiert stattdessen die kommunikative Dimension von Politik, was für historisch-politische Bildung nicht unwichtig ist. In einem zweiten Schritt sollte – gerade bei einem aktuellen Thema – der Schritt vollzogen werden, sich von den Rollenvorgaben zu lösen und nunmehr die eigene Position (das individuelle historische Werturteil) in das Zentrum zu rücken: Wie stehe ich selbst zu einem Beitritt der Türkei zur EU? Es bleibt zu hoffen, dass sich dieses Urteil durch die vorangegangene Debatte differenzieren wird, was für historisches Lernen bereits ein entscheidender Zugewinn wäre.

Die Methode kann erweitert, noch stärker formalisiert, möglicherweise aber auch in ihrer Wirkung verstärkt werden, wenn sie von vornherein sehr viel näher an medienvertrauten Formaten angelegt wird: Eine Gruppensprecherin/ein Gruppensprecher vertritt die Grundsatzposition und hat Expertinnen/Experten an ihrer/seiner Seite.

3.3.1.2 Visuelle Präsentationen

Für Präsentationen eine visuelle Form zu wählen, hat zunächst einmal für diejenigen einen Vorteil, die den dargebotenen Ergebnissen der Partner- oder Gruppenarbeit folgen wollen: Ihnen bietet sich eine strukturierte Übersicht, die nach und nach erschlossen werden kann. Für (historisches) Lernen bedeutsamer ist aber der Nutzen für diejenigen, die eine solche Visualisierung erstellt haben. „Der didaktische Wert aller hier beschriebenen Präsentationsformen besteht darin, dass Erlerntes eigenständig bearbeitet, umgeformt und in eine neue Gestalt gebracht werden muss. Inhaltliche Durchdringung und kreatives Tun gehen Hand in Hand und beflügeln einander wechselseitig."[96] Gerade bei themenverschiedener Arbeit von Paaren oder Gruppen, bei der der Ertrag für historisches Lernen sich in der Regel erst in der Auswertungsphase zeigt, sind solche Formen von besonderem Wert.

3.3.1.2.1 Schaubilder/Strukturskizzen

Beide Begriffe werden hier synonym verwendet, weil die Unterschiede marginal sind. Eine Strukturskizze zeichnet sich dadurch aus, dass in elementarer Form und inhaltlicher Reduzierung ein Sachverhalt verdichtet wird. Grafische Elemente und zentrale Begriffe werden so miteinander verknüpft (z. B. durch beschriftete Pfeile oder unterschiedlich große Flächen oder verschiedene Farben bzw. Schraffierungen), dass sich dem Betrachter bei genauerem Hinsehen der Inhalt und die Bedeutung erschließt. Verfassungsschemata sind in Geschichtsbüchern die wohl am häufigsten verwandten Strukturskizzen, die ein Beziehungsgefüge darstellen, zugleich aber auch erkennen lassen, welche unterschiedliche Bedeutung die einzelnen grafischen Elemente (Verfassungsorgane) haben.

---

96 Sauer, Michael: Geschichte unterrichten. Eine Einführung in die Didaktik und Methodik, 5., aktual. u. erw. Auflage Seelze 2006, S. 305.

Gesellschaftliche Verhältnisse werden häufig in Pyramiden- oder Zwiebelform dargestellt, wobei die Abhängigkeiten, Zuordnungen und Hierarchien in dieser Form nur begrenzt gezeigt werden können.

Finden bei solchen Grafiken bildhafte Elemente Verwendung, ist eher von einem Schaubild zu sprechen, wie man sie etwa häufig in Schulbüchern zum Oikos, der altgriechischen Hausgemeinschaft, oder zum französischen Absolutismus findet, der gerne in einem Drei-Säulen-Modell dargestellt wird.

Schaubilder und Strukturskizzen sind als Zwischenergebnis (Gruppenergebnis) von themenverschiedener Arbeit dann sehr ergiebig, wenn es in einem Querschnitt um die Erkenntnis von typischen und spezifischen Merkmalen geht.

Beispiel: Formen absolutistischer Herrschaft

Die Schülerinnen und Schüler haben in gemeinsamer Arbeit im Klassenverband den französischen Absolutismus als Prototyp bearbeitet, woraus die Lehrkraft mit Unterstützung der Lernenden eine Strukturskizze entwickelt hat, die allen zur Verfügung gestellt wird. In einem zweiten Schritt werden Gruppen gebildet, die die Verhältnisse in verschiedenen Ländern unter die Lupe nehmen sollen: Preußen, Russland, Österreich, England, Hessen. Nachdem die Materialien bearbeitet worden sind, beginnt zunächst die inhaltliche Durchdringung unter dem Aspekt des Vergleichs, der Gemeinsames und Unterschiedliches herausarbeiten wird, am Beispiel Englands sogar fundamental Anderes. Ausgehend von den schriftlichen Notizen und orientiert am Ausgangsschaubild sind die Ergebnisse im nächsten Schritt zu verdichten und in eine grafische Form zu bringen, die sie vergleichbar macht bzw. in Beziehung setzen lässt zu der französischen Form. Nach der Präsentation können in der Auswertungsphase die Varianten zunächst verglichen werden. Anschließend sollte besprochen werden, worin die Unterschiede bestehen und wie sie zu erklären sind. Darüber hinaus lassen sich – wenn die Lehrkraft es für erforderlich hält oder die Lernenden es wünschen – abschließend in tabellarischer Form Gemeinsamkeiten und Unterschiede festhalten.

Weitere thematische Beispiele:
- Reformation in Europa
- Wege zum Nationalstaat in ausgewählten europäischen Staaten
- 1848: Vergleich von revolutionären Erhebungen
- Industrialisierung
- Imperialismus im Vergleich
- Wege aus der Weltwirtschaftskrise

3.3.1.2.2 Word Webs und Mind-Maps

Auch diese beiden Formen der Visualisierung sind sich ähnlich. „Der Kernunterschied zwischen der recht bekannten Mind Map und dem Word Web ist, dass letzteres ohne Bilder und Symbole auskommt. Und statt einer wurzelähnlichen Zeichnung der Verzweigung werden beim Wortweb die Begriffe in Kreise geschrieben und durch Linien verbunden."[97] Insofern ist ein Word Web etwas leichter anzufertigen als eine Mind Map, obwohl letztere im Unterrichtsalltag häufig ohne Symbole auskommt. In beiden Fällen geht es im Sinne historischen Lernens darum, das bearbeitete Thema so zu strukturieren, Zu-, Über- und Unterordnungen zu entwickeln, dass ein übersichtliches Gesamtbild entsteht. Beide Varianten bieten sich für den Typus themengleicher Gruppenarbeit als Zwischenergebnis der Gruppen an oder bei themenverschiedener als gemeinsames Ergebnis nach der Präsentation in Form eines Gruppenwordweb bzw. einer Gruppen-Mindmap. Die gemeinsame Visualisierung ist besonders dann anzustreben, wenn aus verschiedenen Facetten eines Themas der besondere Charakter, die besondere Bedeutung der Gesamtproblematik abgebildet werden soll.

WordWebs wie Mindmaps repräsentieren ein übersichtliches Gedankennetz, das jederzeit erweitert werden kann, z. B., wenn Gruppen merken, dass Andere Aspekte herausgearbeitet haben, die ihnen entgangen sind oder die sie als nicht so wichtig erachtet haben. Zwischen den einzelnen Ästen oder Verzweigungen können darüber hinaus Verbindungslinien gezogen werden – falls sich solche anbieten –, um Abhängigkeiten, Zusammenhänge aufzuzeigen. Damit sollte aber sehr vorsichtig und eher zurückhaltend umgegangen werden: Nicht selten verwandelt sich ansonsten ein wohl strukturiertes Bild schnell in ein unübersichtliches Wirrwarr.

1. Beispiel: Word Web: Untere soziale Schichten im Alten Ägypten
Die Lernenden haben die Aufgabe erhalten, aus den identischen Materialien ein Word Web zu entwickeln. Eine Gruppe hat die abgebildete Version vorgelegt (S. 178). Die anderen Gruppen haben ihre eigenen WordWebs entwickelt, die in der Auswertungsphase zum Vergleich anstehen. Abgesehen von der grafischen Gestaltung kann nunmehr inhaltlich verglichen werden: Es sollte zu erwarten sein, dass die erste Ebene (die Benennung der drei Schichten) bei allen gleich ausfällt. Die wei-

---

97 Brüning, Ludger/Saum, Tobias: Erfolgreich unterrichten durch Visualisieren. Grafisches Strukturieren mit Strategien des Kooperativen Lernens, Essen 2007, S. 42.

teren Verzweigungen unterliegen allerdings der inhaltlichen Kontrolle. Durch diesen vergleichenden Prozess wird das Erarbeitete noch einmal tiefer erfasst und hinsichtlich der wesentlichen inhaltlich/begrifflichen Formulierungen präzisiert. Es kann davon ausgegangen werden, dass dadurch die Behaltensleistung nachhaltiger ausfällt.

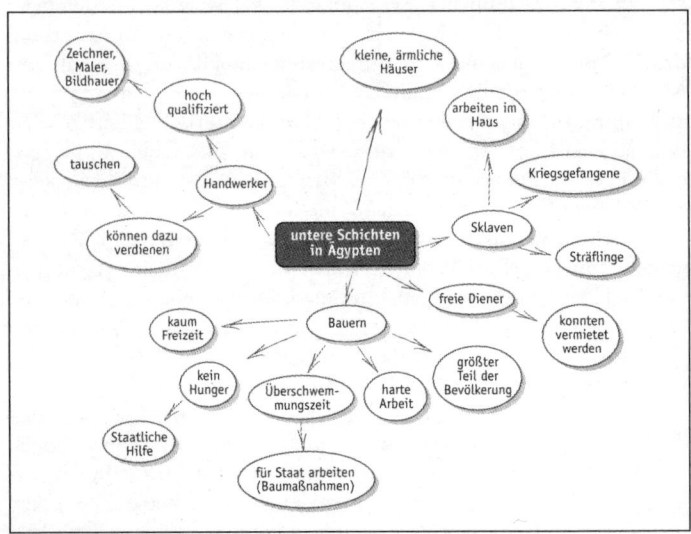

Abb. 14: Word Web

Aus: Brüning, Ludger/Saum, Tobias, Erfolgreich unterrichten durch Visualisieren. Essen 2007, S. 117

2. Beispiel: Mindmap: Die Ära Adenauer

Vier Gruppen haben in themenverschiedener Arbeit zentrale Teilaspekte der 50er Jahre erarbeitet: Wirtschaft, Innenpolitik, Außenpolitik und Gesellschaft. Die Aufgabenstellung sah vor, dass sie einerseits für die Präsentation einen kleinen Vortrag vorbereiten, andererseits ihre Ergebnisse so verdichten, dass jede Gruppe bereits „ihren Ast" für die Gruppenmindmap vorbereitet. Dafür war es erforderlich, neben einem darstellenden und die Verhältnisse der Adenauer Ära charakterisierenden Referat inhaltliche Strukturierungen und begrifflich sowohl klare als auch knappe Formulierungen zu finden, die auf die Zweige ihres Astes angebracht werden können.

Nach der Präsentation der Gruppen bringen diese ihre Äste in eine vorbereitete Vorlage ein (Tafel, Folie, Mindmanager). Für alle werden nunmehr in geraffter und von den Vorträgen abstrahierter Form zentrale Faktoren sichtbar.

Daran könnte sich eine Diskussion darüber anschließen, ob für diese Phase der Geschichte der Bundesrepublik als zentrales Kennzeichen ein Motto gefunden werden kann, das sie nicht nur personalisiert, sondern inhaltlich trifft. Dadurch wären noch einmal alle Gruppen angehalten, sich über ihren eigenen Beitrag hinaus mit den anderen Teilaspekten zu befassen, sie gedanklich zu durchdringen und damit insgesamt das Zeitbild der 50er Jahre stärker zu verinnerlichen.

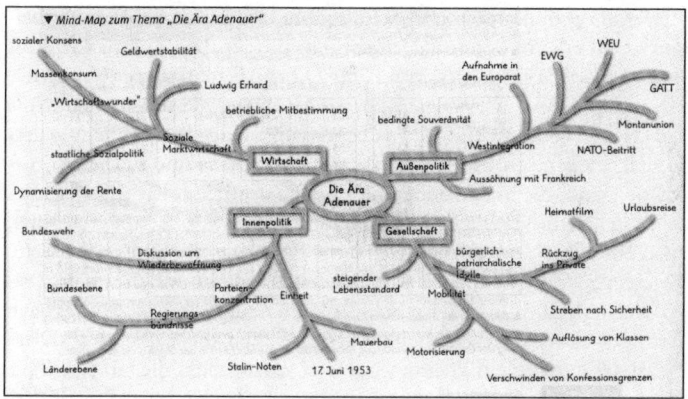

Abb. 15: Mindmap

Aus: Lanzinner, Maximilian (Hrsg.): Buchners Kompendium Geschichte. Lehr- und Arbeitsbuch für die Oberstufe, Bamberg 2008, S. 247

3.3.2 Präsentationen in dezentraler Form/in Gruppen

Präsentationen müssen nicht notwendigerweise immer im Klassenplenum erfolgen. Zuweilen kommt es vor, dass die erarbeiteten Produkte (etwa Modelle oder Collagen, erst recht etwa Plakate, die sich zu einer Ausstellung verbinden lassen) erst dann in ihrer Wirkung wahrgenommen werden können, wenn sie gründlich aus der Nähe betrachtet und vor Ort von den jeweiligen Experten erläutert werden können. Es macht wenig Sinn, die Schülerinnen und Schüler sich für eine bestimmte vorgegebene Zeit im Raum bewegen zu lassen, weil der unbestimmte Auftrag „Schaut euch die Ergebnisse der anderen an" kaum dazu führen wird, sich intensiver auf die Produkte der Expertenteams einzulassen.

Notwendig ist stattdessen ein strukturiertes, aufgabenorientiertes Vorgehen, das auf eine höhere Aktivierung der Lernenden zielt. Galeriegang/Marktplatz und „Einer bleibt, die anderen gehen" sind zwei solcher Methoden. „Sie haben gemeinsam, dass die Schülerinnen und Schüler immer nur einer kleinen Gruppe von Mitschülern ihre Ergebnisse aus der Gruppenarbeit präsentieren, dies aber mehrmals."[98]

3.3.2.1 Galeriegang/Marktplatz

Wenn die Schülerinnen und Schüler ihre Gruppenergebnisse erarbeitet haben, erhalten sie von der Lehrkraft pro Gruppe Ziffern von 1 bis 4 oder 5 oder Buchstaben von A bis D bzw. E (je nachdem, wie viele Gruppen insgesamt existieren). Neue Gruppen werden gebildet: Alle 1er, 2er etc. versammeln sich an den jeweiligen Gruppentischen, so dass in jeder neuen Gruppe eine Expertin/ein Experte und Lernende vorhanden sind, die in den anderen Gruppen gearbeitet haben. Anschließend stellen die jeweiligen Experten ihr Ergebnis vor, die anderen hören zu, stellen Rückfragen und machen sich Notizen. Auf ein verabredetes Zeichen geht die Gruppe zum nächsten Lernplakat und die zweite Präsentation beginnt usw. Zum Schluss kehren all in ihre ursprünglichen Gruppen zurück, vergleichen und besprechen die Ergebnisse. Diese Form der dezentralen Präsentation setzt voraus, dass alle Gruppenmitglieder in der Lage bzw. dazu qualifiziert worden sind, das Ergebnis zu erläutern – Herausforderung und Problem zugleich.

Der Galeriegang ist sinnvoll für alle Grundformen der Gruppenarbeit. Bei themengleicher Arbeit wie beim Gruppenpuzzle steht der Vergleich der inhaltlichen Ergebnisse, eventuell – sollte es unterschiedliche Produkte geben – auch die gestalterische Form der Präsentation im Zentrum. Bei themenverschiedener Gruppenarbeit ist diese Methode inhaltlich aufwändiger und bedarf unbedingt einer gemeinsamen Auswertung im Klassenverband, da gesichert werden muss, dass alle Ergebnisse der Experten korrekt verarbeitet worden sind.

---

98 Brüning/Saum 2006 (wie Anm. 50), S. 48.

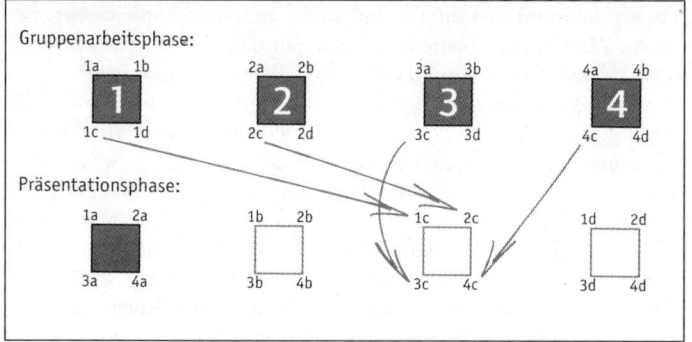

Abb. 16: Galeriegang/Marktplatz

Aus: Brüning, Ludger/Saum, Tobias, Erfolgreich unterrichten durch Kooperatives Lernen, Essen 2008, S. 48

Beispiel: Auszüge aus der Weimarer Verfassung in ein Strukturbild verwandeln

Nach Fertigstellung der Strukturbilder im Rahmen einer themengleichen Gruppenarbeit wird der Galeriegang in der angegebenen Form durchgeführt. An jedem Tisch kann nun überprüft werden, worin die Besonderheiten der ausgearbeiteten Versionen bestehen. Der Experte erläutert die Konstruktion, während die anderen Mitglieder der neuen Gruppe auf dem Hintergrund der eigenen Gruppenergebnisse qualifiziert Rückfragen stellen können, Hinweise auf u. U. Falsches oder wenig Übersichtliches geben oder besondere Leistungen positiv hervorheben können. Es wäre natürlich zeitlich weniger aufwändig, wenn bereits sofort (am ersten Tisch) alle Gruppenexperten ihre Ergebnisse einbrächten – die jeder z. B. auf einem Blatt oder eine Folie mitgebracht hat; aber auf diese Weise wäre ein intensives Eingehen auf den einzelnen Entwurf kaum möglich, damit auch nicht die Würdigung der Arbeit der jeweiligen Gruppe. Zur Sicherung der Ergebnisse bzw. zur Lernkontrolle kann schließlich an einem ausgewählten Strukturbild exemplarisch besprochen werden, inwiefern es inhaltlich korrekt und grafisch plausibel ist.

3.3.2.2 Einer bleibt, die anderen gehen

Wenn die Gruppenergebnisse fertig gestellt sind, bleibt eine Schülerin am Gruppentisch, während die anderen im Uhrzeigersinn von Tisch zu

Tisch gehen und sich die Ergebnisse der anderen Gruppen vorstellen lassen. Zum Schluss kehren sie wieder an den eigenen Gruppentisch zurück und informieren ihren Experten über das Gelernte.

Dieses Verfahren hat einige Klippen: Soll nicht immer dieselbe Schülerin/derselbe Schüler die Gruppenergebnisse vorstellen, was zu unerwünschten stereotypen Festschreibungen von Rollen in Gruppenarbeitsprozessen führt, darf die Referentin/der Referent erst nach dem Ende des Arbeitsprozesses bestimmt werden (durch die Lehrkraft oder durch Losen). Ansonsten könnte die frühzeitige Festlegung der Rollenfunktion dazu führen, dass die anderen Gruppenmitglieder sich bei der Erarbeitung der Inhalte zurücklehnen, also die „Schmarotzerfunktion" sozusagen verfahrensimmanent begünstigt würde.

Ein zweites Argument spricht gegen diese Methode bei komplexer angelegten Gruppenarbeiten: Diejenigen Lernenden, die sich von Tisch zu Tisch bewegen, haben – gerade bei themenverschiedener Gruppenarbeit – eine Vielzahl von Inhalten aufzunehmen, sie zu strukturieren und schließlich noch dem am eigenen Gruppentisch Verbliebenen zu vermitteln. Dies alles kann zwar durch bestimmte Lernstrategien (Notizen in tabellarischer Form, Mindmaps etc.) minimiert, aber letztlich nicht verlässlich geregelt werden. Es kommt hinzu, dass der Gruppensprecher am Schluss alle diese geballten Informationen unvermittelt vorgesetzt bekommt, ohne sie in entsprechender Ruhe verarbeiten zu können. Schließlich hat er als derjenige, der am Gruppentisch verbleibt, nacheinander drei- bis viermal dasselbe erzählen müssen – was er sicherlich nicht als besonders spannend erlebt hat.

Insofern spricht vieles dafür, dieses Verfahren eher bei themengleicher Gruppenarbeit einzusetzen, weil nicht unterschiedliche Inhalte, sondern deren Erarbeitung und Aufbereitung zur Diskussion stehen, oder bei solchen Varianten kooperativen Arbeitsformen (strukturierte Kontroverse, Partnerpuzzle), in der nur zwei unterschiedliche Positionen zu verhandeln waren.

Beispiel 1: Porträt eines absolutistischen Herrschers: Ludwig XIV. (S I)
Das bekannte in der Werkstatt des königlichen Hofmalers Rigaud 1701 gefertigte Gemälde ist in nahezu allen Geschichtsbüchern für die Sek. I. abgebildet und wird häufig von den Schulbuchautoren dazu genutzt, in die Methode der Bildinterpretation einzuführen. Da ein zentrales Basiselement darin besteht, Bilder möglichst genau zu betrachten und da es in diesem Falle besonders die Details sind, die Aussagen über die Funktion von Herrscher- und Herrschaftsdarstellungen machen lassen können, könnte eine themengleiche Gruppenarbeit bessere Auf-

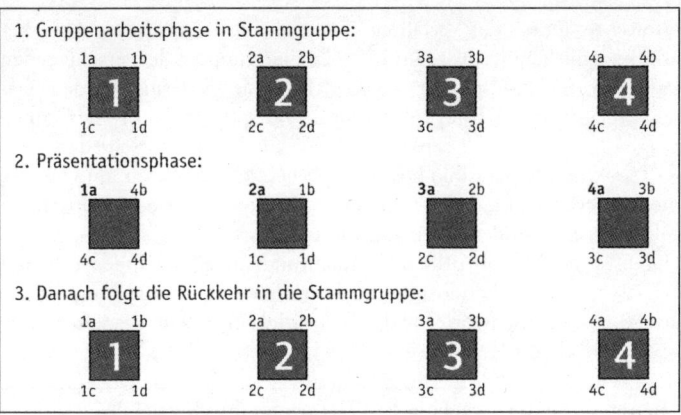

Abb. 17: Einer bleibt, die anderen gehen
Aus: Brüning, Ludger/Saum, Tobias: Erfolgreich unterrichten durch Kooperatives Lernen. Essen 2008, S. 52

schlüsse über die intensive Erschließung der Bildelemente geben als ein frontalunterrichtliches Verfahren. Die Gruppen haben anhand von Leitfragen die Analyse durchgeführt; auf den Gruppentischen liegen die Ergebnisse aus und können in der angegebenen Form verglichen werden. Unterschiede können sich vor allem bezüglich der Identifizierung der Herrschaftsinsignien ergeben: Lilien, Perücke, Krone, Zepter, Schwert etc.; wobei es nicht nur um die Zahl der erkannten Insignien geht, sondern das Wissen um deren Bedeutung im Zentrum steht. Zurückgekehrt an den eigenen Gruppentisch können die Ergebnisse der anderen Gruppen eingebracht und ggf. Ergänzungen, Korrekturen an dem eigenen Ergebnis vorgenommen werden. In der gemeinsamen Auswertung im Klassenverband können sie – das Herrscherporträt ist z. B. über eine Folie für alle sichtbar – in eine für alle plausible Endfassung eingebracht werden.

Beispiel 2: Partnerpuzzle: Die Reformen der Gracchen in zeitgenössischer Perspektive (S II)

Auch für dieses Beispiel bleibt der inhaltliche Rahmen überschaubar: In einem Partnerpuzzle haben die Lernenden sich mit der Sichtweise Plutarchs und Appians auf die Reformen des Tiberius Gracchus auseinandergesetzt (s. S. 131–133). Sie hatten den Arbeitsauftrag, die Beurteilungen miteinander zu vergleichen und tabellarisch gegenüberzustellen, was eine differenzierte Textanalyse und einen ebensolchen Textvergleich erforderte. Durch das Verfahren „Einer bleibt, die anderen gehen" bekommen die Schülerinnen und Schüler die Synopsen der verschiedenen Partnergruppen präsentiert und vergleichen sie wiederum mit den eigenen Ergebnissen. Für die Auswertung im Kursplenum kann eine Gruppe ausgewählt werden, an deren Beispiel diskutiert und entschieden wird, wie eine für alle plausible Lösung aussehen kann. Als Variante könnte die Lehrkraft eine Struktur an der Tafel vorgeben, die gemeinsam zu füllen ist, etwa in der unten abgebildeten Form.

Die sprachlich/begriffliche Verdichtung für ein knappes Tafelbild erfordert von der Lerngruppe noch einmal eine Begründung für die ausgewählten Stichworte, was gleichzeitig ein erneut vertieftes Textverständnis bedingt.

Beurteilung der Gracchischen Reformen durch zwei zeitgenössische Geschichtsschreiber		
	Positiv, negativ, neutral?	Charakter der Veränderung
Plutarch	uneingeschränkt positiv; schönes und gerechtes Ziel; vernünftig	gemäßigte Reform
Appian	differenziert positiv: gute Ziele, Schwierigkeiten nicht bedacht	Erneuerung eines alten Gesetzes mit Erweiterungen = Reform

4. Chronologisch geordnetes Verzeichnis der Materialien

Sekundarstufe I

5. Literaturauswahl

Adamski, Peter: Gruppenarbeit und kooperatives Lernen. Gemeinsam
historisch lernen, in: Geschichte lernen, H. 123, 2008, S. 2–14

Adamski, Peter: Gruppenarbeit, in: Mayer, Ulrich/Pandel, Hans-Jürgen/
Schneider, Gerhard (Hrsg.): Handbuch Methoden im Geschichtsunterricht, 2. überarbeitete Auflage, Schwalbach/Ts. 2007, S. 497–514

Adamski, Peter: Graffiti im Geschichtsunterricht. Eine kooperative
Lernform für die Sekundarstufen I und II, in: 46RAAbits Geschichte, Mai 2004

Barricelli, Michele: Schüler erzählen Geschichte. Narrative Kompetenz
im Geschichtsunterricht, Schwalbach/Ts. 2005

Bohl, Thorsten: Unterrichtsmethoden in der Realschule. Eine empirische
Untersuchung zum Gebrauch ausgewählter Unterrichtsmethoden an
staatlichen Realschulen in Baden-Württemberg, Bad Heilbrunn 2000

Borries, Bodo von: Jugend und Geschichte. Ein europäischer Kulturvergleich aus deutscher Sicht, Opladen 1999

Borries, Bodo von: Historische Projektarbeit im Vergleich der Methodenkonzepte. Empirische Befunde und normative Überlegungen, in: Schönemann, Bernd/Uffelmann, Uwe/Voit, Hartmut (Hrsg.): Geschichtsbewusstsein und Methoden historischen Lernens, Weinheim 1998, S. 276–306

Breidenstein, Georg: Teilnahme am Unterricht. Ethnographische Studien zum Schülerjob, Wiesbaden 2006

Brüning, Ludger/Saum, Tobias: Erfolgreich unterrichten durch kooperatives Lernen 2. Neue Strategien zur Schüleraktivierung. Individualisierung – Leistungsbeurteilung – Schulentwicklung, Essen 2009

Brüning, Ludger/Saum, Tobias: Erfolgreich unterrichten durch kooperatives Lernen. Strategien zur Schüleraktivierung, 2. überarb., Aufl., Essen 2006

Brüning, Ludger/Saum, Tobias: Erfolgreich unterrichten durch Visualisieren. Grafisches Strukturieren mit Strategien Kooperativen Lernens, Essen 2007

Dann, Heinz-Dietrich u. a.: Gruppenunterricht im Schulalltag. Ergebnisse eines Forschungsprojekts und praktische Konsequenzen, in: Pädagogik, H. 1, 2002, S. 11–14

Druyen, Carmen: Wie benotet man eine Gruppenarbeit, in: Friedrich Jahresheft 2008, S. 108–111

Friedrich Jahresheft 26: Individuell lernen – kooperativ arbeiten, Seelze-Velber 2008

Ganser, Bernd: Kooperative Sozialformen im Unterricht, Diss. Erlangen, Nürnberg 2005

Gautschi, Peter u. a. (Hrsg.): Geschichtsunterricht heute. Eine empirische Analyse ausgewählter Aspekte, Bern 2007

Gloe, Markus: Stolpersteine bei der Gruppenarbeit, in: Geschichte lernen, H. 123, 2008, S. 27–33

Greving, Johannes/Meyer, Hilbert/Paradies, Liane: Gruppenunterricht, Oldenburg 2001

Green, Norm; Green, Kathy, Kooperatives Lernen im Klassenraum und im Kollegium. Das Trainingsbuch, Seelze-Velber 2005

Grunder, Hans-Ulrich/Bohl, Thorsten (Hrsg.): Neue Formen der Leistungsbeurteilung in den Sekundarstufen I und II, Hohengehren 2001

Günther-Arndt, Hilke (Hrsg.): Geschichtsmethodik. Handbuch für die Sekundarstufe I und II, Berlin 2007

Günther-Arndt, Hilke: Methodik des Geschichtsunterrichts, in: diess. (Hrsg.), Geschichtsdidaktik. Praxishandbuch für die Sekundarstufe I und II, Berlin 2003, S. 151–196

Günther-Arndt, Hilke: Empirische Forschung und Geschichtsdidaktik. Zu einigen neueren Veröffentlichungen, in: Aus Politik und Zeitgeschichte H. 33, 1975, S. 25–37

Haag, Ludwig: Gruppenunterricht erfolgreich organisieren. Forschungsergebnisse zum effektiven Lehrerhandeln, in: Friedrich Jahresheft 2008: Individuell lernen – kooperativ arbeiten, S. 50–52

Haag, Ludwig/Hopperdietzel, Hartmut: Gruppenunterricht – aber wie?, in: Die deutsche Schule, H. 4, 2000, S. 481–490

Häcker, Thomas: Portfolio – ein Medium im Spannungsfeld zwischen Optimierung und Humanisierung des Lernens, in: Gläser-Zikuda, Michaela/Hascher, Tina (Hrsg.): Lernprozesse dokumentieren, reflektieren und beurteilen. Lerntagebuch und Portfolio in Bildungsforschung und Bildungspraxis, Bad Heilbrunn 2007, S. 63–85

Hage, Klaus u. a.: Das Methodenrepertoire von Lehrern. Eine Untersuchung zum Unterrichtsalltag in der Sekundarstufe I, Opladen 1985

Heckt, Dietlinde H.: Das Prinzip Think-Pair-Share. Über die Wiederentdeckung einer wirkungsvollen Methode, in: Friedrich Jahresheft 2008, S. 31–33

Helmke, Andres: Unterrichtsqualität und Lehrerprofessionalität. Diagnose, Evaluation und Verbesserung des Unterrichts, Seelze-Velber 2009

Heinrich, Martin/Prexl-Krausz, Ulrike (Hrsg.): Eigene Lernwege – Quo vadis? Eine Spurensuche nach „neuen Lernformen" in Schulpraxis und LehrerInnenbildung, Wien 2007

Hollenbach, Nicole: Stolpersteine im kooperativen Lernen. Schüler und Lehrer berichten über Risiken und Chancen, in: Friedrich Jahresheft 2008, S. 86–88

Holzkamp, Klaus: Lernen. Subjektwissenschaftliche Grundlegung, Frankfurt/M., New York 1995

Huber, Anne A.: Kooperatives Lernen – kein Problem. Effektive Methoden der Partner- und Gruppenarbeit, Leipzig u. a. 2008

Huber, G. L. (Hrsg.): Neue Perspektiven der Kooperation, Hohengehren 1993

Huber, G.L.(Hrsg.): Fernstudium Erziehungswissenschaft. Pädagogischpsychologische Grundlagen für das Lernen in Gruppen, Studienbrief 1–3, Tübingen 1985

Hug, Wolfgang: Geschichtsunterricht in der Praxis der Sekundarstufe I. Befragungen, Analysen und Perspektiven, Frankfurt/M. 1977

Johnson, David W./Johnson, Roger T.: Wie kooperatives Lernen funktioniert. Über die Elemente einer pädagogischen Erfolgsgeschichte, in: Friedrich Jahresheft 2008, S. 16–20

Johnson, David W./Johnson, Roger T./Holubec, Edith: Kooperatives Lernen – kooperative Schule. Tipps – Praxishilfen – Konzepte, Mühlheim/Ruhr 2005

Kanders, Michael: Das Bild der Schule aus der Sicht von Schülern und Lehrern II, Dortmund 2000

Konrad, Klaus/Traub, Silke: Kooperatives Lernen. Theorie und Praxis in Schule, Hochschule und Erwachsenenbildung, Hohengehren 2001

Kühberger, Christoph: Kompetenzorientiertes historisches und politisches Lernen. Methodische und didaktische Annäherungen für Geschichte, Sozialkunde und Politische Bildung, Innsbruck 2009

Kuhn, Hans-Werner/Massing, Peter (Hrsg.): Lexikon der politischen Bildung, Bd. 3: Methoden und Arbeitstechniken, Schwalbach/Ts. 2000

Meyer, Ernst: Gruppenunterricht. Grundlegung und Beispiele, 9. Aufl., Neubearbeitung: Gerhard Meyer, Hohengehren 1996

Meyer, Hilbert: Was ist guter Unterricht?, Berlin 2004

Meyer, Hilbert: Unterrichtsmethoden II: Praxisband, Frankfurt/M. 1990

Meyer, Hilbert/Pfiffner, Manfred/Walter, Catherine: Variabel unterrichten. Was wissen wir über die Wirksamkeit von Methoden?, in: Pädagogik, H. 10, 2007, S. 44–48

Müller, Hans: Zur Effektivität des Geschichtsunterrichts. Schülerverhalten und allgemeiner Lernerfolg durch Gruppenunterricht, Stuttgart 1972

Niggli, Alois: Lernarrangements erfolgreich planen. Didaktische Anregungen zur Gestaltung offener Unterrichtsformen, Aarau 2000

Nürnberger Projektgruppe: Erfolgreicher Gruppenunterricht. Praktische Anregungen für den Schulalltag, Stuttgart 2001

Nuhn, Hans-Eberhard: Partnerarbeit als Sozialform des Unterrichts, Weinheim, Basel 1995

Oyen, Stefan A.: Lernort Schule. Projektierung und erste Ergebnisse einer empirischen Studie zur Perspektivenübernahme im Geschichtsunterricht, in: Handro, Saskia/Schönemann, Bernd (Hrsg.): Orte historischen Lernens, Berlin 2008, S. 37–59

Pandel, Hans-Jürgen: Sozialformen, in: Klaus Bergmann u. a. (Hrsg.), Handbuch der Geschichtsdidaktik, 5., überarb. Aufl., Seelze-Velber 1997, S. 389–399

Pandel, Hans-Jürgen: Geschichtsunterricht nach PISA. Kompetenzen, Bildungsstandards und Kerncurricula, Schwalbach/Ts. 2005

Patzner, Gerhard: „Offener Unterricht" – ein neoliberales Führungsinstrument?, in: Heinrich, Prexl-Krausz 2007, S. 59–78

Pohl, Kurt: Lehrerinnen und Lehrer zum Geschichtsunterricht: Aus einer hessischen Studie, in: Geschichte, Politik und ihre Didaktik, H. 1–2, 1997, S. 24–33

Renkl, Alexander: Lernen durch Lehren. Zentrale Wirkmechanismen beim kooperativen Lernen, Wiesbaden 1997

Reusser, Kurt: Unterricht zwischen Wissensvermittlung und lernen Lernen. Alte Sackgassen und neue Wege in der Bearbeitung eines pädagogischen Jahrhundertproblems, in: Finkbeiner, Claudia/Schnaitmann, Gerhard W. (Hrsg.): Lehren und Lernen im Kontext empirischer Forschung und Fachdidaktik, Donauwörth 2001, S. 106–140

Sauer, Michael: Kompetenzen für den Geschichtsunterricht – ein pragmatisches Modell als Basis für die Bildungsstandards des Verbandes der Geschichtslehrer, in: Informationen für den Geschichts- und Gemeinschaftskundelehrer, H. 72, 2006, S. 7–20

Schnebel, Stefanie: Unterrichtsentwicklung durch kooperatives Lernen. Ein konzeptioneller und empirischer Beitrag zur Weiterentwicklung der Lehr-Lern-Kultur und zur Professionalisierung der Lehrkräfte in der Sekundarstufe, Hohengehren 2003

Terhart, Ewald: Lehr-Lern-Methoden, Weinheim, München 1989

Traub, Silke: Unterricht kooperativ gestalten. Hinweise und Anregungen zu kooperativen Lernen in Schule, Hochschule und Lehrerbildung, Bad Heilbrunn/Obb. 2004

Voit, Hartmut: Partnerarbeit, in: Mayer, Ulrich/Pandel, Hans-Jürgen/ Schneider, Gerhard (Hrsg.): Handbuch Methoden im Geschichtsunterricht, 2. überarb., Aufl. Schwalbach/Ts. 2007, S. 481–496

Wahl, Diethelm: Lernumgebungen erfolgreich gestalten. Vom trägen Wissen zum kompetenten Handeln, 2. erw. Aufl. Bad Heilbrunn 2006

Weidner, Margit: Kooperatives Lernen im Unterricht. Das Arbeitsbuch, Seelze-Velber 2003.

Weinert, Franz E.: „Der gute Lehrer, die gute Lehrerin" im Spiegel der Wissenschaft, in: Beiträge zur Lehrerbildung, H. 14, 1996, S. 141–151

Weinert, Franz E.: Lerntheorien und Instruktionsmodelle, in: Weinert, Franz E. (Hrg.): Psychologie des Lernens und der Instruktion, Göttingen 1996, S. 1- 48

Wellenreuther, Martin: Lehren und Lernen – aber wie? Empirisch-experimentelle Forschungen zum Lehren und Lernen im Unterricht, 3. Aufl. Baltmannsweiler 2007.

Wenzel, Birgit: Aufgaben im Geschichtsunterricht, in: Günther-Arndt, Hilke (Hrsg.): Geschichtsmethodik. Handbuch für die Sekundarstufe I und II, Berlin 2007, S. 77–86